「ジェンダーと開発」論の形成と展開

経済学のジェンダー化への試み

村松安子

未來社

序章　新しい分野としての「ジェンダーと開発」

1　「ジェンダーと開発」のあゆみ

本書の主題「ジェンダーと開発」にとって、二〇〇五年は、いくつかの点で節目にあたる年である。

(1)　ボズラップから三五年

第一は、二〇〇五年は、この分野での記念碑的業績であるエスター・ボズラップ（Ester Boserup）の『経済開発における女性の役割』（*Women's Role in Economic Development* 1970）が出版されて三五年目の年である。この研究は、一九七〇年から始まった「第二次国連開発の一〇年」を前にして、国連が、開発成果が社会の底辺の人々にまで浸《トリックル》透《ダウン》しなかった一九六〇年代（「国連開発の一〇年」）の反省にたって、より効果的な開発政策を模索する上での女性の役割に注目した結果、実施されたものである。ボズラップに、過去のデータにもとづいて、経済開発における女性の役割の研究を委嘱したのである。その報告書がこの業績である。

「ジェンダーと開発（GAD：Gender and Development）」は、まず、「女性と開発」（WID：Women in Development）として、開発学と女性学が交差するところで形成され始めた。ボズラップは、既存の経済開発論が女性を開発の担い手と認めず、開発過程から排除しているために、開発（近代化）の正の成果が女性には及びにくく、むしろ、多くの場合、女性は負の影響を受け、開発によって「周辺化」されることを論証しようとした。先進資本主義国によって植民地化された国々では、植民者が持ち込んだ「生産者は男性であり、女性は再生産の担い手である」という固定的性別役割分業観が、それまで女性が担っていた重要な生産上の役割を無視し、男性中心に「近代化」を図ろうとしたこと、その結果、女性は開発過程から除外されて見えない存在（不可視性）になってしまったことにその原因をみていた。人口の半分以上を占める女性の力が経済開発努力から排除されていることの不合理さを、ボズラップは突いたのである。

この調査結果は、一九七五年開催の国連世界女性会議の屋台骨を支え、以後、「女性と開発」「ジェンダーと開発」分野の基礎を築くこととなった。

(2) 国連世界女性会議から三〇年

二〇〇五年は、国連世界女性会議がメキシコ市で開催されてから三〇年目にあたる。一九七五年に、「平等・開発・平和」を共通テーマとして、最初の国連女性会議が開催され（国際女性年）、これに続く一〇年間（「国連女性の一〇年」）、世界規模で「平等・開発・平和」を実現するために、女性の「地位向上」が目指された。

ボズラップの研究は、この世界女性会議の準備段階で、アメリカの途上国開発援助に携わる女性たち（women in development：ＷＩＤ）に「発見」され、人口開発会議、環境開発会議、人権会議、社会開発サミットなど、女性会議を中心とする多くの世界会議を舞台として、「平等・開発・平和」実現の核心に「男女平等」があることを訴える拠り所とされてきた。

この間「ＷＩＤ」は、アメリカの一つの職業集団の呼び名から、最初は主として欧米で、「開発における女性の役割」「女性と開発」を扱う研究・政策・実践領域として定着・発展してゆくこととなった。研究者・開発現場での実践者・ＮＧＯ活動家・政策策定担当者として活動する人たちが多様な関心と分野から加わり、分野横断的領域として発展してきている。

日本では一九九〇年頃まで、ジェンダー課題と開発課題の研究者・実践者・運動家が相互に関心を共有することはほとんどなかったが、最近では、密接な連携が見られるようになっている。

七五年当初、三つのテーマは妥協の産物とされていた。すなわち、「平等」は主として法のもとでの平等を指向する既開発工業国側から、「開発」は平等の前提としての開発とそのための開発支援を求める開発途上国側から、「平和」は、それなしには男女平等は実現しないとする社会主義諸国と地域紛争を抱える諸国から、女性年にふさわしいテーマとして提起されたが、一つに纏めることができず、すべてが一括りにされてテーマとなったといわれている（Tinker 1990a）。

しかし、一九七九年の国連総会で「女子差別撤廃条約」が採択され、男女平等政策が世界共通の高い優先順位を持つ政策として、明確な方向性が確認される重要なエポックとなった。日本は、翌八〇年（「国連女性の一〇年」の中間年）、コペンハーゲンで開催された第二回世界女性会議で、当時の駐デンマーク日本大使故 高橋展子氏が同条約に署名した。これを機に国内の男女平等政策も法制面での具体的な整備が進み、男女雇用機会均等法、国籍法などが制定・整備されることとなった。

この頃から日本国内の「女性年」・「国連女性の一〇年に」対する一般の関心も高まり、一九八五年、ナイロビで開催された第三回世界女性会議へは、多くの女性が参加した。女性団体やNGOsの途上国女性支援への熱意が高くなったのもこの頃からである。この会議に合わせてNGOsが組織したフォーラムの大きなテーマの一つが「途上国の構造調整政策と女性」であり、途上国の経済危機が女性に与えた厳しい影響が、日本の女性たちの関心をも高めたのである。

第三回世界女性会議は、「一〇年」の終了年であるにもかかわらず、目標とした女性の地位向上が実現していないため、女性の地位向上のための世界行動計画の実施期間を二〇〇〇年まで延期し、実施上のガイドラインとして「ナイロビ将来戦略」を採択した。さらに、女性の地位向上のための活動を、以後「ジェンダー視点」から女性の「エンパワーメント」を基礎概念とすることを合意した。

日本では、この頃はまだ、本格的な「ジェンダーと開発」(Gender and Development) 論の展開には至っていなかった。

(3)「分野別(開発と女性)援助研究会」の発足(一九九〇年)

世界女性会議を受けて、既開発工業諸国のクラブといわれる経済協力開発機構の開発援助委員会(ＯＥＣＤ/ＤＡＣ)は、一九八三年にＷＩＤ指針を採択し、八四年にＷＩＤ専門家会合を設置して、途上国の開発に果たす女性の役割を強化・支援することを重点政策とした。

しかし、その構成員である日本の動きは鈍く、八九年に日本がこの専門家会合の役員国に選出され、外務省経済協力局にＷＩＤ援助委員会タスクフォースを設置するまでは、積極的な動きを見せることはなかった。

途上国向け政府開発援助にどのようにＷＩＤ視点を導入するかを検討することとなり、一九九〇年に、国際協力事業団(現 国際協力機構、ＪＩＣＡ)の中に「分野別(開発と女性)援助研究会」が組織された。政府開発援助にどのように具体的女性支援を実施するかが研究され、翌九一年に報告書が提出されて、ＪＩＣＡでのＷＩＤ支援活動が本格化した。同年には政府策定になる、女性の地位向上のための「新国内行動計画(第一次改訂)」にＷＩＤ推進が書き込まれた。これを受けて、地方自治体の(女性の地位向上のための)「行動計画」にＷＩＤ支援が明記され、全国規模で、途上国の開発支援に女性「配慮」をすることが「開発と女性」だとの認識が一般されてゆく(田中・大沢・伊藤 2002:111–112)。その後ほぼ一〇年間、日本では一般的には、ＷＩＤは開発援助における女性支援と理解され続ける。

(4)　国連開発計画（ＵＮＤＰ）『人間開発報告書』（一九九〇年）

一九九〇年に、国連開発計画（UNDP：United Nations Development Plan）が『人間開発報告書』を刊行してから、「開発」概念は拡大された。狭義の経済開発を超えて、人間を中心に据え、人間の生活のよさ（well-being）を高め、改善することを人間開発と規定し、女性の人権が重要な構成要素とされている。ジェンダー平等が人間開発の基本概念となったのである。『報告書』では国連加盟国の人間開発状況が「人間開発指数」として公表され、国連加盟国の住人が、どの程度、持って生まれた潜在能力を開花させながら生活しているかを単一の指標（HDI：Human Development Index）で順位づけている。人間開発状況の男女格差を示す「ジェンダー開発指数」（GDI：Gender Development Index）も計測されている。

こうして開発（development）は、途上国の開発だけでなく、既開発国のジェンダー平等をも包摂することが明確になった。その延長線で、「ジェンダーと開発」論は、発展途上国のジェンダー問題だけでなく、発展段階の如何を問わず、広く経済・社会の開発・発展に関わるジェンダー側面の研究・実践・政策分野を包摂するものとの認識が徐々に広まりつつある。

(5)　北京会議からの一〇年

二〇〇五年は、一九九五年に北京で開催された第四回世界女性会議（北京会議）の一〇周年に当たる。「平等・開発・平和」の達成がいかに困難かを充分経験した世界の女性たちは、「北京行動綱領」を策定して目標達成への強い決意を新たにした。

北京会議では、三つの鍵《キイ》概念、「ジェンダー」、「エンパワーメント」、「ジェンダー主流化」が合意された。政府間協議で公式に認知され、その後の展開を方向づけている。

「平等・開発・平和」は、女性の関心事（「女性の課題」）から男女の関係性を含めて全人類の関心事（「ジェンダー課題」）に転換し、それは女性が変革主体となること（力をつける《エンパワーメント》）で実現可能となるとの認識枠組の移行《パラダイム・シフト》であった。これを可能とする社会・経済・文化・政治過程が確実に進むための政策手法が、「ジェンダー主流化」である。女性を社会的経済的文脈から切り離して、「地位向上」を「女性特定的《ウーマン・スペシフィック》」な女性政策によって達成するのではなく、すべての政策の本流に統合する「ジェンダー主流化」という政策手法の転換である。

国際女性学会が一九九四年に開催した国際会議「'95東京会議：女性のエンパワーメント」で取り上げられた諸問題を編集した『エンパワーメントの女性学』は、日本で初めて、この「エンパワーメント」の視点を示した書である（村松安子・村松泰子 1995）。これ以後、「エンパワーメント」を鍵概念とする多くの出版物が現れている。

一九九五年以降の日本での新たな展開として、以下の二つだけに触れておく。

一つは、一九九九年の男女共同参画社会基本法の公布・施行である。男女共同参画社会基本法は二一世紀の日本が目指す社会モデルを規定している。それは、日本における男女共同参画社会の形成を国・地方公共団体・国民の責務と規定する。この施行を機に行政組織も「男女共同参画局」が内閣府に設置され、男女共同参画社会実現のための政策の企画調整が実施できる体制が整った。基本法は、男女共同参画会議の下に男女共同参画影響調査会を設置することを謳い、政府の諸政策がジェンダーに中立的であることを監視するよう定めている。現在議論されている持続可能な年金と医療・介護保険制度の抜本改革にも、現行諸制度がジェンダーに与える影響が正しく調査・評価されなければならない。影響調査会に期待される役割は大きく重い。

二つめは、「フェミニスト経済学日本フォーラム」の設立である。

フェミニスト経済学国際学会（IAFFE：International Association For Feminist Economics）は、一九九二年に設立され、一九九九年にはフェミニスト経済学の裾野の広がりと蓄積を示す業績も出版されている（Peterson, and Lewis 1999）。

日本では、三次にわたる主婦論争があり（上野 1982）、七〇年代以降のマルクス主義・社会主義フェミニズムによる分析の蓄積がある（久場 2002）。しかし、他の社会科学にくらべて、経済学におけるフェミニズム・ジェンダー研究はおくれており、これまでの「経済学」の学問体系の方法の問い返しや、新しい方向性の模索などを射程に入れた、独自の分野としてのフェミニスト経済学の成立が待たれていた。二〇〇四年にやっと、フェミニスト経済学国際学会との交流を視野に、多様な方法からの分析を包摂し、公共空間での論議を目的とする「フェミニスト経済学日本フォーラム」（JAFFE：Japan Association for Feminist Economics）が結成され、日本のフェミニスト経済学確立への動きが現実のものとなった。フォーラムは、二〇〇四年四月一七日に「経済学をジェンダー化する」を主題として、設立シンポジウムを開き、六二人の会員登録を持って発足した。ＪＡＦＦＥは、二〇〇五年二月には、東京大学社会科学研究所主催の国際シンポジウム「経済危機の時代：診断し処方する――フェミニスト経済学の可能性」の開催に協力した。

二〇〇四年には、フェミニスト経済学日本フォーラム設立と前後して、ジェンダー法学会、ジェンダー史学会も設立され、日本の人文社会諸科学にもジェンダー主流化が始まっている。

2　「ジェンダーと開発」へのあゆみ

筆者は、ボズラップの『経済開発における女性の役割』（Boserup 1970）がニューヨークで出版された一九七〇年前後の時期、アメリカで開発経済学の研究をしていた。理論研究が主であり、特定地域の開発を学んでいたわけではない。当時のアメリカの大学院での開発経済学のカリキュラムには、グンナー・ミュルダール（Gunnar Myrdal）の「異端の経済学」や初期の従属学派や改良主義の理論は多少取り込まれていたが、開発過程を女性・ジェンダー視点から捉える試みは皆無だった。その頃「開発学」といえば、その中心に開発経済学があった。もちろん「社会開発」概念がなかったわけではないが、主流ではなかったし、経済開発は、二、三〇年の間に実現する、それほど厄介な問題ではないと捉えられていた。

六〇年代後半は、市場の失敗（市場に任せておいては開発は実現せず、政府の責任が強調される）を強く認識する、初期の「固有の開発経済学」に対する疑問が提起され、「新古典派」「改良主義」「従属学派」などが代替的な認識枠組《パラダイム》を提出した時期であった（絵所 1997）。しかし、開発経済学を含めた経済学のジェンダー化（ジェンダーレンズを通して経済分析を行う）が大きな流れとなるまでには、時間が必要であった。「女性と開発」「ジェンダーと開発」は、専門教育としては経済学ではなく、（国際）開発研究や地理学の分野に取り込まれ、拡大していった。一九七五年にはオランダの社会科学大学院（ＩＳＳ）に、そして七八年にはアメリカ合衆国のミシガン州立大学に、「女性と開発」「女性と国際開発」専攻の修士課程が開設されている。

この間、筆者は、開発経済学の分野では、エーデルマン／モリス（Irma Adelman, Cynthia Taft Morris）の『経済成長と社会的公正』を翻訳出版し（エーデルマン／モリス 1978）、八〇年には代替的開発論を試みている（村松 1980）。当時はそれと意識していなかったが、後に「ジェンダーと開発」につながる仕事となった。本書には収めていないが、一九九〇年にベルギーのルーヴァンで開催された第一〇回国際経済史学会（International Economic History Congress）で報告した、戦後の日本女性の労働市場での経験を分析した論文（Muramatsu 1990）は、現在の時点で考えると、「ジェンダーと開発」分野に分類されるべきかもしれない。開発を前述のように理解すれば、敗戦後の経済復興・成長に果した女性の役割を研究対象にするのは、まさしく、「ジェンダーと開発」分野の研究である。

国際女性年の成果の一つであるが、筆者の勤務先であった東京女子大学は、一九七八年には、「アジアキリスト教九女子大学」の一員として他の加盟国と共に女性学センターを設置し、同時に設立されたアジア女性研究所（AWI：Asian Women's Institute）が、これらの九センターと連携することを学長会が合意した。そして、一九七九年にシンガポールで開催されたＡＷＩ主催の「アジア女性のためのキャリア・カウンセリング会議」に、東京女子大学からは、筆者が日本の女性一般と大学卒業生の就業状況、就業をめぐる諸問題を扱う報告を持って参加することとなった。

ここで女性問題に関心を持つアジアの研究者たちと出会い、それ以来、彼女たちから多くを学ぶこととなった。ここでの共同作業は、一九八五年と八六年刊の二冊の書物に結実した（Quisumbing and Lazarus 1985, 1986）。

その後、欧米とは違ったアジアの女性学を目指して、「アジアの女性学委員会」が結成され、共同作業は継続した。多くの困難があったが、ほぼ一〇年後に、二冊の出版物が完成した（Committee on Women's Studies in Asia 1994, and 1995）。一冊は一九九四年刊の『女性学と女性の生き様』（*Women's Studies Women's Lives : Theory and Practice in South and Southeast Asia*）で、女性学が生まれる以前にそれぞれの分野で専門教育を受けたアジアの大学教員の女性たちが、どのようにして女性学に出会い、既存の研究分野での自身の研究にそれをどのように活かしているのか、女性学の持つ意味などを、いわば自己検証する試みであった。筆者も「模索の旅」"An Exploratory Journey" の一章を執筆しているが、ここでは「ジェンダーと開発」視点を持って研究を進めはじめていることを語っている（Muramatsu 1994 : 195–208）。

もう一冊は、国連開発計画による『人間開発報告書』（一九九〇年）が出版される前に実施された、アジア女性の社会・経済・生活状況をデータで示す試みである（Committee on Women's Studies in Asia 1995）。これらの作業の中心になったのはマラビカ・カルレーカル（Malavika Karlekar インド）、バーバラ・ラザラス（Barbara Lazarus アメリカ）と筆者である。

これらの共同研究は、筆者にアジアのジェンダー問題の多様さと同時に共通性にも目を開かせ、日本の問題への理解と処方への示唆を与えてくれた。一九八四年クアラルンプールで開催された国連アジア太平洋開発センター（ＡＰＤＣ）会議への報告論文には、そこで得た視点が活かされている（Muramatsu 1984）。

女子大学で研究・教育に携わる女性として、筆者はそれ以前から「女性と経済」に関心を持っていたが、ＡＷＩでの活動を通しての「女性学」という新しい知的営みと、刺激的友人たちとの出会いは、その後の筆者の研究活動に大きな影響を与えた。

八〇年代に入ってからは国際女性学会（現国際ジェンダー学会）に参加し、八三年には国際会議の準備および会議報告書の編集を手がけ、会議のテーマ「働く女性の社会へのインパクト」をめぐり、世界各地から参加した研究者との討議から多くの示唆と知見を得ることができた（Muramatsu 1983）。八八年には同学会の第三回国際会議の事務局を担当したが、そこで農村開発と女性に関してフィリピン大学から参加したアグネス・クイッサンビング（Agnes Quisumbing）との議論が大きな刺激となり、「農村転換期における女性——WIDの視点から——」（本書第四章）の執筆につながった（Muramatsu 1983, Muramatsu and Oda 1988）。

女性学との出会いが、インドネシアの中部ジャワの小さな米作村における農民の所得創出能力の研究の実現にもつながった。一九八二年から八三年にかけて、「開発」が現在進行形で起こっている場で生活し、調査・研究する機会を得たことは、筆者のその後の大きな財産となった（Muramatsu 1985a, 1985b, 1993, 村松 1992）。この調査村には一九九一年に、四カ月ではあったが再訪・調査の機会に恵まれた。

また、一九九一年からのハーヴァード大学バンティング研究所での客員研究員としての一年間も意義深い経験となった。同研究所は、現在は改組されて客員研究員を招聘してはいないが、国際女性年以降、研究キャリアの中間段階にある女性研究者たちを招き、大学のすべての施設を解放し、また研究者たちとの交流を後押しする、ジェンダーに親和的な世界で唯一の研究所であった。年間約三〇人の女性研究者が人文・社会・自然科学諸分野から集まり、自由に研究していた。ここで出会った一群の女性研究者たちとの交流は、何ものにも代えがたい貴重な知的刺激となり、ジェンダーと開発を筆者の研究分野とする上で今も大きな力となっている。

3　新しい分野としての「ジェンダーと開発」

お茶の水女子大学ジェンダー研究センターが作成した「『ジェンダーと開発』に関する日本語文献データベース」

によると、日本におけるこの分野の本格的展開は、一九九〇年代中頃以降といってよい（お茶の水女子大学 グローバル化とジェンダー規範に関する委員会 2003）。ここには、一九八二年以降、日本で発表された論文・著書（翻訳を含む）一〇三一点が収録されている。そのうち一九八〇年代の業績はわずか四〇点であり、一九九五年まで延長しても、二一一点を数えるに過ぎない。

一九九五年は、第四回国連世界女性会議が北京で開催され、「女性」に代えて「ジェンダー」が、国連世界会議での公式用語として使われた年である。業績の出版点数が示すように、日本におけるこの分野は、北京会議を一つの契機として、一九九五年以降、急速に発展してきた。九五年以前の業績は、国連会議に関する報告、途上国の女性状況（後にはジェンダー状況）、日本の開発援助政策と女性・ジェンダー「配慮」などを扱ったものが多かったが、それ以降は、政策形成や実践を支える基礎的研究分野での研究も進展している。しかし、その動きはまだ緒についたばかりである。

このデータベースによると、日本の「ジェンダーと開発」分野は、女性学・ジェンダー研究と開発学・地域研究に加えて、人類学、地理学、歴史学、社会学、政治学、法学、環境学、生活科学、保健学など多岐にわたっているが、経済学（系）関連の文献は極めて少ない。

本書は、経済学（開発経済学）の訓練を受けたひとりの研究者が、「ジェンダーと開発」という未開拓の迷路に入り込み、歩んできた過程で試みた論考・事例研究から九篇を編んだものである。筆者が初めてこの分野を意識して執筆した一九九一年の論文（第四章）は、当初は収録する予定はなかったが、経済開発が男女に違った影響を与える様態を分析する手法としてここで用いた「時間利用データ《タイムユース》」（生活時間データあるいは時間配分データ）分析が、最近の「予算のジェンダー分析」の一つの分析用具《ツール》として再度注目されはじめていることから、収録することにした。ささやかな個人の研究史でしかないが、開発学とジェンダー研究が交差するところに誕生した「ジェンダーと開発」分野の展開の一側面をいくらかは映し出していると思う。各章は若干の表記の調整をしたが、原則として初出時を踏襲している。現在の精緻化された方法からすれば、分析概念や方法の改善が必要なのか、あるいは分析そのものに誤りがあるのかなど、検証すべき多くを抱えている。

一冊の書物として形を整えることは、これまでの仕事を振り返り、今後の進むべき方向を見極め、確認を迫られる作業となった。新しい分野としての「ジェンダーと開発」研究の課題の大きさと深さを痛感している。

「ジェンダーと開発」論の形成と展開

――経済学のジェンダー化への試み――

目次

目　次

目　次

◉装幀　伊勢功治

「ジェンダーと開発」論の形成と展開

——経済学のジェンダー化への試み——

第一章　開発・ジェンダー・エンパワーメント

はじめに

一九九五年九月四日から九月一五日まで、北京で、国連主催の第四回世界女性会議（北京会議）が開かれ、一八九カ国から五七〇〇人の政府代表が参加し、「北京宣言」と「北京行動綱領」を採択した。参加国政府は、「北京宣言」において、次のような誓約《コミットメント》を再確認している（国際連合 1995a：1-2）。

全人類のためにあらゆる場所のすべての女性の平等、開発及び平和の目標を推進することを決意し（3項）、……「女子に対するあらゆる形態の差別の撤廃に関する条約」……、「開発の権利に関する宣言」（8項）、「婦人の地位向上のためのナイロビ将来戦略」の完全かつ効果的な実施を達成すること（11項）、……女性のエンパワーメント及び地位向上、したがって、女性及び男性の個人的又は他の人々との共同体における……ニーズに寄与し、それによって、彼らに、その完全な潜在能力を社会において発揮し、自らの願望に従って人生を定める可能性を保障すること（12項）（総理府訳）。

こうして、一九七五年のメキシコ市での「国際婦人（女性）年」（以下「女性年」）世界女性会議と、それに続く「国連女性の一〇年」、さらにその最終年の八五年の第三回世界女性会議（ナイロビ）において、二一世紀初頭を目標にその実現をめざした「平等・開発・平和」が、改めて緊急に達成すべき世界の課題として再提起された（なお当初の総理府（当時）訳ではwomenは「婦人」であり、「婦人年」「婦人会議」と訳されていたが、次第に、対《つい》になる男性名詞がない場合は、その女性名詞は使わないとの共通認識が市民社会に生まれ、政府も「女性年」「女性会議」の訳語を当てるようになっている）。

一九七五年以来、女性も含めて、世界の人々の生存条件は多くの分野で改善した。開発途上国を例にとれば、出生時の平均余命は一九六〇年代から三〇%以上のび、女性の伸び率の方が男性の伸び率を上回った。安全な飲料水を利用できる人口は、三六%から七〇%とほぼ二倍になった。初等教育段階での純就学率も四八%から七七%に上昇した。過去二〇年間で女子の初等・中等教育の合計就学率は三八%から六八%に伸び、また急激な人口増加にもかかわらず、この一〇年間に一人当たり食糧生産高は二〇%以上増加した。しかし同時に、一億三〇〇〇万人の子供が初等教育段階で、二億七五〇〇万人が中等教育段階で学校へ行けない状態にあり、女児にその割合が高い。八億人近くが毎日の食事に事欠き、約五億人が慢性の栄養失調である。途上国人口の約三分の一にあたる一三億人が貧困ライン以下の生活をしており、貧困に陥っている人口は女性の方が多い。また、女性国会議員比率は一〇%にすぎない（国連開発計画 1996：24–25）。

さらに一九九六年版『人間開発報告書』は、一つの新指標、「能力貧困測定（CPM：capacity poverty measure）」を提案している（表1-1）。CPMは所得面からの貧困測定を補完し、人間として基本的あるいは最小限必要不可欠な能力を欠く人々の割合を示す指標である。健康を保つ能力の欠如（五歳未満の標準体重以下の子供の割合）、安全な出産をすることのできない（医師、助産婦などが立ち会わない）出産の割合、教育を受け知識を得る機会の欠如（女性の非識字率）の合計を三で割って、単純な算術平均を得る。これはまさに、人間として最低限の必要《ニーズ》を男性ほど満たしていない女性の状況を基礎にして算出している。この数値からも国際社会の共通の課題として、開発とジェンダー（社会・文化的に規定される性別）関係の展開を分析課題とする「ジェンダーと開発論」があることが明らか

表1－1　人間開発関連指標（1993年）

国名	HDI 数値	HDI 順位	GDI 順位	GEM 順位	CPM（%）
カナダ	0.951	1	2	6	/
アメリカ合衆国	0.940	2	4	9	/
日　本	0.938	3	12	37	/
オランダ	0.938	3	11	8	/
ノルウェー	0.937	5	3	1	/
香　港	0.909	22	25	－	/
韓　国	0.886	29	31	78	8.6
アルゼンチン	0.885	30	45	－	6.3
ポルトガル	0.878	35	30	24	/
アラブ首長国連邦	0.864	42	56	88	9.9
メキシコ	0.845	48	46	31	16.9
タ　イ	0.832	52	33	53	21.1
ロシア	0.804	57	40	－	/
ブラジル	0.796	58	49	56	10.0
トルコ	0.711	84	61	92	21.2
スリランカ	0.698	89	62	75	19.3
ペルー	0.694	91	72	51	25.7
インドネシア	0.641	102	76	61	42.3
中　国	0.609	108	79	29	17.5
ベトナム	0.523	121	91	－	19.3
ケニア	0.473	128	98	－	33.8
パキスタン	0.442	134	107	101	60.8
インド	0.436	135	103	93	61.5
ザンビア	0.411	136	104	81	35.1
ザイール	0.371	141	109	96	44.7
バングラデシュ	0.365	143	116	77	76.9
スーダン	0.359	146	118	82	44.3
ネパール	0.332	151	124	－	77.3
ウガンダ	0.326	155	123	－	45.9
ギニアビサウ	0.297	161	126	－	56.6
ニジェール	0.204	174	137	104	71.7

（注）HDI：人間開発指数、GDI：ジェンダー開発指数、GEM：ジェンダー・エンパワーメント測定、CPM：能力貧困測定、－：データなし、／：該当せず。

（出所）国連開発計画　1996．人間開発報告書1996より作成。

になる。(1)

人間の生存条件の改善が開発の目標であるとすれば、「女性年」以来、世界の女性たちが求めてきた「平等・開発・平和」は、相互に関連する一体のものとして実現されなければならない。今日の世界状況の中では、個人や地域社会、また一国政府の努力と責任だけでは、これは達成できず、国際社会全体としての取り組みが必要である。世界の女性たちは、自助努力はもとより、集団として力をつけながら（エンパワーメント）、国際社会の課題として二一世紀に向かう世界の未来像《ヴィジョン》を作っているのである。

北京で採択された「行動綱領」の第一項は「この『行動綱領』は、女性のエンパワーメントに関するアジェンダ（行動指針）である」ことを明示し、「女性と男性の平等に基づく変容したパートナーシップ（協力）が、人間中心の持続可能な発展の条件である」と続けている（国際連合 1995b：1）。このような世界の決意表明の中に、本章の三つのテーマ、「開発・ジェンダー・エンパワーメント」が位置づけられている。

1　新しいヴィジョンの誕生

(1)　国際社会のヴィジョン作り

「ナイロビ将来戦略」は、二一世紀初頭を目指して、男女平等・男女共同参画社会の実現に大きく踏み出す基盤を作り、「平等」「開発」「平和」を包括的に実現すべく、次のように述べている（United Nations 1986：8–9）。

平和は両性間の平等、経済的平等、普遍的な人権の享受によって促進される。すべての人によるその享受のためには、すべての国において、女性が男性と同じ土俵に立って、表現・情報・国際的平和と協力の促進への関わりの自由を行使しながら、政治・経済・社会生活のすべての分野に関わる方針・政策決定過程に参画する権利を行使することができることが必要である。

このように、「ナイロビ将来戦略」はすでに一九八五年に、女性が方針や政策決定過程に参画することの重要性を強調している。いくつかの国を除いて、世界全体でみて、女性の国会議員比率はまだ低い[2]。しかし他方では、この参画の重要さの認識のもとに、一九八五年から北京会議開催までの一〇年間に、二一世紀の国際社会のヴィジョン作りの中で、女性の発言や働きかけが大きな影響を与える事例も目だっている。具体的には、これらの動きは、主要な国際会議に女性の関心事が次々に反映されるという形をとっている。

一九九二年のリオデジャネイロ世界環境開発会議、一九九三年のウィーン世界人権会議、一九九四年のカイロ人口開発会議、一九九五年三月のコペンハーゲン世界社会開発サミット（ＷＳＳＤ）などは、この具体的成果である。こうして、「ジェンダーの視点からみて公平で、持続可能な人間を中心とする開発《ヒューマン・ディヴェロップメント》」概念が産み出された。この二一世紀の世界のヴィジョン作りに世界の女性たちは、主として政府間会議と並行して開催される草の根活動の盛り上がりとしてのＮＧＯ会議を通して加わり、よりよい世界の実現のための役割を引き受けている。その重要な第一歩が、リオデジャネイロ世界環境開発会議で採択された「アジェンダ21」のなかの女性の役割と責任の明示である[3]（同アジェンダ第二四章）。女性の権利は人権の不可譲、不可欠、不可分なる一部分であり（ウィーン世界人権会議）、人口・開発・環境の三者をつらぬく持続可能な開発は、女性の身体とそれに関わる女性の自己決定権の確立なくしては実現しないこと（カイロ人口開発会議）なども明確にしてきた。また「開発」概念もＧＤＰ（国内総生産）の成長を一義的な目標とする狭義の「経済開発」から、より広義の「人間開発」へと拡大してきた（コペンハーゲン世界社会開発サミット）。

(2) 開発・発展パラダイムの変化

国際社会の開発についてのヴィジョンは、「ジェンダーの視点からみて公平で、持続可能な人間を中心とする開発」に移っていることはすでに指摘した。多くの途上国が経済的自立をめざして経済開発にのりだした一九五〇年代から七〇年代前半には、「近代化論」にもとづく、GDPの成長を主要な指標とする「経済成長アプローチ」が支配的であった。しかし、社会の底辺から人々の生活水準を引き上げるのが「開発」であるという意味で、その成果に疑問が出てきた七〇年代中頃までには、人間として生きるための必要を満たすという、「人間の基本的ニーズ・アプローチ」(BHN：basic human needs) が登場した。一九七〇年代の二回の「石油危機」を経て世界経済が変質し、その影響が特にアフリカとラテンアメリカの途上諸国に壊滅的な影響を与えた「危機の八〇年代」に入ると、効率的経済運営を強調する「効率アプローチ」が台頭し、BHNアプローチも後退を余儀なくされる。後に触れる構造調整政策(SAPs：Structural Adjustment Policies/Programs) の負の影響がとくに貧しい女性たちを直撃し、貧困が世界的に増大したのは、この時期である。

一九九〇年代に入り冷戦構造は崩壊したが、人々の予想と期待に反して、世界の多くの場所で国境を超えた、また、国境の中で武力を伴う戦争・紛争が多発している。これらの戦争・紛争にはさまざまな原因があるが、その一つは、富・所得・権力などの不平等分配とそれをもたらす構造である。武力を伴う戦争以外にも、人間の尊厳を損なう多様な暴力・脅威がある。飢饉、民族対立、麻薬汚染、人身売買、女性に対する性暴力、民族・宗教・階級・ジェンダー間の不平等から生じる社会の不協和音 (social disintegration) などである。生存上の安全確保（人間の安全保障）のためには、地域社会・国・国境を超えた地域と国際社会のすべてにおいて、社会的統合・調和が必要である。世界の一部で飽食がさまざまな問題を引き起こしている一方で、飢餓が地球人口の二〇%に及ぼうとする現実を、「人権としての開発」を認めている国際社会は放置できない。このような認識が政府間の危機意識のみならず、市民社会の草の根運動を盛り上げ、一九九五年のコペンハーゲンでの世界社会開発サミットにつながり、そこでの合意も北京女性会議に引き継がれている。

二一世紀の未来像が、地球上のすべての人間が尊厳（dignity）をもって生きることにおかれていることはすでに触れた。そのための社会的目標は、社会開発サミットで確認されたように、生存上の安全・人間の安全保障（human security）が確保され、人間が持って生まれた潜在能力・可能性を十全に開花させ、人々の選択権が可能なかぎり拡大する、人間を中心とする開発の実現である。サミットでの具体的目標が、貧困の緩和・撲滅、生産的雇用の創出、社会的統合・調和（social integration）におかれているゆえんである（UNDP 1994：11）。

現在、最貧国を中心に一三億を超える人々が絶対的貧困下にあり、その半数以上は女性である（UNDP 1994：134–135）。さらに世界的にみて、女性の失業率の方が男性のそれより高い。また、「人間開発」状況を示す一つの指標である国連開発計画の「人間開発指数（ＨＤＩ）」も、男女格差を調整せずに男女の平均値として算出した指数の方が、男女格差を調整して女性の人間開発状況を示す「ジェンダー開発指数（ＧＤＩ）」より高い数値をとることは、明らかに世界的規模でみて、女性の生存状況は男性のそれより劣っていることを示している[4]。

北京での第四回世界女性会議を前にして作成された一九九五年版『人間開発報告書』は、ジェンダー問題が解決されない限り人間開発は危機に瀕するとして、「男女平等に向けての革命」の必要を訴えている（国連開発計画 1995：1）。そしてこの革命は具体的な戦略をもって一気に推し進めなければならないとする（同書：9–13）。

> 開発の認識枠組《パラダイム》にジェンダーを取り込むのには、長年にわたって社会、経済、政治生活を支配してきた前提条件が大きく変わる必要がある。不公正が権力構造のなかで幅をきかせる以上、経済や政治の自由な流れに任せていては機会均等の実現は望めない。このような構造的な障害が存在するからには、政府が介入して、総合的な政策改革や一連の差別撤廃措置をとる必要がある。

2　変革の主体としての女性

(1)　エンパワーメント

「エンパワーメント（Empowerment）」は、九〇年代に入って日本でも言及され、北京行動綱領に明記されてから、頻繁に使われるようになった概念・考え方である。「法の下での平等」は、間接的に平等を得ようとする方法である。これに対してエンパワーメントは、草の根の女性たちが〈力をつけて〉連帯して行動することによって、直接的に自分たちで状況・地位を変えようとする、極めて行動的で自立的な考え方である。強調点は二つある。一つは、ごく一握りの女性たちだけでなく、幅広い基盤をもつ大勢の行動・運動様式を重視すること、二つめは、個人行動ではなく、共同・連帯行動を指向することである（村松安子・村松泰子 1995）。

第四回世界女性会議への準備のために、ＥＳＣＡＰ（国連アジア太平洋地域経済社会委員会）が出版した『アジア太平洋地域の女性』によると、エンパワーメントは、次のように定義されている（United Nations 1994b：75）。

　女性の地位向上という観点からエンパワーメント〈力をつける〉を定義すれば、エンパワーメントとは、女性の自己認識と共に、社会が女性にもつ認識、さらに、女性の役割と機能の決められ方を変えることによって、ジェンダー関係に影響を与えようとする、その過程である。エンパワーすることは、女性が、集団で女性の関心事を決め、すべての分野で機会が平等に開かれており（アクセス確保）、自立と自身の生活への統御《コントロール》を得ることにつながるだろう。それは、女性の地位についての、また女性についての考え方での男女の態度を変えるように、連帯して行動するネットワーク活動を推進することにもつながるだろう。

「エンパワーメント」の考え方は国連主導で作られたわけではない。その考え方は、一九八〇年代の中頃から第三世界の女性運動の中から提起された。しかし、この時代になって初めて出てきた考え方ではなく、「開発と女性」が世界的関心事となった一九七五年以降、それが西欧フェミニズムの産物であるとの批判に応える形で第三世界の女たちから出てきた。この考え方を最も雄弁・明確に示したのがＤＡＷＮ（Development Alternatives with Women for a New Era）である。このグループは、それに先立つ一〇年間の草の根の女性運動の経験と研究成果を基に、アジア、アフリカ、ラテンアメリカの女性活動家・研究者・政策策定者を中心とするネットワークである。目指すところは、八〇年代に明らかになった危機を分析し、来たるべき時代の真の開発の未来像《ヴィジョン》と代替モデルを模索することであった。このヴィジョンについては次節で触れるが、そのヴィジョンを実現する主体としての女性が必要としたのがエンパワーメントである（Sen, G. and Grown 1988）。

エンパワーメント概念は、あるべき開発の姿をジェンダーの視点から見直したとき提起された。自分たちのために開発を目指し、それを担おうとする人々を無視する従来の「上から型《トップダウン》」の限界を見極め、女性組織の継続的・組織的な「下から型《ボトムアップ》」の運動の重要性を強調する。何よりの特徴は、自助・自立（self-reliance）を通して女たちが力をつけることであり、そのためには先ず女たちが自らの置かれた状況、その状況を作った構造を自覚し、女性自身の中から変化への必然性がわき出てくることが求められる。したがって当然のことながら、開発戦略は参加型（参加型開発）を前提とする。第四回世界女性会議で採択された「行動綱領」が、あらゆる段階での女性の方針・政策決定過程への参画を強調しているゆえんである。

政治・経済・社会生活のすべての分野に関わる方針・政策決定過程への女性の参画の重要性が指摘されて久しい。しかし、北京で採択された「行動綱領」や一九九五年版『人間開発報告書』が繰り返し言及するように、その実現は容易ではない。この『報告書』はジェンダー開発指数（ＧＤＩ）と共にジェンダー・エンパワーメント測定（ＧＥＭ）という新しい指標を開発し、政治・経済・社会生活に関わる方針・政策決定過程への女性の参画の度合を定量化している。経済資源を左右する力（所得）、経済面での政策決定への参画の程度（専門職者・管理職者の比率）、政治面での決定への参画の程度（女性の国会議員比率）の総合指標である。前掲表1-1のGEMは各国の世界での順位を示している。[5]

(2) 女性からジェンダーへ

第四回世界女性会議の「行動綱領」を読んで気づくことの一つは、「女性」から「ジェンダー」への変化である。一九八〇年代を通じて女性学研究は、生まれながらに生物学的に決まる「性」としての「女性」から、社会的・文化的に作り上げられる「ジェンダー」（社会文化的に規定される性別分類概念）に注目することの重要性を明確にしてきた。「ジェンダー」は民族・宗教・階級階層と同じように重要な分析概念として、いまや社会、経済、政治分析などで市民権を得ている。とくに本章の主題である途上国の開発を論ずる場合、社会の中から女性を一つの同質的集団として切り取り、「社会的隔離」の状態で分析するのは誤りである。女性は女性として共通の利害・関心事を持ちながらも、決して同質的な単一集団を構成しているわけではない。属する民族・宗教・階級階層、さらには、年齢、健康状態その他によっても利害・関心事は異なる。それぞれの利害・関心事を実現させるためには、それぞれに対応する現状認識・分析が必要であり、満たすべき戦略があるはずである。[6]

ここで、「女性」から「ジェンダー」への変更が問題を孕んでいることにも触れておこう。前述の、本来の分析概念としての「ジェンダー」を使うことの利点とは別に、「ジェンダー」がより「中立的」な響きをもっており、政策策定上、男性との「不必要な」利害の衝突を避ける上で得策だという説がある。状況によっては、さもなければ議論にものぼらなかった女性の関心事を、そのことによって、社会の問題として提起でき、結果として政策に反映できる場合もあるかもしれない。しかし、これは本質的なことではない。むしろ注意したい点は、ジェンダー概念を使うことによって、「女性の経験」のもつ重みが失われる危険性である。しかし逆に、たとえば「女性一般」ではなく、ジェンダー概念を使って対象を、「途上国の農村に住む土地なしの貧しい女性」に限定することによって、より具体的に明確にその集団の女性たちの経験を特定することができるのも事実である。

現在、世界の貧困者・不完全就業者は一〇億人に及び、失業による貧困は既開発国でも社会問題になっている。アジアを中心とする高成長地域がある一方で、停滞し後退しているアフリカやラテンアメリカの地域もある。(7) また、政治・経済・文化の世界化《グローバリゼーション》は高成長地域でも経済格差を拡大し、富める少数者と貧しい多数派の間に緊張を生んでいる。「北京行動綱領」が世界の女性にとっての一二の「重大問題領域」と特定し、国際社会の「戦略的行動」を要請している第一の領域が、「貧困の女性化」である。とくに深刻な累積債務問題を抱える途上国が採らざるを得なかった「構造調整政策」、計画経済から市場経済に移行しつつある「移行期経済諸国」、さらには既開発国での政治経済改革に伴う諸政策の影響には、明らかにジェンダー・バイアス（ジェンダーによる一貫した歪み）がある。このような構造変化の中で、困難は女性により重くのしかかり、女性が周辺部分に追いやられている。このような現象が「貧困の女性化」であり、世界的な規模で進展している。一貫したジェンダー・バイアスがなぜ生じるのかは、女性を同質の一つの集団として切り離す分析手法からは明らかにならない。社会／ジェンダー分析が必要である。(8)

「貧困の女性化」のなかで、とくに開発政策や計画を策定する段階で注目しなければならない女性グループとして、たとえばＥＳＣＡＰの「行動綱領」案の中では、農業部門や「非公式部門《インフォーマル》」（政府・行政機関によって活動や取引が捕捉されていない部門）で働く女性、世帯主として家計維持に責任をもつ女性、高齢女性、若年女性と少女、障害を持つ女性、構造調整政策から深刻な影響を受ける女性などをあげている（United Nations 1994b : 23–26）。

3　ジェンダーとエンパワーメントの視点から開発を考え直す

(1)　ジェンダー視点からの開発の代替構想《ヴィジョン》――DAWNのヴィジョン

前述のように、DAWNによる開発への接近の仕方は、エンパワーメントを前提とする方式《アプローチ》である。このアプローチはその前提においてだけでなく、開発ヴィジョンにおいても女性・ジェンダーの視点を全面に押し出している。すなわち、女性の地位の改善を超えて、新しい社会・世界を構築する上での女性の役割に注目するのである。さらに、女性の従属を男性との関係上の問題として見るだけでなく、植民地化（新植民地化）から来る問題とも捉えている。男女間の不平等は家庭の中から始まるが、女性たちの抑圧の経験は、民族、階級・階層、植民地化の歴史、現在の国際経済秩序の中での位置づけによって異なると考える（Sen, G. and Grown 1988：23–49）。

> 我々が求める世界では、階級・階層、ジェンダー、民族による不平等はどの国にもまたどの国家間にもない。また、基本的ニーズ（の充足）は基本的権利となり、貧困、いかなる形の暴力もない。すべての人には（その）潜在能力と創造力を十全に開花させる機会があり、女性の育児と連帯に賦された価値が人間関係を特徴づける。このような世界にあっては、女性の再生産役割は再定義されることになる。すなわち、育児は男性と女性、社会全体によって担われ……、（これが実現されるためには）平等・開発・平和が関連づけられ、貧しい人たちの基本的権利（の確立）と女性を従属させる制度の転換が不可分である。これは女性自身のエンパワーメントを通じて達成しうるのである（（　）内は引用者による。Sen, G. and Grown 1988：80–81）。

右の引用によって、この構想と世界社会開発サミットを経て定着してきた国連開発計画型の、人間開発構想との基本的な相違が明らかになる。本章注4で指摘している指数作成上の技術的な問題とは別の、基本的な違いである。それは「育児」に代表される市場向けでなく、貨幣評価の対象にならない「不払いの労働《アンペイド・レイバー》（無償労働）」（unpaid labor）の位置づけである[9]。抽象的な定義とは別に、『人間開発報告書』が示すＨＤＩ、ＧＤＩ、ＧＥＭはすべて、若干の例外を除いて、直接あるいは間接的に貨幣評価の対象となる市場向け活動の成果のみで構成されている（所得、賃金率、労働力率、識字率、就学率、就学年数、平均余命、管理職者・専門職者の比率、国政への代表性の程度など）。「生産労働・役割」と「再生産労働・役割」の担い手に明らかな固定的性別役割分業が見られる現状から考えれば、少なくとも定式化された指標には、明らかなジェンダー・バイアス（性による偏り、非対称性）がある。さらに、たとえ固定的な性別役割分業が止揚されているとしても、真に人間らしい、連帯感の産み出す生の充実・充足を問題とするならば、「再生産労働・役割」（主として非市場向け活動を中心とする）とその成果を問わなければならない。その意味で、人間開発概念は、依然として、「人間」を手段とする「人的資本への投資」論の延長線上で問題を捉えているといわざるをえない（西川 1997：1–18）。

(2) 開発におけるジェンダー・女性の「不可視性」

「行動綱領」はもとより、「ナイロビ将来戦略」はすでに、女性の開発への「有償」「無償」の貢献を認識・測定し、諸統計に反映させる必要を指摘している[10]。一九五〇－六〇年代の途上国の経験は、「開発」による貨幣経済化の進展とともに、女性の活動・仕事の多くが、人間の生存にとって必要不可欠ではあるが、貨幣で評価されない活動であるため、「見えなく」なることを教えている。往々にして、これが女性が開発過程から負の影響を受ける原因とするエスター・ボズラップ（Ester Boserup）の指摘である（Boserup 1970）。この女性の役割が「見えなくなる」（「不可視性」）との認識が、女性と開発の関連とその役割を研究・実践活動の対象とする、「女性と開発」（ＷＩＤ）領域の出発点である。その誕生の経緯から「ジェンダーと開発」（ＧＡＤ）概念への転換[11]に関しては、本書第二章1で論ずる。

こうして、「見えないこと」は「無いこと」であり、女性は開発の担い手ではなく、負の効果も含めて、単なる「成果の受益者」と認定されることとなった。負の影響を受けるのは、女性の役割が評価されず、開発過程から排除され、十分にその過程に「統合されて」いないことにあるとの理解である。そこで、一九七〇年代後半から八〇年代前半にかけての処方箋は、「女性の開発過程への十分な統合」であったが、事態は悪化こそすれ、逆転させることにはならなかった。真の理由は別のところにあり、誤った政策が多くの場合、途上国の貧しい女性たちの状況をいっそう厳しいものとすることとなった。

(3) アフリカの事例

このような事例として、八〇年代のアフリカ諸国の貧しい女性たちの経験に学ぼう。アフリカの多くの地域では、女性と男性は別々の「財布」をもつ。男性は住居・衣料・教育などに責任を持ち、女性は毎日の食に責任を持つ。女性は主食だけでなく、塩・香料・野菜・干し魚なども調達する。さらに食事の準備に必要な水汲みや薪集めもする。女性はその責任を果たすために、自家消費用の食糧生産だけでなく現金所得も必要とする。彼女たちは農村世帯で消費される食糧の八〇%を生産し、食糧の加工・地域市場での小売り・路上での商いもする。自家消費を超える食糧が、女性の現金所得の源であり、また他の女性の余剰食糧を加工したり、販売したりもする。食糧問題はまさに「女性問題」であり、また人々の栄養問題でもある[12](Koopman-Henn 1994：204)。

しかし、この責任を果たすための資源・技術へのアクセス(利用したり獲得する機会)は極めて限られている。土地は基本的に、男性の管理下にある。通常、より肥沃な土地は男性の作る換金作物に利用される。換金作物を作る男性が耕作用の動物を使っても、女性は昔ながらの、短い柄のついた小さな農具や鍬で耕し、収穫も手作業である。生産物の運搬も、背負うか、頭にのせて運ぶ。資源・技術だけでなく行動範囲も限られている[13]。最近では、WID・GADの成果もあって、事態は変化しつつあるが、女性が食糧供給に果たす役割が正しく認識されていなかったことから、女性に対して食糧増産のための技術・資金上の支援が行われなかった。

そればかりでなく、南北格差を必然的に大きくするような国際経済の構造と、アフリカ諸国の財政・経済政策の失敗から、財政と国際収支の赤字が累積する累積債務問題が深刻になった。これに対処すべく、これら諸国はＩＭＦ（国際通貨基金）と世界銀行からの借入に依存することとなった。融資と引き替えに受け入れた引締政策が「構造調整政策」であり、その女性や子供に与えた深刻な悪影響は、ＵＮＩＣＥＦ（国連児童基金）や他の多くの研究によって明らかにされている（Cornia, Jolly and Stewart 1987, Beneria and Feldman 1992, 本書第五章）。

構造調整政策の中心は、外貨保有状況《ポジション》と財政収支の改善である。前者は輸出の促進と、「不急不要」な輸入の削減であり、後者は「不急不要」の財政支出の削減である。とくに後者は、食糧・初期医療・初等教育をはじめとする社会（公的）サーヴィスに対する支出と補助金の削減である。輸出の促進は、男性が土地を管理する結果、より肥沃な土地は食糧生産から輸出作物作付けへと転換された。これは二重に、アフリカに悪影響をもたらした。第一は、多くのアフリカ諸国がいっせいに輸出作物生産を増大したため価格が下落したことであり、第二は、食糧生産の減少である。これは、より肥沃な土地が食糧生産から輸出作物作付けへと転換されたからだけでなく、ジェンダー関係から男性が女性の労働を管理し、より多くの労働が食糧生産から輸出換金作物の生産に動員されたからである。女性は食糧生産への労働投入を減じなければ、この要求に応えられなかった[14]。アフリカの食糧危機は、単なる人口増加や土地の砂漠化からだけ起こったのではなく、既存のジェンダー関係の下での、構造調整政策というマクロ経済政策の帰結でもあった。

4　フェミニスト経済学者たちの挑戦

女性の「不可視性」は、経済学のジェンダーによる偏り《バイアス》によっていっそう増幅され、女性たちはますます周辺化し限界的存在とされるようになる。日本においては（他の資本主義工業諸国も含めて）、再生産労働の女性への集中と女性の男性への従属を、マルクス主義フェミニズムの立場から論じている業績は多いが（たとえば、竹中 1991）、途上国の開発とジェンダーの文脈での議論はほとんどない。以下では、これらの分析方法と重なるところはあるが、それとは違う、新古典派のミクロとマクロ経済学の若干の仮定と調整の仕組を対象に、「正統派経済学」のもつジェンダー・バイアスを検討したい。

先ず最初にフェミニスト経済学者たち[15]が批判するのが、世帯（家計）についてのその仮定である。いわゆる「夫は仕事、妻は家事」という固定的性別役割分業を、夫婦それぞれの「比較優位[16]」に基づく、極めて経済合理性にかなった分業形態と捉える「新しい家計の経済学（New Household Economics）」（Becker 1965, 1973-74 および 1981）がおく仮定である。この枠組での計画作りの伝統の中では、世帯（ミクロ・レヴェル）に関して次の三つが仮定される。

(1) 世帯は夫、妻、二人の子供からなる核家族。

(2) 世帯の生計に影響を及ぼす資源の使い方や諸々の決定権は夫婦に平等にあり、そういう社会経済単位として世帯は機能している。

(3) 世帯の中では、ジェンダーにもとづく明確な分業がある。男は生計の担い手として家の外で生産的な仕事に従事し、女性は主婦として世帯の運営を担い再生産領域に責任をもつ。

しかし、途上国の現実はこのステレオタイプからは程遠く、開発過程を通じてジェンダーの平等を図ろうとするならば、改めてこの仮定を問い直さなければならない。とくに(2)と(3)の仮定は「新しい家計の経済学の一本に纏められた」効用関数（unified utility function）に体化されており、ジェンダーを開発と絡めて論じようとする経済学者から厳しく批判されている（たとえば、Evans 1989, Sen. A. 1990, Agarwal 1992, 村松 1994 および本書第五章）。「一本に纏められた」とは、家族全員の効用＝満足を一体として扱うことであり、効用関数とは、消費量との関数として効用を捉えることである。現実には、世帯員の利害は多くの場合一致しておらず、稀少な資源の世帯員への配分に、ジェンダー、年齢、その他の要因による不平等が存在する。対立を抱えながらも協力を指向する利点がある場合、人々は世帯を形成する。アマルティア・セン（Amartya Sen）は、これを「協力を指向する対立」（cooperative conflicts）と名付けている（Sen. A. 1990）。「新しい家計の経済学」では、たとえば、ゲーリー・ベッカー（Gary Becker）は、「機会費用」の概念を使って家事労働を評価する。しかし問題はその評価が、なぜ投下労働時間に比して低いのか、また、なぜ妻が家事労働に比較優位を持つのかを説明していないことである。

一九八〇年代中頃までにラテンアメリカやアフリカ諸国の経済が、とくに女性に危機的状況を作りだしていることが明らかになった。マクロの需給関係に不一致が生じ、ＩＭＦと世界銀行から融資を得るために、融資の前提条件として受け入れを求められた「構造調整政策」が実施され、その負の影響が大きくなったのである（Beneria and Feldman 1992, Elson 1995b, 本書第五章）。

新古典派理論によれば、これらの国のマクロ不均衡、すなわち国際収支と財政赤字は、総需要が総供給を上回ったために生じるのである。このマクロの需給の不一致は、公共支出と貨幣供給量を削減し、超過需要を解消して価格の歪みを取り除き、市場の調整力が働くように政策変更すれば解決する。具体的には、たとえば、輸出を容易にして貿易赤字を削減するためには為替レートを切り下げ、貿易の自由化を図り、補助金削減を実行する。すなわち、マクロの不均衡は、人為的な政策介入がなければ起こらない。もしマクロの需給に不一致が生ずれば、これは稀少資源の非効率配分につながり、成長の潜在力を押さえることになる。誤った公的介入はまた、当該経済への国際経済からのショック（たとえば、利子率の上昇、交易条件の悪化、流入資金の減少）への適応力を小さくして不均衡を増幅する。この処方箋は紛れもなく「構造調整政策」として、前述のように、アフリカ諸国が対応しなければならない政策だった。

最近まで、ミクロ変数は、たとえば上記の一組の夫婦の場合のように、経済主体の性別を知ることはできるが、マクロ変数は貨幣タームで表示される集計量であるため、それ自体、男女を区別するすべがなく、ジェンダーに中立的だと考えられてきた。この考え方によると、もし、調整が行われる市場が女性に不利に働くとすれば、それは市場の働きそれ自体に問題があるのではなく、女性の経済活動に対する偏見と差別があるからだと理解される。政策的処方は、機会均等法制、差別をなくすための教育、雇用機会を剥奪された女性には「安全網」(safety nets)の用意などとなる。

しかし、実施された構造調整政策が拠って立つ新古典派の完全競争市場の仮定は非現実的である。現在の国際経済の仕組は、交易条件(貿易の条件)にしても、貿易の構造にしても、技術や資本の流れにしても、アフリカ諸国は、北の資本主義工業国と対等に競争できる状況にはなく、市場は不完全である。

さらに、これらの国の状況は明らかに、マクロ政策の効果にジェンダー・バイアスがあることを示している。したがって、その拠って立つ仮定はもとより、マクロ経済の動き、調整の仕組、政策効果などをジェンダーの視点から洗い直す作業が始められた。イギリスのフェミニスト経済学者ダイアン・エルソン(Diane Elson)は、このパイオニアの一人である(Elson 1995b, 1995c)。新古典派はミクロの積み上げとしてマクロ理論を構築するが、それに対しては、一九三〇年代からケインズをはじめ多くの批判があるが、ここでは立ち入らない。すでに見たように、世帯を構成するメンバーの資源や所得の分配で協力がある場合と利害対立がある場合では、たとえば、世帯員の消費行動にもジェンダーによる(決定権の非対称性だけでなく、選好)差があるはずである。市場の解が新古典派の想定する解と一致する保証はない。右のアフリカの事例が示した通りである。

北京で政府間会議の直前から開催されたNGOフォーラムでは、フェミニスト経済学国際学会(International Association for Feminist Economics)を結成して間もないフェミニスト経済学者たちがマクロ経済やマクロ経済政策のジェンダー・バイアスについてのワークショップ（擬似状況を用いての討論・研修会）を開いている。一九九五年には、開発の専門雑誌『世界の開発』（*World Development*）が、「ジェンダーと開発」をテーマに特集を組んでいる。さらに一九九五年にフェミニスト経済学国際学会が、年三回発行の専門雑誌『フェミニスト経済学』（*Feminist Economics*）を創刊し、この分野の研究は緒についたばかりではあるが、急激に活発な活動を展開している。

マクロ経済レヴェルで働くジェンダー・バイアス研究の先駆者である前述のエルソンは、このマクロ・レヴェルでのジェンダー分析の必要を強調している。さまざまな問題を抱えながら、七〇年代に始まったＷＩＤプロジェクトは草の根の地域社会で効果をあげはじめた。しかし、八〇年代に導入された構造調整政策は多くの地域社会でその効果を一掃してしまった。地域的にも量的・質的にも影響の大きいマクロ経済政策のジェンダー分析が必須である。

注

（1）ＣＰＭの分析の枠組・方法論の詳細は、国連開発計画 1996：255-256 のテクニカル・ノートを参照。

（2）途上国平均は一〇％弱であるが、一九九四年のデータで見ると、最高の割合を示すのがノルウェーの三九・四％（下院）で、他の北欧諸国がそれに続き、ドイツ二〇・五％、アメリカ一一・〇％、イギリス九・二％を記録し、日本の二・七％は、ＯＥＣＤ諸国中、最低である。

（3）「アジェンダ21」は「持続可能な開発」概念を打ち出しており、一九九二年のリオデジャネイロ世界環境開発会議で世界的合意をえた環境保全と両立する新しい開発概念である。現世代の必要《ニーズ》と欲望を満たすために環境を破壊し、資源を枯渇させるのではなく、後に続く世代の必要を満たすべく環境・資源を保全しながらの開発である。

（4）「人間開発」（human development）概念は、国連開発計画（ＵＮＤＰ）が提起し、一九九五年三月の世界社会開発サミットでの基本概念となった。人間が持って生まれた潜在能力・可能性を十全に開花させることである。ここでいう人間開発指数とは、各国の出生時の平均余命、平均就学年数と識字率、所得の三変数を最も状況の良い国と悪い国との対比によってゼロから一の間の数値で示した、人間開発の進展状況を表わす指標の一つである。ＧＤＩがＨＤＩより小さい値を取るということは、女性の基本的生存状況が男性のそれに較べて劣っているということである。〇・四以下のＨＤＩは、人間の生存状況が非常に厳しい状態とされている。一連の人間開発指数の算出方法については、国連開発計画 1996 のテクニカル・ノートを参照。

（5）ＧＥＭは、経済資源を左右する力（所得）、経済面での方針決定への参画の程度（専門職者・管理職者の割合）、政治上の政策決定への参画の程度（国会で占める議席の割合）の総合尺度である。なおＧＥＭの算出方法については、国連開発計画 1995：256-259 を参照。この人間開発指数についての批判は、この定式化では、平均余命に自家消費用の不払い労働の成果が反映されていることと、コミュニティ活動が政治的代表性を得ることにつながる場合を除いて、非市場向けの不払いの労働が、人間開発に反映されていない、まさにジェンダーによる偏り（ジェンダー・バイアス）を持った指標であることである。ジェンダー・バイアスについては本書第三章を参照。

（6）キャロライン・モーザ（Caroline Moser）は、ジェンダーの不平等をただし、生活水準の向上のための計画作りをジェンダー・プランニングと名付け、その方法を開発している。女性の役割とその認識されるニーズの間には密接な関係があるが、計画作りには、二種類のニーズを明確に区別すべきことを強調している。ニーズを確定する前段階として、さらに優先順位をつけられたジェンダーのもつ「関心事」（prioritized concern としての interests）がある。計画の観点からすると、関心事がニーズに移し変えられ、それが関心事を満たす手段となるのである。たとえば、「もしジェンダーの持つ戦略的関心事がより平等な社会であれば、それを実現する手段としてのジェンダーの戦略的ニーズは、ジェンダーによる分業の止揚となる。一方、ジェンダーの実際的関心事が生存であれば、ジェンダーの実際的ニーズは水の供給となる」（Moser 1993：38-41）。モーザの同書には日本語訳があるが、ここでは拙訳を用いている。

（7）一九九七年のタイでの通貨・経済危機により、東南アジア諸国の経済は大きな打撃を受け、少なくとも二、三年は生産能力を大幅に下回る生産を強いられよう。すでにＩＭＦ・世界銀行からの構造調整政策の提示が始まっているが、その政策に、過去にとくに貧しい女性に与えた影響から学んだはずの教訓が活かされるかどうか、注目する必要がある。

（8）教育・訓練用の社会／ジェンダー分析のテキストとしては、国際協力事業団・国際協力総合研修所 1994, モーザ 1996 を参照。

（9）「行動綱領」では「無償」（unremunerative）とされているが、本来、「支払われない」（unpaid）であるはずなので、ここでは「不払いの労働」とした。

（10）経済企画庁（当時）は、「行動綱領」が「無償労働」の評価を盛り込んでいるところから研究会を組織して、一九九七年五月、その評価を発表した。この評価では家事労働の機会費用に選ばれた賃金率にまず問題があり、その結果、ＯＥＣＤ諸国の評価よりかなり低く評価されている（経済企画庁経済研究所 1997）。

（11）初期のＷＩＤ・ＧＡＤ研究はアフリカ諸国の事例研究が多く、七〇年代後半から八〇年代を通しての業績の半分以上はアフリカに集中している。生活時間の調査も多いが、たとえば、Guyer 1988, Koopman-Henn 1988 を参照。

（12）Dwyer and Bruce 1988 は、世界各地域での世帯所得・資源の家族員への配分のジェンダー・バイアスに詳しい。

（13）Koopman-Henn 1988 は、南カメルーンの事例として、道路へのアクセスの有無が女性農民の現金所得稼得力に大きな違いをもたらすことを報告している。

（14）アフリカの女性は、一日三‐七時間農作業をし、三時間費やして砂糖きびや穀物を潰して粉にする。さらにこれに調理時間が加わり、水汲み・薪集めもする（Koopman-Henn 1988）。

（15）フェミニズムの立場から既存の経済学の体系《パラダイム》や方法を問い直す学問潮流。一九九一年には、フェミニスト経済学国際学会が設立されている。

（16）二者の優位さを較べるとき、絶対的な優位さを比較するのではなく、相対的優位さを比較すること。

第二章　女性と社会開発

——理論と政策的課題——

はじめに

(1)　社会開発と女性

一九九五年三月、コペンハーゲンで「世界社会開発サミット」(ＷＳＳＤ)が開催された。どのような将来像《ヴィジョン》で世界は二一世紀に向かうのかが討議され、それを実現するための戦略と行動計画が採択された。そこでの二一世紀のヴィジョンは、地球上のすべての人間が尊厳(dignity)をもって生きられる世界である。人間が尊厳をもって生きるための社会目標は、生存上の安全・人間の安全保障(human security)が確保され、人間が持って生まれた潜在能力・可能性を十全に開花させ、人々の選択権が可能な限り拡大する、人間に焦点を当てた開発(human development)の実現である。社会開発サミットでの具体的目標が、貧困の緩和・根絶、生産的雇用、社会的統合・調和(social integration)におかれているゆえんである(United Nations 1994a, UNDP 1994 : 11)。

現在、最貧国を中心に一三億を超える人々が絶対的貧困下にあり、その半数以上は女性である(UNDP 1994 : 134-35)。さらに世界的に見て、女性の失業率は男性のそれを上回り、また男女格差調整済みの人間開発指標である「ジェンダー開発指数」(ＧＤＩ)は、格差を調整しない平均値としての人間開発指数(ＨＤＩ)より小さい値を示している。ここでいう人間開発指数とは、各国の出生時の平均余命、平均就学年数と識字率、所得、の三変数を最も状況の良い国と悪い国との対比によってゼロから一の間の数値で示した、人間開発の進展状況を表わす指標の一つである。GDIがHDIより小さい値を取るのは、女性の基本的生存状況が男性のそれに比べて劣っているからである。〇・四以下のHDIは、人間の生存状況が非常に厳しい状態とされている(1)（表1-1）。

一九九五年九月に北京で開催された、第四回世界女性会議を前にして作成された一九九五年版『人間開発報告書』は、ジェンダー（社会的・文化的に規定された男女の性別）問題が解決されない限り人間開発は危機に瀕すると、「男女平等に向けての革命」の必要を訴えている（国連開発計画 1995：1）。貧困の緩和・根絶、生産的雇用、社会的統合・調和が二一世紀へ向かってのキーワードとなり、社会開発サミット開催が実現するその過程において、「国際女性年」（以下「女性年」）とそれに続く「国連女性の一〇年」（以下「一〇年」）が果たした役割は大きい。平等・開発・平和をスローガンとした一九七五年の国際女性年世界会議においては、これらの三つの課題は相互に関連し、強化しあう統合的目標とはまだ理解されていなかった。第一世界は法のもとの男女「平等」を、貧困化に直面する第三世界は「開発」を、第二世界と地域紛争に生活基盤を脅かされている女性たちは「平和」を、それぞれ最も緊急の課題として主張した。国連という主権国家がそれぞれの利害を持ち寄る国際政治の場が持つ限界はあるにしても、その後の三つの世界女性会議と、それと同時並行的に開催されたNGOフォーラム、その他の多様な女性たちのネットワークを通じて、これらは徐々に一つの包括的・統合的課題と認識されるようになってきた。

(2)　新しい世界ヴィジョンと世界女性会議

この統合過程はまた、単なる統合過程をこえて、社会開発サミットへ至る新しい世界観の確立とその方法への女性からの働きかけでもあった。すでに一九八五年には、たとえば、「ナイロビ将来戦略」において、次の叙述が見られる（United Nations 1986：8-9. 第一章参照）。

平和は両性間の平等、経済的平等、普遍的な人権の享受によって促進される。すべての人によるその享受のためには、すべての国において、女性が男性と同じ土俵に立って、表現・情報・国際的平和と協力の促進への関わりの自由を行使しながら、政治・経済・社会生活のすべての分野に関わる方針・政策決定過程に参画する権利を行使することができることが必要である。

一九九二年のリオデジャネイロ世界環境開発会議、一九九三年のウィーン世界人権会議、一九九四年のカイロ人口開発会議を通じて、持続可能な開発に果たす女性の役割と責任（「アジェンダ21」第二四章）、女性の権利は人権であるとの明確な世界の合意、人口・開発・環境の三者を貫く持続可能な開発は、女性の性と生殖に関する健康／権利《リプロダクティヴヘルス／ライツ》の確立なくしては実現しないとの世界的合意を明確にした。二一世紀を、ジェンダー平等が実現し、地球上のすべての人間と後に続く世代が尊厳をもって生きられる世界と構想するうえで、ここ二〇年の世界の女性運動が与えた影響は大きい。この運動はまた、新しい世界の構築のためには、草の根の市民があらゆるレヴェルでの方針・政策決定過程へ参画することが必須であるとする、世界の合意形成にも貢献している。

一九九五年版『人間開発報告書』は、前述の真の人間開発のための「男女平等に向けての革命」は、具体的な戦略をもって一気に推し進めなければならないとする（同書：9–13）。

開発パラダイムにジェンダーを取り込むのには、長年にわたって社会、経済、政治生活を支配してきた前提条件が大きく変わる必要がある。不公正が権力構造の中で幅をきかせる以上、経済や政治の自由な流れに任せていては機会均等の実現は望めない。このような構造的な障害が存在するからには、政府が介入して、総合的な政策改革や一連の差別撤廃措置を取る必要がある。……本報告書では、進展促進を実現するための五つの戦略項目をあげる。

一　法のもとでの平等を勝ち取るためには、今後、たとえば、一〇年という限られた期間で、それぞれの国と国際社会の努力を引き出す必要がある。
二　職場における男性と女性の選択の幅を広げるには、いろいろな経済上、あるいは制度上の手直しが必要であろう。
三　国レヴェルの政策決定権をもつ地位につく女性が最低でも三〇％以上になるようにする。
四　女子教育の普及、リプロダクティヴ・ヘルスの改善、女性に対する融資の拡大を主要開発計画に盛り込む。
五　とくに女性が政治や経済にたやすく参加できる機会を拡大するためには、国や国際政治は、そのようなプログラムを組むように努力すべきである。……

このように、新しい世界秩序では明確に、女性も男性もともに、人間をすべての開発推進の中心に据えるであろう。そのときにこそ、人間開発はジェンダーの平等を全うしたことになるのである。

前述の「ナイロビ将来戦略」からの引用で明らかなように、一九八五年当時、すでに、政治・経済・社会生活のすべての分野に関わる方針・政策決定過程に女性が参画する権利を行使することの重要性が確認されていた。しかし、一九九五年九月の「北京宣言」および「行動綱領」（国際連合 1995a, 1995b）や一九九五年版『人間開発報告書』が繰り返し言及しているように、その実現は容易ではない。同報告書はGDI（ジェンダー開発指数）と共にジェンダー・エンパワーメント測定（GEM）を示し、政治・経済・社会生活に関わる方針・政策過程への女性の参画の度合を定量化している。GEMとは経済資源を左右する力（所得）、経済面での政策決定への参画の程度（専門職者・管理職者比率）、政治上の方針決定への参画の程度（国会議員比率）の総合尺度である。表1-1では、GEMの世界での順位を示してある。(2)

さらに一九九六年版『人間開発報告書』は、もう一つの新指標、「能力貧困測定」（CPM）を提案している。CP

Mは貧困の所得面からの測定を補足し、人間としての基本的あるいは最小限必要不可欠な能力を欠く人々の割合を反映する。健康を保つ能力の欠如（五歳未満の標準体重以下の子供の割合）、安全な出産をすることのできない（医師、助産婦などが立ち会わない）出産の割合、教育を受け知識を得る機会の欠如（女性の非識字率）の総合指標である。人間の必要とする最小の能力を男性ほどに持たない女性の状況を基礎に算出されており、ジェンダーの公正が満たされなければ人間開発はないという基本的な認識の枠組を具体的に示す試みである。(3)

以下では、社会開発の基礎概念である「人間が持って生まれた潜在能力・可能性を十全に開花させ」「人々の選択権を拡大させる」「人間開発」概念の形成に寄与した「女性と開発」について、その成立過程から理論と政策面で抱える課題まで、幅広く検討したい。

1 「女性と開発」（ＷＩＤ）から「ジェンダーと開発」（ＧＡＤ）へ

(1) ＷＩＤの成立

広義に理解されているＷＩＤ（Women in Development）とは、一九七〇年代になって生まれ、一九七五年の「女性年」を契機として急速な展開を見せている社会科学を中心とする新しい研究・実践領域である。開発学と女性学を理論母体とし、歴史学、経済学、社会学、政治学、法律学、人類学、環境学、教育学はもとより、最近は心理学や保健・医療、統計学、メディアの分析などの分野からの研究も加わり、ますます学際色を強めてきている（Tinker 1990b：27–53）。

「女性と開発」は、経済開発が男性と女性に違った影響を及ぼし、とくに女性には負の影響が大きく及んでいる事実に着目することから始まった（Boserup 1970）。エスター・ボズラップ（Ester Boserup）は、一九六〇年代までのデータに基づいて、世界的広がりで見られるこの現象を重視し、その原因を明らかにし、開発過程から生じる成果が男女に公平に及ぶようにするには、開発はどうあらねばならないかを問う。負の影響の原因を女性が生産活動で大きな役割を果たしているにもかかわらず、女性の生産が自家消費を中心とする生産で、市場での価格付け（評価）を受けることが少ないことから、女性の生産者としての役割が目に見えず（不可視）、認められなかったことにあると見ていた。したがって、植民勢力による新技術の導入やそれに伴って必要になる技術・技能訓練も女性には及ばなかったと。こうして初期のＷＩＤ提唱者は、女性は開発過程から排除されており、女性の地位を向上させると同時に開発過程をより効率的にするためには、「女性を開発過程に統合する（integrate）」ことが必要であると主張した。女性は、生産者としての能力をまだ十分に開花させていない人的資源であり、その開発過程への統合が開発それ自体を「効率的」にする、との主張であった(4)（Overholt et al. 1984：3）。

国連婦人（女性）の地位委員会は一九四六年の発足以来、世界女性会議の開催を願っていたが、男性中心的な国連の中で、それは実現しなかった。しかし国連が本部をおくアメリカでは、一九六八年に割当制を含むアファーマティヴ・アクション（積極的差別是正策）が導入され、一九七〇年代の始めには、憲法への「平等条項修正」（ＥＲＡ、男女平等を規定する憲法修正条項）の連邦議会可決（一九七二年）、その州レヴェルでの批准要求運動などを通じて、「平等」運動が高揚していた。当然この運動は、女性を登用しない国連組織にも及んだ。スカンディナヴィア諸国の支持を得たアメリカの女性運動の成果として、一九七二年に国連組織における初の女性高官として、フィンランドの女性弁護士ヘルヴィ・シピラ（Helvi Sipila）が、事務総長の社会・人道問題担当補佐官に任命されたのである。こうして、「女性年」への動きが活発化した。

同時に、アメリカでは専門職者集団の中に、「女性年」を目指して、多くの「女性部会」（women's caucus）が作られていった。その一つが、国際開発学会の中に生まれた「開発に関わる女性部会（women in development）」である。彼女たちは、アメリカの開発専門家集団の中での女性の地位向上と同時に、ボズラップの『経済開発における女性の役割』（Boserup 1970）からの啓発と自らの開発専門家としての経験を基に、既開発国の開発援助に支えられた途上国の開発が女性に与えた影響という観点から、既存の政策のあり方に疑義を提起した。女性が、経済、とくに農業生産に決定的に重要な役割を果たしながら、それが国民所得統計はもとより開発計画の策定・実施にも反映されず、むしろ負の影響を多く受けている事実に注目した。彼女たちは、アメリカ合衆国の外国援助法の改正を働きかけ、その成果が一九七三年に成立したパーシー修正条項である。これは「アメリカの開発援助が女性の地位を改善し、開発過程を支援するために女性を国民経済の中に統合する」ことを開発援助の必須の課題とするというものである（Tinker 1976, 1990b）。初期のＷＩＤ唱導者は、こうして、経済発展（近代化）は自動的に女性の地位の改善につながるという、根拠のない仮定への疑義を呈したのである。いわゆる近代化論への疑義である。

一九七〇年代の初頭はまた、五〇－六〇年代の開発論を主導した近代化理論の限界が明らかになり、新しい開発戦略が模索されだした時期でもあった。ＷＩＤが開発理論に与えた影響については、後述する。

(2) 実践領域（開発援助・協力）としてのＷＩＤ

狭義の、そして日本において通常理解されるＷＩＤは、実践領域（開発援助・協力）における「女性と開発」の考え方である。これはまず、前述のパーシー修正条項を受けて、アメリカ合衆国の国際開発庁（ＵＳＡＩＤ：United States Agency for International Development）の開発援助政策の中に具体化されることとなった（USAID 1987）。ＵＳＡＩＤでは一九七四年にＷＩＤ室が開設された。この動きは「一〇年」を通じて他の援助供与国に波及し、七〇年代の終わりには、国連諸機関、世界銀行、ＩＭＦ（国際通貨基金）、地域開発銀行、ＯＥＣＤ／ＤＡＣ（経済協力開発機構の開発援助委員会）はもとより、フォード財団をはじめとする援助関連の主要財団においても、ＷＩＤ関連部署やプログラムが設置されるようになった。この世界的な動きを大きく支えたのは、いうまでもなく「女性年」と「一〇年」の成果である。

日本政府の動きは鈍かった。日本もその一員であるDACは、一九八三年にWID指針を採択し、加盟国の開発協力にWIDの視点を反映させることを決定した。日本が開発協力にWIDの視点を反映させるべく本格的に動き出したのは、一九九〇年に国際協力事業団(JICA、二〇〇四年四月より、独立行政法人 国際協力機構)に、「分野別(開発と女性)援助研究会」を設けた時からである。翌九一年一月にその報告書(国際協力事業団 1991)が提出され、九二年に発表された「政府開発援助(ODA)大綱」において、「開発への女性の積極的参加及び開発からの女性の便益の確保について十分配慮する」(5)(外務省 1993, 傍点は筆者)ことを公約することとなった。さらに、世界の動向とは違って日本では、研究者・実践家・市民社会の運動家がこの分野への関心を相互に共有することがほとんどなかったことから、研究分野としてのWIDの発展もおくれることとなった。

このようにしてWID関連部署が作られ、多くのWIDプロジェクトが実施され、その成果が公表されている。これらによると、とくに小規模無償女性プロジェクト(women-specific)で成果が見られている(たとえば、USAID 1987)。しかし、九〇年代に入り、日本を除く援助供与国(日本では九六年以降)では、政府の財政悪化を受けてODA総額は減少しており、この状況の中でWID関連予算が絶対的にも相対的にも落ち込みはじめているのが現状である。援助供与国でのWID進展に呼応し、また「女性年」「一〇年」を受けて、多くの途上国でその女性政策の調整機関として「女性省」「女性役割省」が作られている。しかし、供与国・機関と受取り国を問わず、WID部局も女性省も、企画調整機能をもつ女性政策制定の中核部署になっておらず、予算・人材も少なく、「盲腸」のような存在ともいわれている。(6)いずれの側の女性にもエンパワーメントが必要である。

(3) ジェンダーと開発(GAD)

時代が進むにつれて、次第に主として研究者の間から「女性と開発」問題の分析の仕方に変化が出てきた。すなわち、「ジェンダーと開発」(GAD:Gender and Development)という視点である。男性と違う生物としていわば

「隔離」した形で、女性だけに焦点を当てる手法（「開発と女性」の手法）の限界が認識されるようになったのである。男性と女性の間の社会関係（ジェンダー関係）、その中で一貫して女性が男性より劣る存在として従属してきた、このジェンダーと、そこから生じる諸関係が社会的に作られてゆく、その作られ方が注目されるようになったのである。「ジェンダーに焦点を当てることは、『女』という範疇だけでなく、男との関係においても女を見ることであり、これらの範疇間の社会的関係が作られるその作られ方をも見てゆくこと」である（Moser 1993：2-3）。性差はイデオロギー、歴史、宗教、民族、階級・階層、経済、文化等の決定要因によって形成され、それぞれの社会で女性と男性は違った役割を果たすのである（Whitehead 1979）。認識と分析枠組《パラダイム》の転換である。

このように規定されるジェンダーはダイナミックな概念であり、決定要因の変化とともに変わってゆく。女性が同質の単一集団ではなく、多様な集団を形成しているとすれば、WIDが提起した問題の解決策は、どのような経済状態にある、どの地域の、どの階層に属する女性であるのか、そこでのジェンダー関係はどのようなあり方をしているのか、社会の多数派集団に属するのか少数派集団に属するのか、どの年齢階層にあるのかなど、さまざまな要因によって女性集団を識別しなければならない（Molyneux 1985）。政策論・実践論としては、「途上国の女性」に焦点を当てることはできず、たとえば、当面、最も「必要《ニーズ》」が緊急な集団として、途上国の貧しい女性に焦点が当てられることになる。

しかしこのことは、WID・GADが、既開発国の女性や途上国の他の集団の女性を研究・実践の対象にしないことを意味しない。世界社会開発サミットでも、計画経済から市場経済への移行期にある国・地域の女性に特別の注意が向けられる必要のあることが明らかにされ、行動計画でも、これを明示的に提起している。(7) また「開発」を前述のように「人間開発」と捉えるならば、日本をはじめ多くの工業国で現在進行している経済の再編成が、より多くの女性に困難を強いている現実も当然、研究・実践の対象となる。違いは、それが開発援助の対象ではないということだけである。日本の女性の経験が、経済発展が自動的に女性の地位向上につながらないことを教えていることからも、明らかである。

往々にしてWIDとGADは同義語として使われるが、本来の意味においてこの二つは、第三世界の低所得層の女性が経験している諸問題という観点からみれば、きわめて異なる理論的立場を代表している。後に述べるように、WIDアプローチはその焦点を「公正」（equity）から「効率」（efficiency）に移してはいるが、その理論的根拠は、非生産的な状態に置かれている女性を開発過程に統合することによって、開発過程そのものがより効率的になることにある。したがって、そこでは女性が統合される上で欠いている生産資源（信用を含む）や雇用へのアクセス（所有機会）を高めることが、政策や開発計画の問題となる。

これと対照的にGADアプローチでは、ジェンダー関係をそのままにしては、いかなる方策も女性の男性への従属を変えることはできないとする。したがって、社会や経済が動く枠組・構造、そしてそこでの権力関係（power relations）を問うことが必然化し、既存の体制の中で既得権をもつ集団にとっては、十分「脅威」となることが予想される。各国の援助機関や、国際機関が、GADの視点を部分的に取り込み、既存のジェンダー関係を与件としてプロジェクト形成に組み込むための「ジェンダー／社会分析」を行うようになっているが、WIDを基本にしている理由の一端はここにある。(8)

2　ジェンダー・プランニング

(1)　なぜジェンダー・プランニングが必要か

開発過程を通して、ジェンダーから生じる不平等や不公正を正してゆくためには、「政策」（何をするか）、「計画」（どうやってそれを実現するか）、「実施の仕組み」（何が実際に行われるか）を一体とする「計画過程」（planning process）が必要であり、これを「ジェンダー・プランニング」という（Moser 1993）。

計画を策定するとき、たとえば、なぜ「低所得階層世帯」のニーズに焦点を合わせずに、その中の「女性」のニーズに焦点を合わせなければならないのか。この問いかけが、簡潔にして明確に、ジェンダー・プランニングを意味づけている。男と女では世帯の中での地位や諸資源の利用・管理《コントロール》のあり方が違い、また社会の中で異なる役割を果たすと同時に、異なるニーズを持つからである。まさにこの異なる役割とニーズが、ジェンダー・プランニングの基本的根拠であり、その長期的目標は女性の地位・状況を向上させての男女平等社会の実現である。これまでの計画作りの伝統の中では、世帯に関して次の三つが仮定されている（Becker 1965）。

①家族は夫、妻、二人の子供からなる核家族である、②生計に影響を及ぼす資源の使い方や諸々の決定権は夫婦に平等にある社会経済単位としての世帯、③世帯の中では、ジェンダーによる明確な分業がある。男は生計の担い手として家の外で生産的な仕事に従事し、女は主婦として世帯の運営を担い再生産領域に責任をもつ。この分業こそが、それぞれの比較優位を反映した効率的分業と考えられている。

途上国の現実はこれらの仮定とは異なり、女性のニーズに応えながら人間開発を促進するためには、改めて女性の役割とニーズが特定されなければならない。とくに②と③の仮定は「新しい家計の経済学」（New Household Economics）の「一本に纏められた効用関数」（unified utility function）の考え方に体化されており、より現実的な効用関数の特定が求められる（たとえば、Evans 1989, Sen. A. 1990, Agarwal 1992）。世帯員の利害は対立する場合が多く、稀少な資源の世帯員への配分に、ジェンダー、年齢、その他の要因による不平等が存在する。むしろ、世帯員は「協力を指向する対立」関係にある。[9]

いかなる計画・プロジェクトの策定のためにも、対象となる集団の役割とニーズの性格づけが必要である。過去二〇年の実践の中から、以下の三つ（細分化して五つ）のＷＩＤ・ＧＡＤアプローチが規定する女性の役割とニーズを検討しよう。これらは、福祉（welfare）、ＷＩＤ〔公正（equity）、反貧困（anti-poverty）、効率（efficiency）〕、エンパワーメント（empowerment）アプローチである。この提示の順序は、それぞれが最も強調され実施に移された時間的順序であるが、相互に必ずしも排他的ではなく、いくつかが並存していることが多い（Moser 1993）。福祉アプローチ以外はこのアプローチの限界が明確になり、一九七五年の国連世界女性会議を契機とし、それに続く「一〇年」の中で出てきたアプローチである。エンパワーメント・アプローチはそれまでのどのアプローチとも異なり、第三世界の女性たちの運動から出てきたという特徴を持つ。

⑵　ジェンダーのもつ実際的ニーズと戦略的ニーズ

女性の役割とその認識されるニーズの間には密接な関係があるため、ここで、計画との関連で取り上げられる二つの異なるニーズについて、明記しておきたい。ニーズを確定する前段階として、さらに優先順位をつけられたジェンダーのもつ「関心事」（prioritized concern としての interests）がある（Molyneux 1985, Moser 1993：37-38）。計画の観点からすると、関心事がニーズに移し変えられ、それが関心事を満たす手段となる。たとえば、「もしジェンダーのもつ戦略的関心事がより平等な社会であれば、それを実現する手段としてのジェンダーの戦略的ニーズは、ジェンダーによる分業の止揚となる。一方、ジェンダーの実際的関心事が生存であれば、ジェンダーの実際的ニーズは水の供給となる」（Moser 1993：38-41）。

ここでもう一度、「ジェンダー」と「女性」を使い分けることの重要な意味を、マキシン・モリニュー（Maxine Molyneux）に従って「女性の関心事」と「ジェンダーの持つ関心事」に即して示しておこう。「女性の関心事」という概念は、生物学的類似性に基づく同質的な女性全体の利害の一致を仮定している。しかし現実には、社会における女性の地位はジェンダーと同時に階級・階層や民族などの多様な基準から決まる。女性は共通の関心事をもつかもしれないが、「女性」は同質だとする誤りを正すために、「ジェンダー」概念を用いるべきなのである（Molyneux 1985）。「実際的ジェンダーニーズ」（practical gender needs）とは、実際に営んでいる特定の生活のなかで、女性が社会的に認められた役割を果たす上で、日々の生活で感じるニーズである。たとえば、水、医療、雇用のような生活上の不足に関わるものが多い。ジェンダーに基づく家庭内分業は、基本的に女性に、育児、家族の健康管理、食事の確保だけでなく、生産的労働による所得の獲得、さらには、地域社会が管理する住宅や基本的サーヴィスの提供の役割を割りふっている。固定的なジェンダー役割により家庭あるいは地域において、女性がその役割を果たすために必要とするものが、これに当たる（Molyneux 1985：232, Moser 1993：38-41）。

他方「戦略的ジェンダーニーズ」（strategic gender needs）とは、女性がその社会の中で男性に従属した地位にあることから生ずるニーズである。実際的ジェンダーニーズと同様に、営んでいる特定の生活によってそのニーズの具体的な内容は異なるが、それらはジェンダーによる分業、権力や支配《コントロール》に関係しており、法的権利、家庭内暴力、男女同一賃金、自分の身体を自分で管理《コントロール》できるというような事柄に関わるニーズである。これが満たされることが、女性がより大きな平等を達成する一助となる。また、既存の役割を変え、したがって、女性の従属的地位を変えるための、社会のあり方を問うことになり、権力を持つ側への挑戦ともなる。歴史的にみると、国家による「上から型《トップダウン》」の介入は有効ではなく、女性の組織化による「下から型《ボトムアップ》」の運動が有効と考えられるようになってきている（後述のエンパワーメント・アプローチを参照）。

3　ジェンダー・プランニングに見られる女性の役割とニーズ

(1)　福祉アプローチ

一九五〇年代から六〇年代にかけて、途上国の女性に関して最初に採られ、まだ依然として最もよく採用されるアプローチである。途上国の女性の物理的生存を助けるための、社会政策の観点からするアプローチである。途上国の独立以前の、慈善団体の社会福祉にその起源を持ち、第二次世界大戦後はいち早く女性を主な受益者とする緊急の食糧援助事業として実施された。しかし、戦争・地域紛争、飢餓等が世界的規模で広がるにつれて、次第にNGOsだけでなく、国際機関や二国間援助プロジェクトとしても盛んになってきた。ジェンダー化された女性の役割は妻であり、母親であり、彼女らの基本的関心事は家族の福祉だとみなされているのである。

またこのアプローチは、当時の途上国援助政策と密接な関係をもっている。国際援助政策は、基本的に、公式部門《フォーマル》（政府・行政機関によって活動や取引が捕捉されている部門）における男性労働力を中心とする資本集約的な工業化と農業を支援し、高い生産性の上昇を梃子《てこ》として成長を加速しようとするものであった。一方、開発戦略から取り残された女性・子供・高齢者・障害者は、弱者として社会福祉の対象となった。この全般的援助政策の文脈の中に、この福祉アプローチは位置づけられるのである。

福祉アプローチは、基本的に三つの仮定に基づいている。第一は、女性を開発過程への参加者ではなく、開発の成果の受動的な享受者とみなすことである。第二は、母性は女性にとって最も重要な社会的役割であるとする。第三は、育児は女性にとって経済開発のすべての側面の中で最も有効な役割であるとする。その指向は家庭中心であり、女性の再生産役割だけに焦点を当て（これと表裏一体に男性には生産的役割しか割り当てない）、関心の対象を母子を一組として捉える。女性は子供と離れてはその価値を認められていない。

福祉アプローチからするこのような支援計画は、本来「実際的ジェンダーニーズ」を満たす短期の事業のはずであるが、とくに難民向けの援助計画が加わってからは長期化している。難民キャンプの最大の人口は女性であり、実際上、世帯主として子供や老人のニーズを満たしているにもかかわらず、女性自身は独立した難民としての地位を持たず、世帯主の妻としての地位しか認められていない（Bonnerjea 1985）。国連難民高等弁務官事務所やNGOsは、特別の注意を妊婦と授乳期の女性に払いながら、「保護すべき弱者」として女性の再生産役割に焦点を当てている。

栄養不良や栄養失調の対策としての食糧供給に加えて、母親である女性に栄養教育がされるようになっているが、真の対象は子供の健康であり、女性自身に光が当てられているわけではない。一九七〇年代に入って、さらに人口抑制のための家族計画プログラムがこれに加わってきた。開発援助機関は女性の再生産役割に注目し、子供の数の制限を女性の責任とする傾向にある。避妊薬・用具の普及による人口抑制に失敗して以来、世界銀行は乳幼児死亡率の低下、母親教育、農村所得や女性の労働力率の上昇、女性の法的・社会的地位の向上等が出生率の低下に有効だと認めるようになってはいるが、カイロ人口開発会議で確認された、女性の「性と生殖に関する権利《リプロダクティヴライツ》」からの認識ではなく、女性は依然として自分の身体に対する管理を自分の手にしていない（女性と健康ネットワーク1994aおよび1994b、古沢1994）。このアプローチからする「トップダウン」方式による「実際的ジェンダーニーズ」の充足は、いかなる意味においてもジェンダーの持つ長期的「戦略的ジェンダーニーズ」を満たすことにはつながらず、むしろその自立を妨げ、福祉への依存を強めがちである。

(2) ＷＩＤアプローチ――公正、反貧困、効率アプローチ

公正アプローチは、ＷＩＤ概念が政策論・分析論に登場したときの最初のアプローチである。「ＷＩＤの成立」の項で述べたように、アメリカの初期のＷＩＤ唱導者たちの採った方法である。

五〇年代から六〇年代にかけての近代化論に基づく政策が往々にして、女性がそれぞれの地域社会で、とくに農業生産で果たす役割を軽視し、政策・計画の立案に当たってその貢献を認めず、結果として女性に負の影響をより多く与えていることが、一九七〇年代の前半までには明らかにされてきた。女性の果たしている役割が正しく認識されなかったため、新しい貢献をする余地を奪われ、伝統的に持っていた経済的・社会的地位をも失うことになった。近代化政策は男女の不平等を是正するよりも、むしろその拡大を結果したとの認識である。同時に、政策・計画の立案に当たった男性の持つ女性の役割への偏見が、事態をいっそう深刻にしたとの認識もあった（Tinker 1976：22）。

このアプローチは、女性をその生産と再生産の二つの役割から、経済成長に決定的に重要な役割を果たす行動的な

参加者とみなしている。そこでまず雇用と市場へのアクセスを通じて、開発過程の中に統合されなければならないとする。生活を支える所得の獲得によって、まず女性の「実際的ジェンダーニーズ」を満たそうとする。しかし基本的には開発を超えて、公的・私的（生産と再生産）領域はもとより、すべての社会経済階層にまたがる男女の平等の実現が目指されている（Buvinic 1986）。「実際的ジェンダーニーズ」と同時に「戦略的ジェンダーニーズ」の充足が視野に入っている。開発と公正をつなぐ論理は、女性は開発によって後退を余儀なくされたので再分配が必要であり、再分配過程は成長が実現している中でより現実となるというものである。(10)

公正アプローチの持つ男性優位社会への明らかな挑戦は、文化への非介入を建前とする援助供与国・国際機関だけでなく、西洋フェミニズムの押しつけとする途上国双方から、受け入れられるアプローチとはならなかった。「一〇年」を通してWIDは国際用語として定着はした。しかし、権力（power）の再分配を求めるこの考え方は、既開発国の女性運動からきた「下から型《ボトムアップ》」運動の成果ではあったが、現実の政策に移されたときには、「上から型《トップダウン》」の男女平等をうたう法制面での「公正」アプローチに終わっている。

反貧困アプローチは、第二のWIDアプローチとして一九七〇年代を通じて採られたものである。公正視点からのアプローチを具体化することの政治・経済的非現実性と、「第一次国連開発の一〇年」が期待された成果を生まなかったことから起こった、ILO（国際労働機関）や世界銀行のような国際機関、さらに、アメリカの途上国開発援助政策の転換に伴って出てきた。GDPの成長を加速し、その最大の成長を目指した近代化政策が、急成長の持つ正の福祉効果としての所得再分配にも、貧困と失業の軽減のいずれにも失敗したのを受けての政策転換であった。近代化政策はトップダウンによる「浸透《トウリックルダウン》」効果をもたらさなかった。

そこでILOは、対象となる集団を「働く貧困者」と定め、非公式部門《インフォーマル》の雇用創出力を梃子《てこ》として、衣食住、燃料、教育、人権などの「人間としての基本的ニーズ」（BHN：basic human needs）を満たす戦略に、また世界銀行は

「成長を通じての再分配」に政策を転換した（ILO 1972, Chenery et al. 1974, Streeten et al. 1981, 村松 1982）。それまでの開発計画が女性の役割を無視したがゆえに浸透効果が生まれなかったこと、世帯のニーズを満たす上で女性が伝統的に果たしてきている役割が重要なことから、低所得層の女性はこの新しい対象集団と認定されたのである（Buvinic 1983）。

このアプローチには、貧困の解消と均衡のとれた成長のためには低所得層の女性の生産性の上昇が必須との認識がある。その前提となる仮定は、女性の貧困と男女間の不平等は、土地や資本の所有とアクセス（保有・利用）、労働市場での性による差別から生まれる、というものである。そこで生産資源へのより良いアクセスを通じて、低所得層の女性に雇用と所得創出の機会を拡大する計画を重視するようになった。しかし現実には、少額の予算を既存の低所得層へのプログラムから移すことが困難で、ＮＧＯｓによる小規模の「女性向け」プロジェクトの実施となりがちであった。

雇用・所得の増加は、多少なりとも女性の「実際的ジェンダーニーズ」を満たす手段とはなる。現実には女性の生産的役割が強調されながらも伝統的（再生産）役割から蓄積された技術・技能に頼る、農村を基盤とする非公式部門での小規模の活動を支援する事例が多い。したがって女性が非伝統的技能・技術を獲得し、より大きい都市部での活動の機会を得るには至っていない。雇用機会が拡大されたとしても、裁縫、魚の加工、手工芸品の製造などに代表される「女性領域」の就業に限られ、「戦略的ジェンダーニーズ」の実現につながる活動にはなっていない（Moser 1993：66–69, 253–54）。本来、ＢＨＮの充足には「下から型《ボトムアップ》」の計画過程が必要であるにもかかわらず、この過程が欠けている。この点からも、女性の長期的戦略的ニーズに応えにくいのが現実である。

効率アプローチは、一九八〇年代の後半から最も頻繁に採られるようになった第三のＷＩＤ視点からのアプローチである。とくにアフリカ、ラテンアメリカを中心に起こった累積債務危機を機に、その救済策と引替えにＩＭＦ・世界銀行による構造調整政策（ＳＡＰｓ）が途上国に課せられた。規制緩和・輸出指向・補助金削減による社会サーヴィスの低下はすべて、低所得世帯、とりわけ女性と子供にその皺寄せが激しく及んだ。女性の「実際的ジェンダーニーズ」の充足水準が低下する中で、女性の生産的役割が再び見直され、その生産過程への効率的・効果的参加による貢献が強く求められることとなった。参加と公正が同一視され、強調は「女性」から「開発」に移行した。

女性には果たすべき役割が三つあり、女性の時間の使い方も弾力的でありうるとの認識がこのアプローチにはある。女性は生産者であり、再生産の担い手であり、また再生産の役割を持つがゆえに地域社会のマネジャーの役割・機能を期待された。たとえば、住環境の整備プロジェクトにしても、「住居とその現場でのサーヴィス」と「自助による質の改善」が組み合わされ、その実施過程に地域社会のマネージャーとしての女性の参加が求められるようになった。女性は母親として男性よりも信頼できる住宅ローンの返済者であり、男性同様、住宅建設者としても有能で、また地域での社会サーヴィス（コミュニティ・キッチンでの給食、共同保育など）の供給者だからである（Cornia et al. 1987, Moser 1993：70–73）。

このように、多国間・二国間を問わず援助機関が多用するこのアプローチからのプロジェクトは、失業、教育・医療・食糧補助の削減から起こる生活の困窮を、女性の参加による公正の実現の名のもとに、女性の不払い労働（食糧の自家生産とコミュニティ・サーヴィス）と長時間労働を伴う時間のやりくりに依存しているのである。「構造調整政策は、市場と家庭の両方で労働を強いられる女性の長時間の激しい労働によってのみ成功している」（Jolly 1987）といわれるのである。

このような構造調整政策は、前述の、世帯の中には利害の不一致はないという「新しい家計の経済学」の非現実的な仮定の下に実施されている。ユニセフによる「人間の顔を持った構造調整」は、女性と子供に過度の負担のかかる政策に警鐘を鳴らし、調整政策の策定・実施に女性の参加を実現させる上では有効であったが、女性に不払いの労働を強いる結果となった。地域社会の必要と女性の参加を満たしながらユニセフの援助プロジェクトを「より良い」方策で実施したとはいえ、たとえば、ペルーのリマでのコミュニティ・キッチンによる給食サーヴィスとしての「一杯のミルク」プロジェクトも、じつは母親たちの無償労働で成立していたのである（Cornia et al. 1987, Moser 1993 : 72–73）。効率アプローチは、こうして女性の再生産役割とコミュニティ・マネジャーとしての役割に支えられており、女性の「実際的ジェンダーニーズ」を彼女たちの長時間の不払い労働で満たしているのである。[11]

(3) エンパワーメント・アプローチ

エンパワーメント視点からのアプローチは、一九八〇年代の中頃に第三世界の女性運動の中から、前述の諸アプローチの代替的方法として出てきた。第一章でも言及したＤＡＷＮ（Development Alternatives with Women for a New Era）がその代表例である。経済的危機を経験しつつあったアジア、アフリカ、中南米の活動家・研究者・政策策定者を中心に、草の根の女性運動の経験と研究成果を基にした、女性のネットワークである。形成されたその狙いは、八〇年代に明らかになった危機を分析し、真の開発像と代替モデルの模索である（Sen, G. and Grown 1988）。前述のいずれのＷＩＤアプローチも、主として二国間政府開発援助や多国間（国際）開発援助プロジェクトのジェンダー・プランニングに生かされてきたが、エンパワーメント・アプローチは、後述するこの方法の特質から、未だこれら諸機関による援助実施のための基本的アプローチにはなっておらず（カナダ、デンマーク、オランダ、ノルウェー、スウェーデンの少額ＯＤＡを除いて）、ＮＧＯsの援助や研究者の分析視角にとどまっている。

このアプローチはしばしば公正アプローチと同一視されるが、前述のように第三世界の女性運動や実証研究から出てきたという起源において公正アプローチとは違い、また女性を抑圧する原因、そのダイナミックスと構造の捉え方、さらに女性の地位の変化のための戦略においても、公正アプローチとは違う。そこから必然的に女性の役割の捉え方にもよりダイナミックな特徴がある。単なる女性の地位の改善を超えて、新しい社会・世界を構築する上での女性の役割に注目するのである。女性と男性の階層的構造を問題視するだけでなく、植民地化（新植民地化）の影響も重視する。男女間の不平等は家庭の中から始まるが、抑圧の具体的様相は、民族、階級・階層、植民地化の歴史や、現在の国際秩序の中での相対的位置によって決定される（Sen, G. and Grown 1988：23–49）。

このアプローチが認識する女性の役割を理解するために、それが持つ新しい世界観を知る必要がある。

我々が求める世界では、階級・階層、ジェンダー、民族による不平等はどの国にもまたどの国家間にもない。また、基本的ニーズ（の充足）は基本的権利となり、貧困、いかなる形の暴力もない。すべての人には（その）潜在能力と創造力を十全に開花させる機会があり、女性の育児と連帯に賦された価値が人間関係を特徴づける。このような世界にあっては、女性の再生産役割は再規定されることになる。すなわち、育児は男性と女性、社会全体によって担われ……、（これが実現されるためには）平等・開発・平和が関連づけられ、貧しい人たちの基本的権利（の確立）と女性を従属させる制度の転換が不可欠である。これは女性自身のエンパワーメントを通じて達成しうるのである。（（　）内は引用者による。Sen, G. and Grown 1988：80–81）

ここでは女性は明らかに、生産領域、再生産領域、地域社会の管理運営、というこれまでに認められていた三つの役割を超えて、新しい世界への転換を担う「変化の担い手」と認識されている。「女性と開発」の捉え方も完全にＷＩＤからＧＡＤへ転換する。「実際的ジェンダーニーズ」と「戦略的ジェンダーニーズ」は単なる二分法による区分ではなく、前者の充足が間接的に後者の充足につながるとして、時間を変化のための基本的な助変数《パラメター》としている（Moser 1993：73–75）。「戦略的ジェンダーニーズ」はそれ以前のアプローチと同様に、女性の従属（女性の身体の管理を含む）を許す社会的・法的諸制度を変えることによって満たされるとするが、その実現の方法が違う。政府の法改正による自立性の付与ではなく、女性たちの中から変化を求める動きが出てくる結果としてである。女性たちが自らの置かれた状況、それを生み出す構造を見極め、草の根からの組織的で継続的な運動によって力をつけることが重要なのである。したがって当然のことながら、ジェンダー・プランニングという観点からするとき、このアプローチは、参加型を前提とする。ここでは単なる「開発過程への女性の統合」は求められていない。

「組織化により自分たちに力をつける《エンパワー》」過程を通して女性たちが状況・地位の改善を図った事例として、インドの女性自営業主協会《セワ》（ＳＥＷＡ：Self-Employed Women's Association）の活動がある。最初は男性中心の既存の労組の支援を受けて、より良い賃金、中間搾取の排除、より安定した雇用を求めた女性自営業主たちが、これらの要求を実現し、さらに技能・職業訓練、社会保障、生産・販売協同組合などの制度を作り、また住宅の確保も果たし自立への途を歩んでいった事例は、いまや、エンパワーメント・アプローチの古典的な事例となっている（伊藤 1995，甲斐田 1995，Sebsted 1982，Agarwal 1992：205，Moser 1992：74–79，Rose 1992）。

注

（1） ＨＤＩの算出方法については、UNDP 1994，Technical note を参照。

（2） ＧＥＭの算出方法については、国連開発計画 1995：256 を参照。

（3） ＣＰＭの分析の枠組・方法論の詳細は、国連開発計画 1996：255-256 のテクニカル・ノートを参照。

（4） ボズラップは、使われる農業技術と土地／人口比率によって、伝統農業のアフリカ型とアジア型を区別し、女性の農業における役割と女性の地位の関係を検証しようとした。そして、経済開発の進展がなぜ女性に負の影響を及ぼしがちなのかを分析した。現在では彼女の分析方法はあまりに経済的要因を重視していると批判されている。非経済的要因の重要性の指摘である。この指摘とは別に、経済分析としてより根元的な批判は、後述のＧＡＤアプローチによってなされている。とくにボズラップに欠けているのは、女性が主として担う再生産労働、階級・階層と資本蓄積に関する分析である。Beneria and Sen, G. 1981，1982 を参照。

（5） 「配慮」という言葉は、本来ならば行わないことを特別に行うというニュアンスを持ち、適切とは思われない。しかし、ＪＩＣＡのＷＩＤ関連の報告書やマニュアルでは「配慮」が使われている。

（6）日本の内閣総理大臣官房男女共同参画室（「女性年」に設置が決まった男女平等実現のための国内本部機構《ナショナル・マシーナリィ》。現在は内閣府男女共同参画局）もそうであるが、予算・人材不足は、研修のために来日する途上国のＮＧＯ関係者だけでなく、官僚からも指摘されている。筆者が一九九四年九月、ジャカルタで懇談の機会を持った、インドネシアの女性役割省のシャムシア次官（女性）もこの点を改善すべき問題点とした。しかし彼女が強調するように、予算がなくとも知恵があれば、実行しうることが多いことも事実である。インドネシアについては本書の第八章を参照されたい。

（7）さらに、これらの国の女性たちが経験している最近の困難については、たとえば、Aslanbeigui et al. 1994, Moghadam 1993 を参照。

（8）ジェンダー／社会分析とは、最初にＵＳＡＩＤとハーヴァード大学国際開発研究所によって開発された、結果の出せる有効なプロジェクト形成のためのジェンダーを折り込んだ分析手法である。後にカナダ国際開発庁が改善を加え、国際協力事業団は、この改良版を基に『社会／ジェンダー分析手法マニュアル』を作成している。たとえば、Overholt et al. 1984 と国際協力事業団総合研修所 1994 を参照。

（9）男性経済学者で最も積極的にＷＩＤ・ＧＡＤに取り組んでいるのが、Ａ・セン（Amartya Sen）である。彼の「協力を指向する対立」（cooperative conflicts）に関しては、Sen, A. 1990 を参照。またビーナ・アガルワル（Bina Agarwal）は、その場合、家族の構成メンバーの最終的交渉力を決めるものは、「いざ」というときに頼りにすることのできる資産等であることを、インドの例をあげて分析している（Agarwal 1992）。なお本書第二章も参照。

（10）このアプローチは、一九七〇年代前半に、国連貿易開発会議（ＵＮＣＴＡＤ）を舞台として、途上国が新国際経済秩序（ＮＩＥＯ：New International Economic Order）の樹立によって既開発国から途上国への資源の再分配を要求した時の考え方の延長線上にあると考えられる。七〇年代半ば以降の既開発国の不況と援助疲れから、この国際的な計画的介入による再分配要求は実現せず、ついに新自由主義にもとづく自由化と効率重視の国際経済秩序がより堅固になり、八〇年代の構造調整政策につながっていく（村松 1980）。

（11）Beneria and Feldman 1992 は、構造調整政策の影響も含めて、危機に直面したとき女性がどのように対処するかを、アフリカ、中南米、アジアの八カ国の実証研究を含めて、理論的に検討している。

第三章　経済危機のジェンダー分析と日本のＯＤＡ

はじめに

過去二〇年間に、多くの発展途上国で平均余命や識字率が大幅に改善し、世界の社会開発はこの側面で大きく前進した。しかし同時に、貧困線以下の所得で生活する「貧困人口」は二〇パーセント余も増加した。一九七〇年代の終わりまでには、貧困は、かつての低生産性農業に由来する農村問題であるだけでなく、不均等な発展がもたらす都市の問題でもあることがはっきりし、急速な工業化だけでは解決できないことが明らかになった。また、この間に、女性が貧困層の多数を占める「貧困の女性化」も認識されるようになった。一九九五年にコペンハーゲンで開催された世界社会開発サミットは、その主要テーマの一つとして「貧困の緩和・撲滅」を特定し、その解決には「ジェンダー視点」からの接近が必要であることを世界に訴えた。

貧困はジェンダーに関連する現象であり、男女の不平等な諸関係を反映している。国連開発計画（ＵＮＤＰ）は、世界の貧困人口の七〇パーセントは女性と子供であると報告している（国連開発計画 1996）。この間、経済のグローバル化が進展し、それに伴い世界の諸地域において通貨・金融・経済危機が顕在化した。それへの対応として導入された構造調整政策（ＳＡＰｓ）は、それぞれの社会で人々に異なる影響を与え、受けた困難の大きさや深刻さは社会・経済階層やジェンダー集団によって違ったのである。

一方、一九九五年の世界社会開発サミットや第四回世界女性会議の北京宣言と北京行動綱領が明示しているように、いまや社会開発や経済開発の目標は、抽象的・一般的な平均値としての所得水準の上昇ではなく、ジェンダーの平等を含む人間としての潜在能力の開花、安定的で社会的利害対立のない、平和で、環境の保全と両立する、広義の人間開発となった。したがって、二一世紀の開発像は、すべての人々が生活上の選択の幅を広げながら潜在能力を十分に開花させ、ジェンダーの平等や社会的公正が満たされ、人権が保障される平和な世界で生を全うするような、人間を中心に据えた開発である。「ジェンダーの平等」は、今日の持続可能な人間開発の中心的課題となっている。

このような世界の合意にもかかわらず、一九九七年にタイバーツの急落を契機としてアジア諸国を巻き込んだ経済危機の結果、二〇〇〇年三月現在、危機からの回復過程にはあるものの、貧困人口は三〇〇〇万人も増加した。経済危機とそれに続くＳＡＰｓの影響についても、ジェンダーによる非対称性が明らかである（たとえば、ILO 1998a および 1998b）。八〇年代のアフリカ、ラテンアメリカのＳＡＰｓの経験からの学習効果はあったものの、アジアでも、女性の方が男性よりもより厳しい状況に置かれることとなった。なぜ、危機やそれを克服すべく採用される経済政策の影響に、このようなジェンダーによる非対称性（ジェンダー・バイアス）が生ずるのだろう。結論を先取りすれば、その原因の一つは、経済の政策改革、とくに危機のマクロ経済改革に、ジェンダー分析が欠けていることである。

そこで本章では、経済危機、あるいは危機を克服すべく採られるマクロ経済政策の結果が、なぜ、一貫して経済的弱者、とくに女性により厳しく影響するのかを検討したい。具体的には、これまで「ジェンダー」を無視してきたマクロ経済学・マクロ経済政策改革、とくに経済危機に対処する経済政策の改革論議に、ジェンダー視点を導入することである。ジェンダー・レンズを通してマクロの経済政策の影響を理解するために必要な概念上の、また、理論上の検討課題は何なのかを探りたい。

以下、アジアの女性の声を通して、アジアでの現実の一端を確認した上で、マクロ経済のジェンダー分析を行う。ＳＡＰｓの内容と、その調整過程が世帯に及ぼす影響の四つの道筋を明示し、さらに、ジェンダーによる影響の違いを説明するためにメゾ・レヴェルの考察も加え、生産性や効率概念の再考の必要性にも言及したい。

1　アジアの経済危機

(1)　世帯への影響

ＳＡＰｓとは、一九八〇年代に若干のアジアの国々、アフリカ、ラテンアメリカ、さらにはカリブ海諸国などで、対内および対外の経済不均衡を回復すべく採用されたマクロの経済政策である。危機乗り切りのためにＩＭＦと世界銀行から融資を受ける前提条件とされた。ＩＭＦによる短期の安定化政策が合意され、その上で世界銀行によるより長期の経済構造改革政策が決定されるが、これら二種類の政策が通常、構造調整政策と総称される。具体的な政策としては、両政策とも次の三つの要素を持っている。(1)公共支出の削減・信用統制・実質賃金の抑制など総需要の抑制、(2)為替レートの切下げをはじめとする価格の歪みの是正、(3)金融や貿易の自由化のための改革、である。これらは当然マクロの経済諸変数の変化を通じて人々の生活に影響する。ＧＤＰ、貿易財と非貿易財、輸出と輸入、貿易収支や国際収支、貯蓄（消費）と投資、公共支出や財政などである。

ＳＡＰｓが世帯に影響を及ぼす四つの道筋は、以下の通りである。

(1)　賃金と雇用水準の変化（雇用者の場合）あるいは、製品の価格と需要量の変化による所得の変動（自営業主の場合）。

(2)　食糧のような重要な消費財の価格変動。

(3)　社会サーヴィスの受益者負担の導入・値上げを含む公共支出の水準と構成の変更。

(4)　労働の時間延長と強化、仕事の安定性、付加給付、法規制緩和などの変化による労働条件の変更（貨幣的報酬の有無にかかわらず）。

もちろん、すべての世帯が一様な影響を受けるわけではない。正・負の純効果は、ジェンダー、階層・階級、民族、そして一九九七年のアジアの場合には、エルニーニョの影響も含めたすべての要素の相互作用の結果である。しかし重要なことは、それにもかかわらず、多くの研究成果が示すように、集団によって影響が異なるにしても、どの集団にもほぼ共通に見られるのが、女性へのより厳しい影響である（たとえば、Dwyer and Bruce 1988, Beneria and Feldman 1992, Bakker 1994, Hoeven and Kraaij 1994, ESCAP 1999）。世帯が食費、医療費、教育費などを削減しなければならない時には、女性や女児への支出が男性や男児のそれを上回って削減される。受益者負担が導入されたり引き上げられると、女性や女児の医療サーヴィスや教育への機会《アクセス》がより制限される。購入資金が減らされる分、女性の不払いの労働時間が長くなることが多い。女性たちはさらに、物々交換や小商いも始めるだろう。

世帯所得が減少し価格上昇が起こると、女性たちは家族の生存戦略をたてて新事態への対処を工夫する。負担はより多く女性の肩にかかる。ここに世帯段階での（ミクロ・レヴェルの）ＳＡＰsの影響のジェンダー・バイアス、すなわち男性に有利に働く、男性バイアス（male-bias）がある。ここでのバイアスとは、たとえば、通常の開発政策が、「農村に対して都市をより有利にするような、規則的な、一貫した偏り（歪み）がある」という意味である(1)。このようなミクロ・レヴェルでの現象については、アフリカなどでの経験にもとづく既述の諸文献があり、また、ミクロ経済学も「理論的」説明を行い、それに対する批判もある（たとえば、Becker 1981, Beneria and Feldman 1992, Sen. A. 1990, Ferber and Nelson 1993, Bakker 1994）。

(2)　危機のジェンダー・バイアス

一九九八年四月一五日、ＩＬＯのアジア太平洋地域事務所は次のような声明を発表した。

労働市場における女性の不平等な立場と女性が最も不安定な形態の賃金雇用に集中していることから、地域全

> 体を通して女性が今次の危機からとくに悪影響を受けやすいことが明らかになった。信頼性の高いデータは少ないが、手元にある多くの事実は、解雇が一般にジェンダーによる歪みを持つ（gender-biased）ことを示唆している。雇用における不利な立場は、たとえ解雇時の給付や解雇手当制度がある場合でも、女性がその対象にならないことが多いことを意味している。女性はまた、融資《クレジット》その他の就業促進プログラムへの参加《アクセス》を得る上でも大いに不利な状況にある。（ILO 1998a）

この声明は、公式部門《フォーマル》の状況についてのものである。しかし途上国では一般に、公式部門で働く人は少ない。多数は非公式部門《インフォーマル》で就業しており、そこでは失業した場合のしっかりした安全網《セイフティ・ネット》はない。アジア社会で受けた打撃も、非公式部門で就業し、家族の基本的ニーズ（basic needs）を満たす役割を背負う人々（この集団の多数は女性である）によって担われる傾向が強い。アジアの農村の一部（たとえばジャワ、東北タイ、フィリピンの一部）では、同時に発生したエルニーニョによる旱魃が、経済危機の影響をいっそう増幅した（Oey-Gardiner and Dharmaputra 1998, Illo 1998）。

アジアの経済危機をジェンダーの視点から分析する試みはほとんどなく、また、その長期の社会開発の観点からする分析も時期尚早である。筆者もその参加者であった会議の次の報告は、この視点を持った数少ない報告である。これは、アジアで唯一の国連系の（加盟国の政府開発援助で支援された）アジア工科大学院（ＡＩＴ：Asian Institute of Technology）とＩＬＯによる「危機のジェンダー・インパクト」研究（以下ＡＩＴ／ＩＬＯ研究）であり、危機を経験したアジア五カ国に共通の分析枠組を適用した分析である。そこでこの分析結果から、まず共通に観察される傾向を、次いでそれぞれの国で確認された、おおむねすべての国でみられる傾向を、各国での事例を引用しながら明らかにしよう。アジアの女性の経験は、一九八〇年代のアフリカやラテンアメリカの女性の経験と重なるところが多いが、ＡＩＴ／ＩＬＯ研究は、アジアに「共通にみられた傾向」として次の八点を挙げている（ILO 1998b：7–11）。

1　人口の男女比率を超えてより多くの女性が危機の悪影響を受けている。
2　深刻な影響を受けた産業は、建設業、製造業（繊維・衣料、エレクトロニクス、機械）、不動産業、卸小売り業、金融・保険業。
3　実質賃金の低下と貧困の深刻化。
4　児童労働の増加と一〇代の少女の性産業への従事。
5　職を失った移住労働者の帰国と送金の途絶。
6　生存のためにより開かれた空間を求める競争激化の結果としての非公式部門での営業・就業環境の複雑化。
7　社会サーヴィスの削減とそれを埋め合わせるための女性の不払い労働の増加。
8　女性をめぐる規範と、女性像の文化・イデオロギーの強化。

次いで、アジアの女性たちの声を聞こう。

完全失業と過少雇用は急上昇する物価と相まって、低下した所得と購買力の減少が人々の生活を二重に苦しくした。これらの状況が貧困者比率を上昇させ、世帯がその必要を満たそうとするとき、その重荷は多くの場合、とくに貧困世帯においては女性によって担われた。国内外で雇用機会が減少したことから、海外で働くインドネシア女性が家族を支える大黒柱となっていった。（インドネシア　Oey-Gardiner and Dharmaputra 1998：2）

一五・二％という女性の失業率は過去三年間で一番高く、依然として男性のそれを三％上回って上昇している。農村地域の失業率は、男性九・六％に対して女性一四・九％である。ジェンダー格差が最大になるのは農村の一四－一九歳層の男女であるが、都市部では、この層の失業率は一五・四％で、いずれの年齢でも女性より男性の

方が失業率は高い。（フィリピン　Illo 1998：12）

調査対象者のマレー系・中華系女性にはいなかったが、一五人の調査対象先住民族の中に給付なしで解雇された人が一二人いた。彼女たちはささいな違反を理由に解雇された。当局筋によると、彼女たちは自分たちの権利を知らないために解雇されている。全員が未熟練労働者であり、当然受け取るべき解雇手当てを受けていない。（マレーシア　Talib 1998：25）

政府による種々の施策はあるものの、採用時のジェンダーによる差別、児童労働、その他の多くの労働法違反が日常茶飯事としてある。最低賃金さえも払わない超低賃金に始まって、一三カ月めの賃金、緊急手当、物価調整手当、休日手当の不払いなど、枚挙に暇がない。（フィリピン　Illo 1998：18）

……女性の稼ぎを日当で計算するのは間違いである。働き場所は、日雇い労働と同時に、スナックや惣菜などの多様な売り物を扱う市場でもある。多くの女性が休み時間を使って第二の仕事で働いたり、長時間働くことで、家族のためにより多くの所得を得ている。一つの働き口を失うことは、何カ月分もの食事や、子供であれば勉強の機会を、さらに年寄りであれば適切な治療や介護を受ける機会を失うことである。職を失った女性は男性よりももっと多くが新しい仕事を探し、また間借り人探しもするという。（タイ　Karnjanauksorn and Charoenloet 1998：16）

……タイでの工業化はまだ古典的な意味での大量の賃金雇用を創出しておらず、むしろ家内労働者や出来高払いの女性労働者を多く創出してきた。現在の労働法と社会保障制度は製造業部門の労働者約一三％を保護できるだけである。より多くの女性労働者が小企業や非公式部門で就業しており、これらの給付を否定されながら、しかしＧＤＰの産出に貢献している。（*ibid*：23）

誰が最初に解雇されるべきかの基準のなかに、世帯のなかに他の稼ぎ手がいるかどうかという基準があり、これが説得的基準とされることが多い。これ自体は一見合理的に響くが、ここにはジェンダーによる固定的な役割分業観の持つ歪みが潜んでいる。神話であり事実ではないステレオタイプのジェンダーによる役割分業観によって、未婚既婚女性が共にその対象となる。今日公式な政府統計でも、女性世帯主世帯は全世帯の一六・八％を占めている。これはむしろ控えめな数値であり、現実には、主たる稼ぎ手になっている女性はもっと多い。既婚女性も夫が職に就いていることを前提にはできない。逆に男性の働き手からみれば、働く妻を持つことは「取り返しのつかないこと」になりかねない。しかしこれは、夫が失業している女性にとっては当てはまらない。（韓国　Chang 1998：12）

……解雇された女性のある者たちは非公式部門へ参入した。最近の大量参入にもかかわらず女性はその部門で三〇％の割合を維持している。この部門でしっかりと根付いた商売をしている人たちは、商売の旨味が減った後でもこの部門で生活を支えている。所得が低下し購買力が低下した後でも生活を支えてくれる、この部門に頼ることになる新しい顧客を開拓しているのである。（マレーシア　Talib 1998：31）

解雇された後故郷へ帰った女性は次のように訴えている。「高景気が弾けたとき、無力な女性、労働者、農民たちの（それまでの）貢献は無に帰すどころか、自助、忍耐、帰郷、帰農など、政府は彼らにより多くを要求する。もっと以前なら事情も違い、それも可能だったかも知れないが、いまさらそんなことはできない。多くの人はすでに土地を失ったり売却しており、またある人たちは別の理由から、自給のための農業などできるはずがない。私の場合は、故郷をもう長い間離れており、兄弟姉妹は私が帰ってくることなど考えもせず、すでに自分たちだけで土地を分けてしまっている。彼らは私が帰ってきて、土地を返せといいだすのを恐れている。だから、帰るなどとてもできない。」（タイ　Karnjanauksorn and Charoenloet 1998：21）

男が職を失い家族を捨てる傾向が強くなってきた最近の何カ月かは、女性が家族の生活費を得て最低限の責任を果たしていることが明らかになってきた。たとえ男たちが仕事と家庭に留まっても、いっそうの緊縮化と実質所得の減少という見通しの故に経済的不安定性は増している。この状況の中で、女性が家族の必要を満たす責任を実質的に重くしており、そのために働く権利を要求する状況が強くなっている。しかしジェンダーによる固定的な役割分業観の持つ歪みは執拗で、扶養される女性像は依然として強い。この強固な役割観が変わらない限り、女性の稼ぎ手としての権利は侵食されたままである。しかし、経済危機は男に雇用上の優先順位があるという、家父長主義的保守主義を強化する。この女性の真の必要からでる労働権の要求は、主たる稼ぎ手は男性であるとする男性側の抵抗を抑え、女性は非扶養者であるとするイデオロギーを粉砕する可能性をも持っている。（韓国　Chang 1998：18）

政府の支援プロジェクトは、それが農業（森林・漁業を含む）部門での労働集約的雇用創出計画であろうと何であろうと、女性が公正な配分《シェア》を受け取っていることを確認する監視活動《モニタリング》が必要である。女性が信用《クレジット》を得られるかどうかの監視活動も必要である。女性は極く少額の信用しか得られない場合が多いため、政府の支援計画を女性が公平に享受しているかどうかの適切な指標の開発も必要である。そのためには、受益者数だけでの評価は適切でない。この観点からもＮＧＯsの監視能力を高め、ＮＧＯsをエンパワーする支援が望まれる。（インドネシ

ア　Oey-Gardiner and Dharmaputra 1998：24)

危機への緊急援助プロジェクトはそのデザイン・実施の両面でジェンダーによる歪みを持つことが多いことから、女性が支援の公正な配分を受け取れるような資源配分に政府が同意するよう監視しなければならない。そのためにも、女性に焦点を当てたＮＧＯsは一層エンパワーする必要がある。(*ibid*)

⑶　ジェンダー統計の必要性

開発過程や経済危機が与える影響がジェンダーで非対称的であり、女性がより大きな負担と困難を引き受けるという「定説」は、多くの場合、適切かつ正確なデータの裏づけがなく極めて情緒的感情的であり、エピソード的事例の提示にすぎないと、ジェンダー問題を重要視しない学者や専門家から一般化を拒否される。確かに信頼に足る男女別(sex-disaggregated)の統計データは少ない。一九七五年の第一回世界女性会議でこの点はすでに課題として取り上げられ、以来、国連女性調査訓練研修所（ＩＮＳＴＲＡＷ：United Nations International Research and Training Institute for the Advancement of Women）を中心に改善に取り組んでいる。男女別失業データはかなりの国で発表されているが、男女別賃金をはじめとする労働条件や労働市場の動向などを男女別に詳しく知るのは難しい。ましてや、世帯のなかの資源配分に関する情報はたとえ入手できたとしても、地域・数量ともに極めて限定的である。経済生活におけるジェンダーの平等不平等を分析するためには、男女別の統計整備（ジェンダー統計）が急務である。

労働や所得統計では捉えられない人間活動を記録する手法に、時間予算《タイム・バジェット》（time budget）の利用がある。これは一定の時間を、通常は一日二四時間を個人がどのように使ったのかの記録である。日本ではＮＨＫが「生活時間調査」として、ラジオ番組編成のためにその聴き手から情報を集めたことに始まっている。時間予算（生活時間）分析は、現在では後述の貨幣的報酬を伴わない家庭の中での育児・介護や、地域社会の維持や活性化のための労働を貨幣を使わずに評価するのに利用されている。人間の再生産と人間生活維持のための労働があたかも使用料無料の公共財のように扱われるのは、真に人間を中心に据える開発の概念からは遠い。非貨幣的活動、家庭内の資源配分が年齢・ジェンダー・その他で異なるとしたら、その実態も含めて、今後、生活状況をジェンダーに立ち入って研究しなければならない。なお、近年は時間予算を時間利用《タイム・ユース》と表現する事例が多くなっている。本書では、これらは相互に代替的概念として使用している。

2　経済分析とジェンダー

(1)　WIDからGADへ

開発途上国の経済発展に果たす女性の役割に、最初に本格的な焦点を当てたのは、デンマークの女性経済学者エスター・ボズラップ（Ester Boserup）であった。彼女は、一九六〇年代後半に参照可能であった多様な研究成果や統計資料を用いて、途上国経済の「近代化」過程に果たす男女の役割、とくに女性が近代化過程で、それ以前に担っていた重要な生産役割を失ってゆく仕組・過程を跡づけた（Boserup 1970）。ボズラップによると、途上国の経済の近代化のために導入された欧米の生産技術は、途上国においても男性に移転され、それに伴う訓練も含めて、女性は「生産的」役割から排除された。当時すでに欧米諸国で確立していた、市場向けの「生産的」な仕事は男の仕事、非市場向けの「非生産的／再生産的」な家庭（地域）の仕事は女性の不払いの仕事（unpaid labor）という「固定的な男女の役割分業観」が途上国にも持ち込まれたのである。この研究成果を一つの理論的根拠として、それ以後の途上国の開発をめぐるジェンダー研究と、ジェンダーに公正な開発のための女性運動の戦略は、開発過程から排除されている女性を開発過程の中に「統合（integrate）」することであった（「女性と開発」アプローチ：ＷＩＤ）。こうして、「開発」は国連女性の一〇年の「平等・開発・平和」のテーマとなった(2)。

ところが、七五年以降、国連女性会議を受けて大々的に始まった「女性を開発過程へ統合する」試みは、マクロ経済実績の面だけでなく、社会開発の面でも女性の状況を改善する上で、必ずしも有効ではなかった。確かに、個々の開発プロジェクトの段階では、女性を中心としたり、あるいは「女性だけの」プロジェクトと呼ばれる、女性を主役とする小規模の開発プロジェクトが多用され、一定の効果をあげた。このように、既存の社会・経済関係の枠組の中で、女性を「もう一つの」要素として付け加える、いわゆる「追加して混ぜ合わせる（add and stir）」努力は行われた。また同時に、「なぜ変化が女性に負の影響を与えるのか」に関する経済分析も、世帯内での資源配分の男女による相違として、ミクロ経済学の枠組の中で行われた(3)。

このような現実をふまえて、一九八〇年代の始めまでには、「ジェンダーと開発（ＧＡＤ：Gender and Development）」概念がＷＩＤ概念にとって代わるようになった（本書第二章1参照）。それは女性が開発過程で不利な立場に立つ原因を、女性がそれから排除されているからではなく、それを通じて女性が開発過程に統合される諸関係にあるとみるのである（Elson and Pearson 1981：145）。この関係とは、社会・文化的に規定されるジェンダー関係である。さらに時が進み八〇年代の中頃になると、経済分析もミクロを超えてマクロ経済分析へのジェンダー視点の導入に発展してゆく。これには前述のように、八〇年代の経済危機の分析が大いに関係している。一九八〇年代のアフリカやラテンアメリカの「失われた一〇年」からの学習効果である。

一九八〇年代の、アフリカ、ラテンアメリカのマクロ経済実績を改善するために採用されたＳＡＰｓは、当該国の国民各層の経済上の困難を増幅する結果となった。この経済的困難・貧困の大きさは集団によって異なったが、とくに貧しい女性たちの肩にかかった負担は極めて深刻であった（たとえば、Dwyer and Bruce 1988, Beneria and Feldman 1992）。これらの現実を効果的に分析するためには、ミクロ・レヴェルでのジェンダー分析を超えて、マクロ経済政策やマクロ経済分析の前提にある諸概念のジェンダー視点からの見直しが必要との認識に至るのである。さらにＳＡ

Psにおいて不均衡を回復する仕組が働くと、市場そのものの機能の仕方にもジェンダー分析が必要となる。社会的機会費用、経済効率、家計の資源利用の変更、より効率的な資源の再配分などの諸概念が持つジェンダー含意が問われることとなった。この「洗い直し」の過程が基盤を広くして本格的に展開されるようになってまだ日は浅く、今後にその成果が期待されるところである。

(2) 危機のマクロ経済分析とジェンダー

途上国の危機のマクロ経済分析に「ジェンダー視点」を導入するという動きは、一九八〇年代の中頃から始まり、八五年のナイロビでの第三回世界女性会議で大きく採り上げられた。アフリカやラテンアメリカ諸国で実施されたSAPsの負の影響の厳しさが世界的な注目を集めたことに対応している。しかし、この女性により厳しい影響が及ぶという「ジェンダー・インパクトの非対称性」は、SAPsに特異な現象ではない。「女性と開発」・「ジェンダーと開発」研究はその誕生の時から、経済構造の変革期に生じるこの現象を研究課題の中心に据えてきた。経済の開発過程や（社会主義計画経済から市場経済への）転換期・移行期また経済危機の発生時に、この現象は頻繁かつ広範に観察されるのである。(4)

このような現実のなかでも、従来の開発政策やマクロ経済政策の改革論議はジェンダー視点抜きで行われてきている。マクロ経済変数は貨幣量で表わされ、「マクロ経済分析にはジェンダーが入り込む余地はない」のが従来のマクロ経済学の考え方であった。これらの諸概念はジェンダーに中立的にみえるかもしれないが、そうではない。むしろ深い「ジェンダーによる歪み」、すなわち「男性バイアス」を隠しているのである（Elson 1995c : 166）。

通常、マクロ経済分析、とくに、SAPsにおけるジェンダー・バイアスは、人的資源の生産・再生産に関わる一組の「隠された」仮定の持つ含意を正当に認識しないことから生ずる。すなわち、(1)固定的性別役割分業、(2)人的資源の生産と再生産に関わる不払いの家庭内の労働、(3)世帯内での諸々の不平等、である。マクロ経済変数は一般に集計貨幣量で示され、ジェンダーに中立的にみえる。

(3) 調整過程のメゾ段階での男性バイアス[5]

新古典派のパラダイムでは、市場は完全に機能し、マクロの不適切な介入（財政金融政策）がない限り、メゾ段階に正しいシグナルが届き、ミクロ段階の均衡が達成される。しかし現実には、マクロ段階の活動がメゾ段階の均衡を導くように、価格機構の調整機能が働くとは限らない。ここでは、男性バイアスが、ジェンダーの平等や社会的に効率的な資源配分を妨げるように、メゾ／ミクロ段階でも機能することを示したい。経済主体が（男女ともに）行動する環境と動機を正しく同定して策定されたマクロ経済戦略と政策のみが効果的となる。この「環境」「動機」が男女で大きく異なるにもかかわらず、主流派経済学では、男女共に「合理的な経済人」を仮定している。

現実のメゾ段階では、完全競争は実現しておらず、価格形成を行ったり生産を組織する市場の働きは、契約の不完全さ（incompleteness）を補う社会規範や制度規範の働きに依存している。メゾ段階での市場と公共機関の働きを見ると、諸関係はそれらの働きと密接に関連する社会規範やネットワークを通してジェンダー化されている。一般的に女性の取引費用（市場取引そのものにかかる費用で、取引価格や取引相手についての情報などを収集、解析する費用）がより高いのは、教育・訓練の不足、「企業活動は男の領域で女は家計の主たる稼ぎ手ではない」という、男女の階層化された関係にもとづく根強い固定的性別役割分業観に原因がある。市場に男性バイアスがかかっているか、市場が存在しないか（たとえば、人間の再生産と人的資源生産）のいずれかである。これは市場の失敗であり、女性の市場へのアクセスと参加に不平等がある一例である。「ある範疇の個人には、市場への参入に厳しい社会的障壁があるか、あるいはそれが公然と禁止されている」（Palmer 1995：71）。

また、経済状況の変化に即時に合理的に対応するために、経済主体は十分な情報と可動性をもたなければならないが、既存の社会規範とネットワークは、女性が男性と同様な経済的機会を利用する能力を制限している。さらに、グローバリゼーションとともに生み出された経済活動の自由化と女性の大量失業は、経済危機の時点だけでなく、今後ますます深刻になると予測される課題でもある。このような状況の下では、新しい競争による効率性という考え方は、失業と貧困を悪化させる、負の（あるいは、高くつく）外部性を生むことになる。効率性からの利得は若干の私的個人に帰属し、損失は社会に生じることになる。

公共支出の削減というマクロの政策改革は、総需要の抑制と同時に「価格の歪み」を正すために実施される。この相対価格の変更から女性はより大きな影響を受け、結果として、何らの金銭的補償なしに人的資源の再生産と維持のために女性の不払いの労働を強化する。人的資源は使用料無料の公共財扱いである。これは稀少資源の非効率配分につながる。しかし、どのような価格づけを行うのが効率的であり、また誰がその費用を負担すべきかについては、議論がつくされていない。

(4)　調整過程のマクロ段階での男性バイアス

メゾ段階と同様に、マクロ経済学の基本的な概念化と分析枠組もジェンダー化される必要がある。マクロ経済学は集計経済変数を扱い、ジェンダーに中立的と暗黙裡に仮定されている。しかし、次世代を再生産する活動（労働）は、マクロ経済学が分析対象とする集計的貨幣量に関連づけられていない。したがってマクロ段階では、貨幣の資源動員力は不完全であり、この点が政策策定時に明確に取り込まれなければ、社会的に効率的な資源配分は実現しない。「世話《ケ》を《ア》する経済（caring economy）」=「再生産経済」の重要性の看過は、人間開発概念と両立しない（Elson 1995e：100–101）。

現実には、再生産労働の負担は主として女性に、とくに女性の不払いの労働に依存しており、この無視がマクロ経済にみられるジェンダー関係の男性バイアスである。市場経済の相互依存性は個人契約と貨幣関係では十分に規定できず、国家や地域社会の仲介を必要とする。国家や地域社会の仲介は、窮乏と社会の崩壊を避け、貨幣経済の生産性上昇を促す人的開発を高めるために必須となる。

マクロ経済政策は、一般に、「世話《ケア》をする」経済とそれに必要な女性の不払いの労働供給が無限に弾力的だと仮定する。これはＳＡＰｓが女性に厳しく作用する一つの理由である。自由な市場諸力を強調するＳＡＰｓは、これが再生産経済にどのように影響するかを全く考慮に入れていない。この、公共支出削減の手段としての公的サーヴィスの再編は、社会の負担を女性に移し代えるだけとなる。ジェンダーの平等を促進する公共部門再編政策は、人間開発を促進するサーヴィス利用者の立場で行われるべきである。

イングリッド・パルマー（Ingrid Palmer）は「社会的に仕組まれた（再生産）労働税（socially engineered labour tax）」概念を提起している。この税は、女性が所得創出活動あるいは支出代替的（expenditure-displacing）活動に従事する前に払わなければならないコストである。「すべての税と同様にこれは資源配分に影響する。当該ケースでは、報酬が得られる生産増加に投入される女性の労働時間は罰金の形で課税されている」（Palmer 1995：74）。公共の社会サーヴィス支出の削減が女性の再生産労働を増加させ資源配分の一層の歪みを導くことから、ＳＡＰｓは女性へのこの労働税に該当する。私的効率概念から社会的効率概念への発想の転換が求められる。女性の経済的地位改善の必要条件が女性の市場経済への統合であるとしても、それは十分条件ではない。経済に内存する男性バイアスは、性差別の過程に関係するだけでなく、市場が生計費の稼得と「世話《ケア》」との両立を巧く調和させる方法をもたないことにも関係している（Staveren 1995：9）。

すべての「弱者」（女性、社会的少数派、老齢者、障害者など）が可能なかぎり公平に経済活動に参加し、その成果を受け取るためには、経済制度、機関・機構だけでなく、社会制度、機関・機構も透明であり、民主的に運営されなければならない。このような透明で民主的なシステムの下で、国、企業、市民社会（ＣＳＯｓ）、個人が、人間の福利を最大化するのに最適な協力の形を見出すことが必要となる。これこそまさに、人間を中心に据えた社会開発を目指す社会建設の基本概念であり、「良い統治《グッド・ガヴァナンス》」が求められるところである。

3　日本のＯＤＡとジェンダー＊

(1)　二〇年おくれの支援

一九九五年、北京で開催された第四回世界女性会議において、日本政府は「ＷＩＤイニシアティヴ」を発表した。一九九四年のカイロ人口開発会議と九五年のコペンハーゲン世界社会開発サミットの成果を受けて、女性が男性と平等な立場で開発に積極的に参画し、その果実を平等に受けるために、政府開発援助（ＯＤＡ）を通じて支援するとの表明であった（Ministry of Foreign Affairs n.d.）。「ＷＩＤイニシアティヴ」は重点支援分野として、教育、健康、経済・社会活動への参加を特定している。

この結果、有償資金協力による小規模融資、無償資金協力や技術協力による女子教育・職業訓練、「性と生殖に関する健康《リプロダクティヴヘルス》（reproductive health）」サーヴィスなど、女性を対象とした協力事業、より平等な社会参画の仕組を持つ住民参加型の技術協力、国連開発計画（ＵＮＤＰ）・ＷＩＤ基金、国連農業開発基金（ＩＦＡＤ：International Fund for Agricultural Development）、アジア工科大学院「ジェンダーと開発講座」の支援、草の根無償やＮＧＯ補助金による女性支援プロジェクト実施など、多様な試みが続けられている。依然としてＷＩＤという用語が使われているが、実質的にはジェンダー関係をふまえたＧＡＤアプローチも採り入れられている。ＧＡＤアプローチの一例は後述する（ＷＩＤ・ＧＡＤアプローチに関しては第二章3を参照）。

欧米諸国からほぼ二〇年おくれて、一九九〇年の「分野別（開発と女性）援助研究会」を立ち上げて開始した（国際協力事業団 1991）日本のＷＩＤ支援も、現在ではそのおくれを取り戻しつつあり、すべてのプロジェクトの全過程で「ＷＩＤ配慮」の実施を決めている。しかし現実には、教育・健康分野の強調においても、女性の母親役割を重視する母子保健や、女性を主たる対象者とする家族計画プロジェクト、ジェンダー関係を十分に勘案していない男女の固定的役割分業を前提とするような教育プロジェクトも多々見られる。これはたとえば、アジアの経済危機への緊急援助においても見られた事実である。緊急食糧援助や緊急医療援助にしても、ジェンダーの不平等な関係がその分配・配分においてジェンダーによる歪みを生む恐れがあることの認識が、援助機関のなかに十分浸透しているとはいえない。(6)

現在の日本のＯＤＡは、「女性を隔離した、女性専用」の支援ではなく、男女共同参画の「統合的」支援を基本としているため、単に「ＷＩＤ関連プロジェクト」の援助額を算出しても実質的な意味はなく、また、適切でもない。たとえば、地下水開発は、住民男女全員に正の影響を与えるとの仮定からＷＩＤプロジェクトに分類されている。しかし、住民は同質ではなく、それが誰のどのようなニーズを満たすのかは慎重に検討されなければならない。ジェンダーの平等を促進して開発過程をより効果的なものにすることが確認されなければ、真のジェンダー平等支援のＯＤＡとはならない。現実の支援は、国際的動向と歩調を合わせて、女性の日常の生活環境を改善するための「実際的ジェンダーニーズ」を満たすことから、長期的な女性の地位の改善を支援する「戦略的ジェンダーニーズ」の充足をも目指し始めている。(7)しかし注意しなければならないことは、対象グループへの男女の参加を確保することだけではジェンダーの平等は実現しないことであり、常に、特定プロジェクトが導入される現場でのジェンダー関係に十分な注意を払い、ジェンダーの平等が実現するようなさまざまな工夫が求められる。

⑵　ＪＩＣＡデータに見る途上国ジェンダー支援（一九九九年度実績）

日本のＯＤＡの技術援助を担当するＪＩＣＡ（国際協力事業団、二〇〇三年一〇月以後は、独立行政法人 国際協力機構）は、日本の二国間技術協力総額の五〇％強を実施している（図３-１）。一九九九年度の一般会計予算分のＯＤＡ総額一兆四八九億円（予算ベース）の約三四％三五四六億円が二国間技術協力に充当されており、ＪＩＣＡはそのうちの外務省分二五三八億円の約七〇％を実施している。ここでなぜＪＩＣＡを取り上げるかは、日本の政府開発

図3－1　日本の政府開発援助（一般会計分予算額）

単位：億円

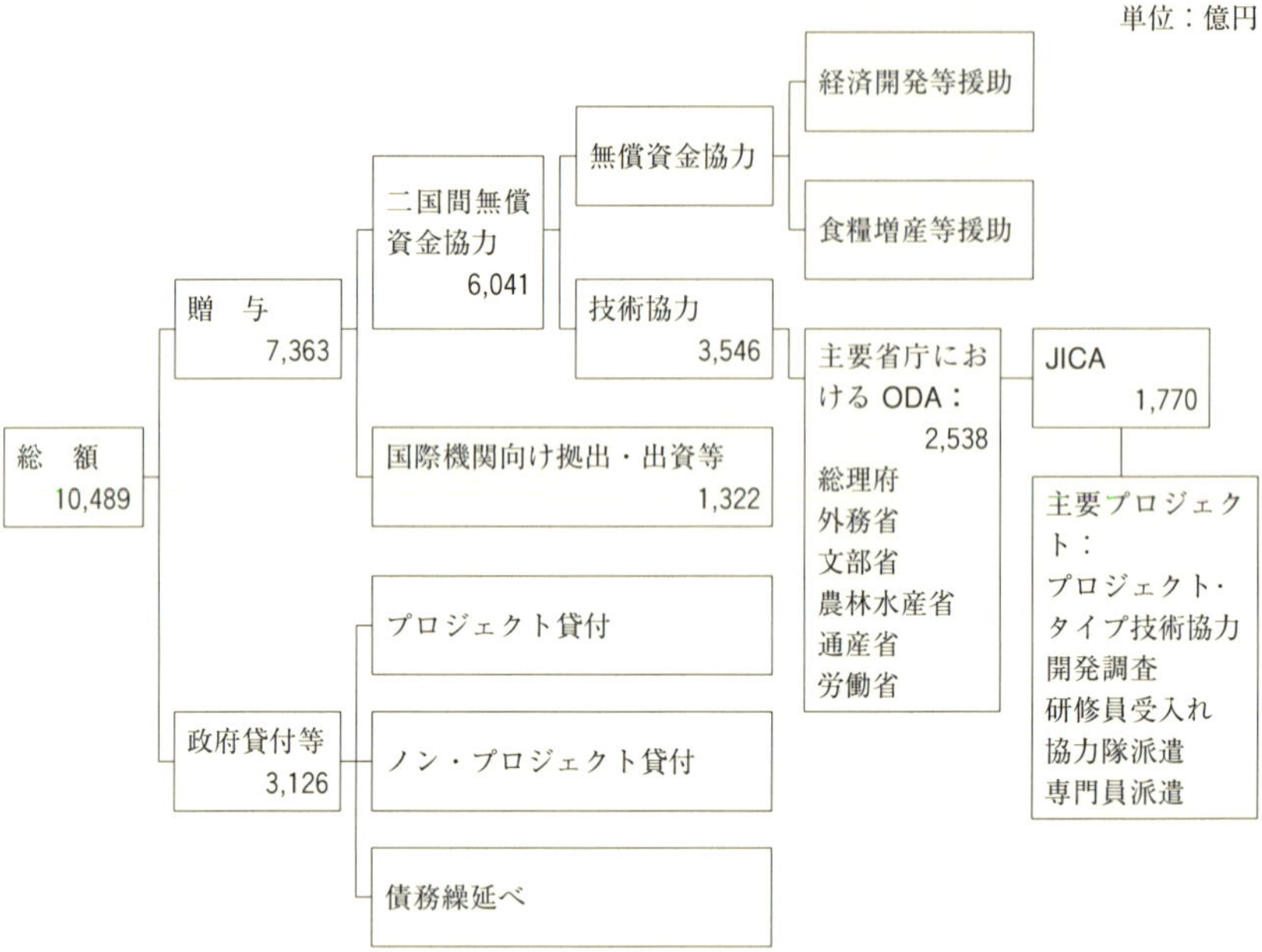

（出所）　外務省 2000：77.

援助実施機関の中では、ジェンダー平等を政策決定・計画・予算・組織の意志決定プロセスの中心に据える「ジェンダー主流化」への取り組みが最も進んでいると判断するからである。企画部門に組織全体のジェンダー政策の企画・調整機能をもつ「環境女性課」を配し、組織全体のジェンダー課題への取り組みに最も真摯に取り組んでいると考えるからである。

ＪＩＣＡ予算のどの程度が途上国のジェンダー平等支援関連の技術援助に充当されているかを正確に知るデータはない。しかし一つの判断基準としては、前述の取り組みに加えて、男女共同参画社会基本法を受けて新たな組織としての進むべき方向を検討する、「第二次分野別（開発と女性）援助研究会」の立ち上げである[8]。さらに二〇〇〇年にはジェンダー専門家を内部から社会開発協力部長に抜擢しており、政策・方針決定過程のより中心にジェンダー専門家を配置した実績がある。これも北京会議の鍵概念《キー・ワード》である「ジェンダー主流化」への取り組みの一環

表３－１　JICA WID・ジェンダー分野技術協力（1999）（支出ベース）

援助形態	件（人）数	金額（千円）	形態ごとの割合（%）
開発調査	79件	7,757,459	38.8
プロジェクト・タイプ技術協力	48件	6,337,707	31.7
協力隊派遣	479(429)注人	2,448,169	12.2
研修員受入れ	892人	1,585,904	7.9
専門家派遣	88人	652,701	3.3
機器・資材の供与	24件	420,918	2.1
専門家訓練プログラム	6人	37,746	0.2
その他		745,923	3.7
合　　計		19,986,527	100.0

（注）（　）内は女性協力隊員の数を示す。
（出所）JICA 環境女性課内部資料より作成。

と理解することができる。以下の諸表の数値は、ＪＩＣＡ環境女性課の内部資料を基に、ジェンダー関連の実績を筆者が整理・推計したものである。多くの制約があり、特定の一年度の実績データだけから一般的傾向を導出しようとするものではないが、ＯＤＡに現れたジェンダー平等支援の現状を知る一つの手がかりとなる。

ＷＩＤイニシアティヴが世界に向けて発表され、ＷＩＤ基金がＵＮＤＰに設置され、世界の諸地域で多様な活動に使われている(Ministry of Foreign Affairs n.d.)。しかし、ＪＩＣＡ諸事業の企画立案の焦点が「女性の持つ課題」から「ジェンダー課題」へ移ったとはいえない。表３-１はＪＩＣＡの事業形態別技術協力案件のうちＷＩＤ・ＧＡＤ分野と分類されたものの件（人）数を示している（一九九九年度実績ベース）。ＷＩＤ・ＧＡＤ案件への支出額はほぼ二〇〇億円でＪＩＣＡの技術協力への支出額の一三・四％である。

金額ベースで最も大きい「開発調査」の四〇％近くがＷＩＤ・ＧＡＤ分野に区分されているが、これは前述の地下水開発と同じ問題を孕んでいる。この多くは将来の村落・地域社会《コミュニティ》開発、農業開発、水資源開発、都市交通整備などのための調査協力であるが、どのようにジェンダー課題に対応するのか分析評価なしには、この分類が適切であるとはいえない。ただし、最近の開発調査団には原則としてＷＩＤ専門家が一名入ることになっている（表３-２は開発調査

表3－2　JICA WID・ジェンダー関連プロジェクト・タイプ技術協力（1999）

国　名	プロジェクト	受入れ研修員（人）	派遣専門家（人）		総額（千円）
			長期	短期	
エチオピア	地下水開発・給水研修	2	6	3	280,607
フィリピン	家族計画と母子保健	4	6	5	241,964
ボリビア	タリジャ渓谷侵食防止	3	4	3	217,315
タンザニア	キリマンジャロ農業訓練センター	2	6	4	210,339
ブラジル	北東ブラジル母子保健改善	3	5	6	205,871
インド	カルナタカ州養蚕普及強化	8	7	4	203,291

（出所）JICA 環境女性課内部資料より作成。

の数年後にＷＩＤ・ＧＡＤ分野のプロジェクト・タイプ技術協力案件となった具体的プロジェクトである）。

第二に金額の大きい形態は「プロジェクト・タイプ技術協力」であり、同形態の総額の三一％強がＷＩＤ・ＧＡＤ分野である。表3-2は金額の大きい上位六案件を示しているが、それは、給水計画、家族計画、母子保健、環境保全、農業技術訓練センター、養蚕技術など多岐にわたっている。これらのプロジェクトは女性を主な参加者とすることが特徴である。少なくとも女性の実際的ジェンダーニーズを満たすためのプロジェクトであるが、女性の役割を固定的に捉え、またそれを強化促進する恐れをはらんでいる。課題は、「実際的ジェンダーニーズ」を満たしながら、それをいかに「戦略的ジェンダーニーズ」の実現に関係づけてゆくかである。これには案件の事後評価をどの程度の時間の経過の後に行うかの問題もある。

第三の主要な形態は「協力隊員の派遣」である。四七九人が派遣され、そのうちの四二九人が女性隊員であった。すべての分野を含む協力隊員総数は二二八八人で、隊員の男女比はほぼ一対一となっている。ところがＷＩＤ・ＧＡＤ分野の派遣関連経費は全派遣経費の一二％に過ぎない。隊員派遣も受入れ国の要請ベースであるところから、この数値だけから即断できないが、世界の貧困人口の七〇％が女性であることに比べると（第一章参照）、とくに二〇一五年までに世界の貧困人口を半減しようとする国連のミレニアム開発目標[9]に照らすと、この分野への派遣の増加が必要と思われる。

表３－３　地域別派遣ジェンダー専門家（1999）

地　域	プロジェクト別	長期（人）	短期（人）	支出額（千円）
アジア太平洋	C	7	4	107,344
アジア太平洋	E	1	3	19,750
アジア太平洋	EN	2	0	28,592
アジア太平洋	GM	4	3	62,638
アジア太平洋	H	1	9	30,658
アジア太平洋	M	0	3	5,454
アジア太平洋	P	0	2	3,636
アジア太平洋	R	2	1	30,410
アジア太平洋	S	1	0	14,296
ラテンアメリカ・カリブ海	E	1	7	27,022
ラテンアメリカ・カリブ海	H	3	1	44,706
ラテンアメリカ・カリブ海	M	1	1	16,114
中東	E	0	1	1,818
中東	H	0	3	5,454
アフリカ	C	3	2	46,524
アフリカ	EN	3	0	42,888
アフリカ	H	1	0	14,296
アフリカ	M	0	3	5,454
アフリカ	R	4	2	60,820
合　計		34	45	567,874

（注）　C＝能力強化《キャパシティービルディング》（技能・技術向上を含む）、E＝教育、EN＝環境、GM＝ジェンダー主流化、H＝保健リプロダクティヴ・ヘルス、M＝小規模起業家支援、P＝貧困、R＝農村開発、S＝女性の地位向上

（出所）　JICA 環境女性課内部資料より作成。

「専門家の派遣」や「資材の供与」などでのＷＩＤ・ＧＡＤ分野が占める比重はさらに少なく、金額ベースで五％にも達していない。総額に占める割合が「一三・四％」の実質的意味が問われるところである。

ＷＩＤ・ＧＡＤ分野の協力隊員の活動分野が看護、保健・衛生、洋裁、栄養、食品加工、村落開発のように、より「女性領域」とされる分野が多くなっているのに対して、派遣専門家の活動分野は能力強化《キャパシティ・ビルディング》、ジェンダー主流化を含む、より多様で新しい領域に拡大している（表３−３、表３−４）。金額ベースでも、派遣専門家・隊員数でも、依然として協力はアジア太平洋地域に集中している。金額ベースよりも派遣人材ベー

表３－４　地域別派遣ジェンダー専門家（1999）

１．個別技術協力専門家

地　域	専門家合計（人）	WID/GAD 関連プロジェクト専門家			
		長期（人）	短期（人）	支出額（千円）	%
アジア太平洋	829	18	25	302,778	53.3
中東	96	0	4	7,272	1.3
アフリカ	113	11	7	169,982	29.9
ラテンアメリカ	227	5	9	87,842	15.5
ヨーロッパ	70	0	0	0	0.0
合　計	1,335	34	45	567,874	100.0%

２．プロジェクト・タイプ技術協力専門家

地　域	専門家合計（人）	WID/GAD 関連プロジェクト専門家			
		長期（人）	短期（人）	支出額（千円）	%
アジア太平洋	1,049	121	125	3,232,674	51.0
中　東	138	8	3	254,333	4.0
アフリカ	126	34	20	1,229,136	19.4
ラテンアメリカ	284	52	36	1,621,564	25.6
ヨーロッパ	39	0	0	0	0.0
合　計	1,636	215	184	6,337,707	100.0

（出所）「専門家合計」のデータは『国際協力機構年次報告書 1999』より。それ以外のデータは表３－３と同じ。

スでみると、アジア太平洋地域への集中がよりいっそう鮮明になる。「人材を通した協力」が最近の日本政府のＯＤＡ政策であることからも、派遣人材の地理的配分が再考される必要があろう。現在国際的に合意されている世界規模での貧困削減と、持続可能な人間開発を促進するジェンダー平等という潮流と歩調を合わせ、またそれをリードするような日本のＯＤＡにおけるジェンダー政策が求められる。これは国内の男女共同参画社会形成への努力が担保されないと達成できない目標であり、市民社会のより広範な後押しが肝要である[10]。

(3)　戦略的ジェンダーニーズへの支援

アジア工科大学院（ＡＩＴ）「ジェンダーと開発講座」への日本政府の支援は、戦略的ジェンダーニーズに応える試みの一つである。一九九四年以来継続していることの支援は、年額五万ドルと援助額は小さいが、男性優位のアジアの工学系大学院大学での、「ジェンダーと開発」専門家の養成は特別の意味を持つ。工学系は単に男性優位であるからではなく、開発を支える工学分野にジェンダーの視点を導入することが重要だからである。たとえば、大型灌漑施設の中心的施設や設備はおおむね海外援助で賄われるが、各世帯の田畑への支線は農家の負担である。とくに低所得の山あいの村落での灌漑事業の個人負担分は、女性の現金所得で賄われる場合が多い。女性の納得のゆく計画でないとその実行性はない。これまで女性に説明がなかったり、真の理解がえられないままにプロジェクトが実施され、しかもそれが失敗に終わった事例もある。その場合には、さらなる試みに女性が賛成するのは極めて難しい。また新しい農産物の作付けも、多くの場合、女性の決定と賛成がないと成功の確率は小さい。アジアだけでなく多くの地域・地方で、女性の持つ農業技術や実際的知識などが農業に果たす役割は大きい(11)。

ジェンダー専門家としての専門性に加えて、とくに女性が弱いとされる工学部門で、受講生たちが男性の専門家と協同することで広義の開発の効率は高まるはずである。おそらく理論面での強化と同時に現場のニーズを正しく把握して作られたカリキュラムが、真に必要な革新的なジェンダー専門家の養成課程を充実させるだろう。ＡＩＴの「ジェンダーと開発講座」は、非工学系機関では通常期待できないジェンダー専門家の養成課程であり、極めて意義の高い支援である。日本は教授陣の派遣、パイロット調査支援、カリキュラム開発支援などを行っている。

ＪＩＣＡはインドネシアにおいては、この分野で先進的なカナダ開発庁と共同で、国および州段階における「開発とジェンダー」問題を「主流化」する試みに加わっている。中央では国家開発計画にジェンダー視点を導入し、同時に、地方ではそれに基づく個々のプロジェクトを、その実施過程に踏み込んでジェンダーの平等が促進するように具体化していく試みである。そのための中央・地方両レヴェルにおけるジェンダー分析の訓練の組織・実施、地方の大学の女性研究センターの能力強化支援など、多様な協力活動を展開している。これはアジアの経済危機に直接対応する支援ではないが、緊急支援のなかの人材開発とからめて、訓練のためのワークショップの組織・実施や女性の現状分析データの解析支援なども、随時行われた。

このような地方レヴェルでの随時の活動とそれへの評価を、ＪＩＣＡの本部が体系的に把握していたかどうかは、疑問の残るところである。この特定の事例を筆者が知ることができたのは、筆者自身がワークショップに直接関わったからである。しかし、このような柔軟なプロジェクト形成や実施が必要に応じて可能になるためには、協力機関のなかにこのような活動を支援すべきだと考える人材と、必要な決定権を持つ人材が適切に配置されていなければならない。まだ少数ではあるが、少なくともＪＩＣＡには、確実にこのような人材が蓄積されはじめている。

この方向での一層の前進のためには、日本社会における「男は仕事、女は家事」「男はリーダー、女はフォロアー」というジェンダー規範やイメージが、特に男性の重要な政策決定者の間で払拭されることが不可欠である。日本で男女平等が実現するまでは、ＯＤＡを通しての援助受領国の男女平等を真に支援することはできない。現実にマクロ経済政策に前述のような大きなジェンダー・バイアスを持つ日本は、男女共同参画社会基本法の定める男女平等社会の建設に向かって、さらに大きく踏み出す必要がある。

注

（1）エルソンは、男性バイアスは女性だけがその存在を主張するとの批判に対し、Ａ・センを引用しながら説明している。「何がバイアスだろう。それは根拠のない、あるいは正当化しえない非対称性である。開発過程の成り行きを見ていると、そして世界の至る所に見られる男と女の生《なま》の経験を見ると、ジェンダーの非対称性を示すのに何の問題もない。議論があるとすれば、その非対称性の根拠のなさや不当性の程度についてである」（Elson 1995d : 3)。

（2）ボズラップの研究は、「第二次国連開発の一〇年」をひかえた国連が、開発過程をより効果的にするために、女性の役割と経済発展の関係についての調査を依頼したことから始まった。彼女は女性が開発過程の中で周辺化されてゆくことに開発が女性に課す負の影響の原因を見て「統合」を強調した。しかし後にＧＡＤとして知られるようになった分析が重視した、女性の生産過程への統合のされ方、すなわち、男女間のジェンダー関係への問題提起はしなかった。

（３）家庭の中に見られる男女間の不平等は見かけ上の問題で本質的な不平等ではないというのが、いわゆる、新しい家計の経済学の主張であり、ＷＩＤ・ＧＡＤの研究者たちが最初に批判したのがこの問題だった。Becker 1984 および、Ferber and Nelson 1993 を参照されたい。
（４）本文に提示してあるＳＡＰｓ関係の文献はもとより、旧東ヨーロッパ諸国をはじめとする市場経済へ移行中の経済においても、男女間所得格差や失業率格差の拡大などが問題となっている。筆者もこの問題に言及している（本書第七章）。
（５）ＳＡＰｓの影響研究においてマクロとミクロの中間にメゾをおく分析がいくつか見られる。メゾ分析はマクロの変動がミクロ（個）の段階に到達する過程で実際の調整を行う仲介機関・機構を問題にする。最もよく分析の対象となるのが、市場と公的サーヴィスの供給主体である政府系実施機関（政府エイジェント）である。本章は前者を扱っており、たとえば Stewart 1995 は後者を取りあげている。
（６）ＪＩＣＡ（n. d.）で示された緊急援助プロジェクトのリストからは、いかなる意味におけるジェンダー問題も意識されていないことが明らかである。
（７）「実際的ジェンダーニーズ」と「戦略的ジェンダーニーズ」については、村松 1994 および本書第二章２の⑵を参照されたい。
（８）「第二次分野別（女性と開発）援助研究会」は平成一四年（二〇〇二年）一二月に第一回会合が開かれ、平成一五年（二〇〇三年）一二月に最終報告書『ＯＤＡのジェンダー主流化を目指して』を提出して、その役割を終えた。主たるテーマは開発支援における「ジェンダーの主流化」である。
（９）「ミレニアム開発指標」とは、二〇〇〇年の国連ミレニアム・サミットで、二〇一五年を目標達成年度として採択された行動計画である。八つの目標は、「極度の貧困と飢餓の人口比率を半減させる」「初等教育の完全普及」「男女平等・女性のエンパワーメントの促進」「児童の死亡率削減」「妊産婦の健康の改善」「ＨＩＶ／エイズ、マラリアなどの疾病の蔓延阻止」、「持続可能な環境作り」、「グローバルな開発パートナーシップの構築」（UNDP 2000 ホームページ）。
（10）男女共同参画会議の下にある苦情処理・監視専門調査会は、二〇〇四年四月二三日に『男女共同参画の視点に立った政府開発援助（ＯＤＡ）の推進について』を発表し、ＯＤＡにジェンダー主流化をより積極的に導入し、ジェンダー平等とエンパワーメントを目標とする支援（ジェンダー平等案件）を強化することを提言している。さらに、ジェンダー平等が直接のプロジェクト目標になってはいないが、計画段階から最後の評価の段階までジェンダー格差の是正を目指すべき案件（ジェンダー関連案件）への支援も十分実施されていないことを指摘している（同書：19–22）。

（11）　これらの事例は、最近本格的に開発過程にのりだしたラオス、カンボジアをはじめとする国々での筆者の聞き取り調査に拠っている。

＊男女共同参画社会基本法の施行をうけて、日本のODA政策でもジェンダー主流化が動き出している。本章に関連する、二〇〇三年八月以降の主な変化を三点補足したい（本書第六章1参照）。

第一は、二〇〇五年二月二八日から三月一一日に開催された第四九回国連婦人の地位委員会（北京＋10）で、「ジェンダーと開発（GAD）イニシアティブ」が発表されたことである。これは北京会議で発表したWIDイニシアティヴをジェンダー主流化政策に沿って改編したものであり、その位置づけは、政府開発援助のあらゆる段階にジェンダーの視点を盛り込むための「政策文書」である。

第二は、JICAの二〇〇三年の機構改革に伴う変化である。環境女性課は、企画・調整部の下にジェンダー・環境社会配慮審査グループの「ジェンダー平等推進チーム」に再編された。機構内でのジェンダー主流化を実現し、ジェンダー平等推進チームとの連携を効果的にするために、各部署に男女各一名のジェンダー担当者が配置された。

第三は、ODA支援政策の枠組をWIDからGADに転換したことによって、支援分野が拡大され、カンボジア、東チモール、アフガニスタンをはじめとする、平和構築・復興開発過程をジェンダー視点から支援する方向性もプロジェクト・レヴェルで実現しはじめていることである。

第四章　農村転換期における女性
――ＷＩＤ（Women in Development）の視点から――

はじめに

日本において発展途上国の経済開発過程への女性の「参加」・「統合」に関心が寄せられるようになって、まだ日は浅い[1]。しかし、エスター・ボズラップ（Ester Boserup）の著作『経済開発における女性の役割』（*Women's Role in Economic Development*）（Boserup 1970）が発表されて以来二〇年間に、他の国々においては多くの理論的・実証的研究が、主として女性研究者によって積み重ねられてきた[2]。経済開発の過程に女性は十分参加する機会があったか、その過程で生み出された成果を女性は十分享受してきたか、女性はむしろ開発の負の効果をより多く受けてきたのではなかったか、などについての研究が多い。しかしジェンダーが開発への参加と成果の分配に影響する仕方の理論化、また、単に労働力としてのみならず、主体的行為者としての女性の役割についての分析は、まだ緒についたばかりである[3]。

開発過程が生み出す負の効果が女性により厳しく及んだ大きな原因は、一方で、ジェンダーにもとづいて形成される社会・経済諸制度が女性の諸資源へのアクセス（所有や利用）と開発過程への参加を限定的なものにしたことにあり、他方で、女性に長時間労働を強い、労働集約的で不十分な報酬しかもたらさない仕事を割り当てる「固定的性別役割分業」が広範に認められる社会状況があったことと分析されてきた。

本章の目的は、途上国で多くの人口を抱える伝統的農村が「近代的」農村に転換していく過程で、ジェンダーと階層・階級の間に働く相互作用から生み出される不平等を分析するための、理論的枠組の模索である。「第二次国連開発の一〇年」文書が明らかにしているように、女性の開発過程への「統合」がいわれるのは、また、前述のような疑問が世界的規模で提出されるのは、開発経済学を含めて、これまでの開発論の主流が、ジェンダーを変数として明示的に取り込んでこなかったからである。変数として取り込むためには、それに組み合わされるべき助変数《パラメーター》の推定と関数の特定化が必要である。本章は、このような方向を目ざす筆者の研究の第一歩である。アジアの米作途上国農村を具体的な手がかりとして考察したい。農村部門を取り上げるのは、現在最も貧しい女性が農村に居住しているからであり(4)（たとえば、Jahan 1983：16–30, Gelpi et al. 1986 を参照）、農村部門の転換過程が、貧困や両性間の不平等を減少させて広範な生活水準上昇の基盤を作り出すように進まないかぎり、真の開発が実現しないと認識するからである。

1　生産的労働の指標

一九七〇年以降の農村開発の努力によって、アジアの開発途上国は、食糧増産、貧困削減、栄養・健康状態の改善、雇用創出など、経済分析についてのマクロ指標や平均値でみるかぎり、一定の成果をあげている。大規模な農村部門での革新と農村開発プログラムの成果である。これらの革新は「緑の革命」、新作物の導入、換金作物の多様化、灌漑システムの拡大、水力発電用ダム建設、新定住計画、農耕制度や生産をめぐる社会組織の変化などである。このような大規模農村開発プロジェクトは、アジア農村地域での急激な社会経済的変化をおこし、農村と都市、国民と国家の関係を強化するように作用し、また農村内部での階層分化を促進した。しかし、「緑の革命」のような新しい機会の導入は、他方で新しい不平等を作り出し、旧来の不平等をより大きくする事例を生み出している。明暗両側面は異なる社会経済集団に違った仕方で影響を与えており、新古典派開発理論が仮定した自動的な浸透効果《トリックルダウン》は起こらず、開発の成果が男女に等しく分配されることもなかった。

もちろん、いずれの国についても、全国規模で女性の貧困者数、男女間の所得格差、開発過程での成果分配の男女間格差などを示す統計資料《データ》があるわけではない。しかし、女性がより不利な状況にあることを示す間接的なデータや、多くの地域で実施された事例研究から上記の傾向が確認されている(5)。

男女を問わず、一国の住民の生産活動へのかかわり、参加の程度を示す直接的なデータがあるわけでもない。多くの途上国に共通する既存のデータから近似値を求めるとすれば、それは男女別の労働力率である（表4-1）。しかし、労働力率は農村に居住する住民、とくに女性の生産活動の測定には適切な指標ではない(6)。適切な評価指標という観点からすれば、開発成果・果実の分配の把握はいっそう困難である。所得分配データが多くの途上国について推計されるようになってはいるものの、分配についての男女別統計があるわけではなく、また、消費についても同様である。開発成果の住民間での分配、また福祉水準の男女間格差などを直接知ることはできない。現在のところ、たとえば男女別の死亡率、平均余命、識字率、教育水準、栄養・健康などの指標によって、間接的に男女間の福祉水準の相違を推論するだけである。通常これらの指標は、成果の分配が女性により薄いことを示唆している（表4-2）。

ここで、後の議論で重要となる、時間配分分析（time-allocation study）に触れておきたい。労働力

表4－1　アジア開発途上国の男女別労働力率（1980年近辺）

国　名	女（%）	男（%）
アフガニスタン	12.8	53.2
バングラデシュ	12.9	56.9
ミャンマー	28.3	51.5
中　国	35.5	56.3
インド	25.9	51.8
インドネシア	20.9	51.0
マレーシア	22.1	47.6
ネパール	6.2	56.8
パキスタン	5.9	47.2
フィリピン	23.2	47.6
韓　国	25.1	51.3
シンガポール	21.5	57.1
スリランカ	17.4	50.9
タ　イ	44.2	51.3
日　本	41.4	63.5

（出所） ESCAP 1987：21.

表４－２　アジアの女性開発関連指標

	出生時の平均余命（対男性比）1987年	成人の識字率（対男性比）1985年	就学率（対男性比）1986-88年		保健婦の付添を得た出産比率(%) 1983-88年
			初等教育	中等教育	
アフガニスタン	102.4	21	52	50	8
バングラデシュ	98.6	51	84	46	3
中　国	104.4	68	89	74	−
インド	100.3	51	72	54	33
インドネシア	105.1	78	96	−	31
マレーシア	106.0	82	100	100	82
ネパール	97.6	31	45	31	10
パキスタン	100.0	48	55	42	24
フィリピン	106.1	99	102	100	57
韓　国	109.4	92	100	95	70
シンガポール	108.0	85	96	104	100
スリランカ	106.2	91	97	110	87
タ　イ	106.4	94	−	−	40
日　本	107.6	100	100	102	100

(注)「−」は該当データなしを示す。
(出所)　ユニセフ 1990：66-67.

率が女性の、とくに途上国の農村女性の生産活動への参加を過小評価しがちであることは前述の通りである。ＩＬＯ（国際労働機関）を中心として労働力率のより現実に適合した上方修正は行われてはいるもののまだ十分ではない。時間配分分析はその一つの代替手段である。それは既存の（たとえばＩＬＯなどの）労働統計では把握されることの少なかった諸活動を明示的に包摂し、配分された時間によって途上国の大きな生存維持農業を含む、農村世帯の男女のすべての経済活動を包括的に捉える研究方法である。本章注6で指摘した既存の労働統計のもつ弱点を補うために、リチャード・アンカー（Richard Anker）は、以下の五つの労働を区別し、これらすべてを経済活動とすることを提案している（Anker 1983）。すなわち、

(i) 賃金のための労働活動（ＬＡa）。
　貨幣賃金・現物賃金を得るための労働。
(ii) 市場向け生産のための労働活動（ＬＡb）。
　販売のための生産活動で、自営農地での活

動を含む自営業のための労働。

（iii）現行のＩＬＯの定義に含まれる生存維持のための労働活動（ＬＡc）。販売されると否とにかかわらず、生存維持のための仕事である、経済財・サーヴィスの生産のためのすべての活動。

（iv）拡張された概念による労働活動（ＬＡd）。既開発国の世帯では通常購入される財・サーヴィス（燃料・生活用水・衣類の確保や家の修理など）を得るための「非経済的」活動。

（v）家族の福祉のための労働活動（ＬＡe）。料理、洗濯、清掃、育児、病人の看護など、家事労働を含む家族の福祉に必要な、世帯におけるすべての労働活動。

の五種類の労働である。

2　時間配分分析

この労働概念を用い、分類に若干の修正を加えたバングラデシュ、インドネシア、ネパール、フィリピンでの男女の一日あたりの労働時間とその配分についての統計がある。(7) バングラデシュ、インドネシアについては基本的に所有農地の規模（上層・中層・下層）別の、ネパールは民族別、フィリピンは農家・非農家別の数値である（表４-３a、b、c、d）。

おける時間利用

c．ネパール

コミュニティ	村名	性別	労働活動									
			LAa		LAb		LAc		LAd		LAe	
			h	ch	h	ch	h	ch	h	ch	h	ch
チベット・ビルマ系	Kagbeni	M	1.68	-	0.47	2.15	3.26	5.41	0.64	6.05	0.75	6.80
		F	1.23	-	0.80	2.03	2.66	4.69	0.33	5.02	3.78	8.80
	Pangma	M	0.16	-	0.23	0.39	6.74	7.13	0.38	7.51	0.65	8.37
		F	0.33	-	0.19	0.52	6.20	6.72	1.47	8.19	4.19	12.38
	Thabang	M	0.79	-	0.44	1.23	3.73	4.96	0.79	5.75	0.73	6.48
		F	0.25	-	1.20	1.45	4.36	5.81	0.85	6.66	2.37	9.03
	Katarche	M	0.28	-	0.34	0.62	6.30	6.92	0.21	7.13	0.52	7.65
		F	0.07	-	0.22	0.29	5.91	6.20	0.77	6.97	1.49	8.46
インド・アーリア系	Bakundol	M	2.31	-	0.82	3.13	4.00	7.13	0.09	7.22	0.94	8.16
		F	0.91	-	0.30	1.21	5.01	6.22	1.00	7.22	5.28	12.50
	Sirsia	M	1.39	-	0.22	1.61	4.66	6.27	0.16	6.43	0.52	6.95
		F	0.52	-	0.18	0.70	2.90	3.60	0.78	4.38	5.60	9.98
中間系	Balu	M	2.00	-	0.17	2.17	2.68	4.85	0.39	5.24	0.96	6.20
		F	0.41	-	0.48	0.89	2.97	3.86	1.07	4.93	4.41	9.34
	Sukhrwar	M	1.51	-	0.80	2.31	7.03	9.34	0.26	9.60	0.46	10.06
		F	0.30	-	0.63	0.93	4.07	5.00	0.90	5.90	4.71	10.61

（原データ） M. Acharya and L. Bennett, *Status of Women in Nepal*, Kathmandu: Tribhuvan University 1981.

d．フィリピン

職　業	性別	労働活動							
		LAa		LAb		LAc		LAe	
		h	ch	h	ch	h	ch	h	ch
農業	M	1.06	-	6.45	7.51	0.41	7.92	0.60	8.52
	F	1.10	-	3.51	4.61	1.80	6.41	2.53	8.94
非農業	M	5.02	-	1.65	6.67	1.42	8.09	0.69	8.78
	F	2.19	-	0.66	2.85	2.67	5.52	3.40	8.92

（原データ） R. E. Evanson, B. M. Popkin, and E. K. Quizon, "Nutrition, work and demographic behaviour in rural Philippine households," in H. P. Binswanger et al. (eds.), *Rural Households Studies in Asia*, Singapore: Singapore University Press 1980：289-365.

（注） M：男性、F：女性、LAa：賃金のための労働活動、LAb：市場向け生産のための労働活動、LAc：生存維持のための労働活動、LAd：拡張概念による労働活動、LAe：包括的家事労働活動、h：労働投入時間、ch：累積投入時間

（出所） Tomoda 1985.

表4－3　アジアに

a．バングラデシュ

階　層	年齢	性別	労働活動							
			LAa		LAb		LAc		LAe	
			h	ch	h	ch	h	ch	h	ch
I　0.5ha以上の農地所有世帯	16-21	M	1.1	-	4.2	5.3	1.3	6.6	0.9	7.5
		F	0.0	-	0.3	0.3	1.1	1.4	8.7	10.1
	22-59	M	0.4	-	5.2	5.6	1.4	7.0	1.2	8.2
		F	0.0	-	0.8	0.8	0.3	1.1	8.6	9.7
II　0.5ha以下の農地所有世帯	16-21	M	3.0	-	5.4	8.4	1.1	9.5	0.6	10.1
		F	0.0	-	0.4	0.4	0.8	1.2	8.0	9.2
	22-59	M	2.1	-	5.2	7.3	0.7	8.0	1.0	9.0
		F	0.2	-	0.6	0.8	0.6	1.4	7.5	8.9
III　土地なし世帯	16-21	M	4.5	-	4.6	9.1	1.6	10.7	0.7	11.4
		F	1.1	-	0.3	1.4	0.8	2.2	6.5	8.7
	22-59	M	4.7	-	4.0	8.7	0.9	9.6	1.2	10.8
		F	1.3	-	0.6	1.9	0.9	2.8	6.8	9.6

（原データ）　M. J. Cain, "The economic activities of children in a village in Bangladesh," in H. P. Binswanger et al. (eds.), *Rural Households Studies in Asia*, Singapore: Singapore University Press 1980：218-47.

b．インドネシア

階　層	季節	性別	労働活動							
			LAa		LAb		LAc		LAe	
			h	ch	h	ch	h	ch	h	ch
上	農繁期	M	0.7	-	0.6	1.3	9.0	10.3	0.2	10.5
		F	1.4	-	1.1	2.4	0.8	3.2	5.1	8.3
	農閑期	M	0.5	-	0.6	1.1	9.7	10.8	1.0	11.8
		F	0.3	-	0.9	1.2	1.4	2.6	4.6	7.2
中	農繁期	M	6.2	-	2.0	8.2	3.5	11.7	0.3	12.0
		F	3.1	-	1.2	4.3	1.4	5.7	3.9	9.6
	農閑期	M	4.1	-	3.9	8.0	2.7	10.7	0.4	11.1
		F	1.4	-	1.8	3.2	0.9	4.1	3.8	7.9
下	農繁期	M	7.9	-	1.2	9.1	0.6	9.7	0.3	10.0
		F	5.1	-	0.4	5.5	1.0	6.5	3.2	9.7
	農閑期	M	3.5	-	4.8	8.3	0.7	9.0	0.3	9.3
		F	4.6	-	0.3	4.9	1.6	6.5	3.3	9.8

（原データ）　M. J. Cain, "Patterns of household labour allocation in a Javanese village," in H. P. Binswanger et al. (eds.), *Rural Households Studies in Asia*, Singapore: Singapore University Press 1980：188-217.

これらの数値がまず共通に示しているのは、いずれの国においても、男女は共にほぼ同数の時間を生産的労働に投入していることである。さらに、いずれの国においても労働の型は社会・経済的下位集団によって異なること、しかし、ＬＡａへの労働投入は農地所有面積と負の相関を示すこと、とくに、小規模土地所有世帯ではＬＡａへの労働投入に大きな季節性があり、それぞれの地域の状況に応じて、男女間での賃金獲得機会が異なることもわかる。一方、ＬＡｂ・ＬＡｃへの労働投入は、農地所有規模の増大と歩調を合わせて増加する。しかし、労働活動の型は農業の性格によって決定され、バングラデシュ、フィリピンではＬＡｂが、インドネシアではＬＡｃの方が大きくなっている。

ネパールの数値をはじめとして、大きな生存維持農業の場合には、ＬＡａへの労働投入は非常に限られている。とくにその傾向は女性に強く、ほとんどの国でＬＡａ、ＬＡｂに投入する労働時間が短い。ネパールの「チベット・ビルマ系住民」の村で男女の投入量がほぼ等しいのは例外的である。アンカーのＬＡｄを含むＬＡｅ、いわゆる「非経済的」労働への女性の投入時間が長いのは、固定的性別役割分業の存在を示唆している。これはとくにバングラデシュとネパールの村で観察され、イスラム文化圏でのパルダ（女性を人目から遮る隔離）の習慣の影響を示唆している。

もちろん、このような時間配分は一国の中でも地域による生産・生活様式の相違を反映して異なるところから、途上国農村での男女の一般的労働時間配分を示すものとはいえない。より多くの異なる地域状況を反映する事例研究の蓄積が求められるところである。これら四カ国の数値はそれぞれの分類の中での労働の種類を明示していないが、賃金労働の種類——たとえば農業部門での雇用機会か非農業部門の雇用機会か、また前者では田植労働か草取り労働か耕起労働か刈取り労働か——や、ＬＡｂ・ＬＡｃの場合では主食、副食、手工芸品の生産か販売かなど、より詳細な情報の収集・分析によって、転換期に生ずる変化からさまざまな階層・階級・ジェンダーが受ける影響の分析・予測、それへの対応策など、時間配分分析は経済政策・開発政策の策定や改善に役立てることができるのである。

表4-4の数値はこのように細分化されたデータの一例である(8)（Quisumbing 1988：461）。表4-4から米の高収量品種の導入による雇用機会の変化の様相の一端をみてとることができる。生存維持作物である米作を行うフィリピン

表4－4　生産への労働参加　パンガシナン地方バーバラ・ステーションの事例

生産物/活動		灌漑村				非灌漑村			
		農家世帯		土地なし世帯		農家世帯		土地なし世帯	
		男	女	男	女	男	女	男	女
米	耕　起	100%	-%	100%	-%	95%	5%	100%	0%
	苗取り	15	85	19	81	6	94	9	91
	田　植	95	5	94	6	98	2	100	0
	刈取り	68	32	-	-	76	24	69	31
	脱　穀	76	24	-	-	94	6	83	17
	資材の購入	80	20	-	-	82	18	-	-
	精米所への搬入	46	54	60	40	56	44	100	0
	販　売	56	46	-	-	69	31	100	0
もち米	加　工	-	-	-	-	36	64	50	50
	製　粉	-	-	-	-	17	83	59	41
	販　売	-	-	-	-	44	56	-	100
豆	種まき	33	67	-	-	17	83	-	-
	刈取り	64	36	50	50	57	43	53	47
	皮むき	33	67	-	-	42	58	53	47
	販　売	40	60	-	-	36	64	0	100
	資材の購入	81	19	-	-	79	21	-	-
野菜(農家)	栽　培	75	25	-	-	79	21	-	-
	販　売	26	74	-	-	42	58	-	-

（注）「0」「-」とも出所からそのまま引用。
（出所）Quisumbing 1988：461
（原データ）T. R. Paris, “Women in Rice Farming Systems: A Preliminary Report of an Action Research Program in Sta. Barbara, Pangasinan,” in T. R. Paris, Filipino Women in Rice Farming Systems, University of the Philippines at Los Banos, IRRI and Philippine Institute for Development Studies, 1988.

の一地域での事例である。女性が重要な役割を担っていることが明確に読み取れる。一般的に男性はより多く「生産」に、女性はより多く加工・販売にかかわっている。農地の準備、田植、脱穀は主として男性が行い、稲床からの苗取り、刈取り、資材の購入、精米所への籾の搬入、販売などは男女の共働で行われている。もち米が作られている地域では、料理と販売は女性が、製粉（手による）は男性が引き受けている。また男性は米の販売に、女性はもち米の販売により多く携わっている。このような分業状況は、市場向けの余剰の販売で女性が果たす役割を例示している。この役割は農家世帯の女性にとっては大きいが、土地なし世帯の女性にはなく、彼女たちには農地そのものの上での直接的生産活動がより重要であり、資材の購入や生産物の販売という役割は果たしていない。もちろん、土地なし世帯の女性は野菜生産や販売も行うことはできない。

ここから次のような仮説を立てることができる。すなわち、農家世帯の女性は加工と販売により多くかかわるので、技術革新が絶対的生産量を増加させ、商業化を進展させると、彼女たちの販売活動への参加は増大し、その家庭内における地位は「交渉力」の増大を背景に高くなる可能性がある。この仮説は、女性たちが稼ぐ所得が家庭内での地位の向上につながると女性たちが感じているとの報告から提示可能である（Singh and Kells-Vitanen 1987：46）。一方、土地なし世帯の女性たちは、その生存をより多く賃金労働に依存しており、非農業分野での雇用機会が限られている場合には、所得の多くを農業労働から得なければならない。しかし周知のように、絶対的収穫量が増加し、ピーク時の労働需要が増大すると雇用労働の賃金率は上昇し、農作業だけでなく精米などの機械化が進展し、雇用機会が減少することが多い。カルメン・ディーア（Carmen Deere）も指摘するように、女性の経済的役割が増大することは、女性の地位の向上の必要条件ではあっても、十分条件ではないのである（Deere 1976）。

3　技術革新の影響

環境要因、とくに水供給の量と時期を適格に統御することが、「緑の革命」のための新しい種子＝肥料技術の導入に決定的な役割を演じたことはよく知られている（たとえば、International Rice Research Institute（IRRI）1975）。高収量品種の導入は灌漑システムが十分なところでより急速に普及し、天水田では緩やかにしか進行しない。標準的経済学の分析手法を適用すれば、異なる環境条件の中に新技術が導入された場合、それが所得分配と女性の役割に与える影響は、まず市場の価格調整によって決まり、その後は労働、土地、資本の要素市場の調整のあり方に依存することになる。新技術のもつ環境要因の偏り《バイアス》から生ずる潜在的な所得分配の不平等化を阻止する力は、その要素利用、とくに新技術が相対的に労働集約的か資本集約的かに依存し、さらに新技術導入に際しての土地その他の固定的要素へのアクセス（所有・保有・利用権）の有無がどう配分されているかによる（Quisumbing 1988：449）。

女性への影響という観点からみると、所得分配、階層とジェンダーの不平等に与える技術革新の影響は、技術革新が導入される制度的・政治的文脈に依存し、またこれらの文脈が後に、革新からの正の利得と負の効果の分配を決定することになる。このようにして、既存の農村構造および農村での階層・階級構造を詳細に検討することが必要となる。ベンジャミン・ホワイト（Benjamin White）が指摘するように、分析の焦点は「技術」そのものではなく、農村の土地をはじめとする資産所有形態であり、その技術の生み出す所得獲得機会へのアクセスを決定する農村の社会経済関係である（White 1985）。

多くの研究は、農村労働市場の諸状況は米作への新技術の導入によって大きく影響されることを示している。まず第一に、耕起をはじめとする土地の準備と田植のような「土地」を基盤とする労働利用が大幅に減り、その結果、一ヘクタール当たりの総労働利用は中程度の減少を示す。第二に、それを相殺する労働利用が収穫や脱穀のような「産出」を基盤とする労働で増加する。前者の減少は生産物価格や他の要素価格に比べて賃金が相対的に上昇したこと、労働節約的な機械化によるものである。後者は新技術による収量の増大の結果である（限定的ではあるが、表4-5a、bの、環境条件の異なる五つのフィリピン米作村についての数値を参照）[9]。一般的に、農家世帯員の教育水準はより高く、米作賃金を除く総所得も米作賃金所得も、土地なし世帯員の水準を上回っている。農家世帯はまた、男女ともに米作雇用労働よりもその他の所得獲得活動に一日当たりより多くの労働時間を投入している。その逆が土地なし世帯にみられる。いずれの世帯でも女性は、米作・非米作活動に男性より短時間しか労働を投入していない（表4-5a）。

表4－5　世帯の平均属性　フィリピン5村（1985年）

a．男女別属性（平均値）

世帯属性		男	女
土地なし	教育（年数）	5.5	5.4
	米作賃金所得以外の総所得（ペソ）/月	1,684.6	508.4
	米作賃金所得（ペソ）/2週間*	65.0	45.0
	全稼得活動に費やされた時間/日	4.1	2.2
	米作雇用労働に費やされた時間/日	2.8	1.5
農　家	面積（ha）	2.4	2.1
	教育（年数）	8.1	8.1
	米作賃金所得以外の総所得（ペソ）/月	3,302.2	2,537.0
	米作賃金所得（ペソ）/2週間*	77.2	70.1
	全稼得活動に費やされた時間/日	6.2	3.5
	米作雇用労働に費やされた時間/日	0.8	0.5

（注）＊は農繁、農閑期を含む各2週間の3調査期間の平均値。
（出所）Quisumbing 1988：462.
（原データ）L. Lanzona Jr., "The Value and the Allocation of Time in Favorable and Unfavorable Areas," in IRRI and Philippine Institute for Development Studies, 1988.

b．農業環境別属性

		良好地		中間地	劣悪地	
		村 A	村 B	村 C	村 D	村 E
男　性	土地なし：数	16	9	10	4	4
	年齢	32.1	35.1	34.9	29.3	35.5
	教育（在学年数）	5.0	3.7	4.0	6.0	3.8
	農業を主な職業とする人数	10	3	8	1	1
	生産に寄与しない家族の数	4.3	1.8	3.4	3.7	1.5
	農家：数	20	17	16	20	13
	耕地面積（ha）	3.3	1.3	2.0	1.6	0.5
	年齢	33.6	34.4	33.3	37.3	36.5
	教育（在学年数）	7.2	8.3	7.8	5.8	5.1
	農業を主な職業とする人数	10	7	1	9	6
	生産に寄与しない家族の数	1.2	0.2	1.8	3.8	3.3
女　性	土地なし：数	12	7	8	2	3
	年齢	32.4	38.7	35.6	34.8	37.4
	教育（在学年数）	5.4	6.2	5.1	7.3	4.9
	農業を主な職業とする人数	1	1	2	0	1
	生産に寄与しない家族の数	4.8	1.9	3.5	2.6	0.1
	農家：数	24	10	13	17	12
	耕地面積（ha）	3.2	1.3	2.0	1.6	0.5
	年齢	33.5	36.7	35.5	37.5	38.1
	教育（在学年数）	7.2	8.9	6.0	7.4	6.2
	農業を主な職業とする人数	0	1	0	2	2
	生産に寄与しない家族の数	1.2	1.2	0.8	3.6	3.6

（注）男女は夫婦であるが、サンプル数に相違があるのは、妻の回答がない世帯があったことによる。
（出所）Quisumbing 1988：463.
（原データ）L. Lanzona Jr., 同上.

表4-5bからは、さらに以下の点が明らかになる。農業生産は、環境条件のより良好な場所で土地なし男性にとって、また条件の劣悪な場所で土地なし女性にとって、より重要な仕事となっている。これと対照的に条件の良好な場所では、農業を主な仕事と報告している男性の数は土地なし男性のそれより少ない。同様に、ほとんどの地域において、農家の女性は土地なし女性に比べて、農業に依存する割合が低い。このように、土地へのアクセスの有無が、通常より大きな収益をもたらす非農業雇用への妨げとして作用するのである（Castillo 1985）。

これらの世帯間の特徴の相違は、当然、その労働時間の配分の違いとなって表れている。第一に、条件の良好な地域では、米作での賃金労働に投入される労働時間は条件の劣悪な地域に比べて長く、後者の地域では米作活動からの労働所得は、前者の地域におけるより低い。第二に、条件に恵まれた地域での土地なし労働層は、米作での雇用労働からの所得獲得により長く時間を投入している。第三に、悪条件下にある地域では非米作所得活動により長い時間が投入されている。第四に、条件の悪い地域の女性は、米作以外の所得活動により長く時間を配分している。これらの情報を基に、レオナルド・ランゾナ（Leonardo Lanzona）は、賃金率、労働市場への参加、個人の時間配分の決定因の推定に進んでいる。その分析は次のように集約される。灌漑設備のある場所での技術の改善は、米作での労働需要を高め、賃金水準を上昇させ、その結果、米作では、男女共に労働投入時間が増加する（Lanzona 1988）。

他の同様の研究結果と筆者のインドネシア中部ジャワでの現地調査の観察を総合し、また次のように結論づけることができる。米作労働および他の雇用機会からの賃金率は個人と世帯の特徴に大きく依存する。（相対的に）規模の大きい農地を所有したり保有したり、また小作権を確保している農地へのアクセスの大きい世帯にとっては、自耕地以外での賃金率はより低く、したがって自耕地での労働機会を最大にしようとする。小規模耕地あるいは土地なし世帯の場合には、雇用主は彼らを賃金労働に特化する生産性の高い労働力とみなすことから、米作労働市場でより高い賃金を得られる可能性がある。女性の賃金は一般的に男性のそれより低く、米作よりも非米作・非農業労働活動でより高い賃金が得られるが、その雇用機会は限られており、またそのような機会を現実のものとするための技能や資本も限られている。ここに、ジェンダーと開発論で注目を集めている女性世帯主世帯の貧困問題の深刻さがある[10]（IRRI 1985, Muramatsu 1985b）。

4 分析の理論的枠組[11]

(1) 概観

ジェンダーを開発論の中に導入するための理論的枠組として、いくつかの提案が行われている。たとえばウマ・レール（Uma Lele）は可能性をもつ既存の理論・モデルとして、次をあげている（Lele 1986）。

第一は、開発の初期段階における経済全体の転換過程と農業部門の関係を分析する一連のモデルである（たとえばOhkawa 1956, Meller and Johnston 1984）。これらはジェンダーに明示的な注意を払ってはいないが、農業部門および女性を含む同部門従事者の役割を分析対象としている。しかし、これらのモデルは新古典派の自動的浸透効果を仮定することから、同じ農業部門の分析とはいえ、技術革新の異なる階層・階級への所得分配と雇用機会に与える影響を明示的に扱う研究に一歩を譲ることになる（Hayami 1978, Lele and Meller 1981）。

適用可能な分析枠組の第二としては、人口学的研究と貧困に関する研究がある（たとえばLipton 1977）。この中でもとくに世帯内での資源配分がジェンダーによって異なり、またそのような配分のあり方が家族の福祉や人口学的要素に影響を与える側面に分析の焦点を当てる研究である。食糧の配分や教育へのアクセスにジェンダーによる偏りがあることが明らかにされる。この世帯内での資源配分の「最適化」過程をさらに追究するのが、次項で扱う「新しい家計の経済学」の流れである（Becker 1981）。しかしこの伝統は、社会・経済制度などの「非市場的諸力」と市場的諸力の相互作用、そしてそれらの相対的な役割を評価する上では有効だとはいえない。

第三は開発過程への「計画された介入」――自動的過程とは区別された――の効果を分析するもので、アフリカ地域に焦点を当てたものが多い（たとえば、Buvinic et al. 1976）。

第四は、世帯内での男女の役割分業のあり方を事例研究を使って多面的に探ろうとする社会学的・文化人類学的研究である（Bates 1983, Lele 1984）。

すでに明らかにしてきたように、転換期の農村での開発とジェンダーの分析にとっては、少なくとも世帯内での資源配分というミクロ経済学の方法と、農村の構造や階層・階級についての分析がともに必要である。前者として以下では「新しい家計の経済学」を、後者としてはマルクス主義フェミニズムの枠組を検討する。

(2)　新しい家計の経済学

前述の数値の分析を通して、各世帯の中では生存維持のために分業が行われ、それが性別役割分業の形をとっていることを確認した。既存の経済理論でこの分業を説明しようとする時、多くの保留条件が付きながらも最も有効なものとして、「新しい家計の経済学」（New Household Economics）（家族の経済学とも呼ばれる）の枠組がある（Becker 1981）。それは家計・世帯を、家族成員全体の趣味や嗜好を集計し統合された効用関数を極大化する経済単位として扱う。家族全体がもつ時間も含む諸資源の大きさを制約条件として、効用関数（財・サーヴィスの消費量とそれが与える効用＝満足の関係を表わす関数）の極大化が行われる。効用関数は外生的に与えられ、空間と時間を通してランダムに変化すると仮定される。したがって行動の変化は価格と所得の変化のみによることになる。

経済合理性にかなう経済単位として、家計は消費財の選択と労働供給だけでなく、時間と諸資源の配分を通して、自家消費のための財・サーヴィスの生産量をも最適化する。自家消費用生産は市場性をもたないが、しかし計算上の価格《シャドウ・プライス》（機会費用）をもち、これらの財・サーヴィスを自家生産するための費用の指標としての役割を果たす。自家消費用生産は育児・栄養・保健・健康などの管理・増進も含み、子供は家計が生産する重要かつ高価な財の一つとみなされる。子供は「生産財」あるいは「耐久消費財」であり、両親は子供の質（投資）と量を選択すると考える。

新しい家計の経済学の一つの重要な含意は、資源としての時間の価値である。世帯の構成員は、それぞれの比較優位にしたがって諸活動に特化する。たとえば女性が育児に特化するのは、それに比較優位をもつからである（厳密にいえば生物学的比較優位は出産のみである）。市場への労働供給の場合は、より高い賃金とより大きな雇用機会をもつ構成員が労働市場での仕事に特化することになる。この特化の経済学の枠組が、男性が女性より良い雇用機会をもつ時、なぜ女性が男性より多くの家事と自家消費用生産に従事することになるのかを説明する。技術革新や技術変化は、それと関連する特定の活動にかかわる賃金率を動かし、その結果、時間配分に影響を与えることになる。この分析の枠組の中では、技術革新や技術変化による女性の時間配分の変更は、単に最適化過程の結果と位置づけられる。しかしモデルでは、なぜ一般的に女性の行う自家消費用の生産が、賃金労働や農業での市場向け生産労働に比べて低い地位しか与えられないかを説明しない。この現象は、すべての仕事の経済的価値が適切に評価され、女性の世帯所得への貢献の方が大きい場合（女性がより長時間労働する場合には）でさえ存在するのである（表4-3および Heyzer 1987を参照）。このモデルはまた、なぜ男女それぞれに既存の比較優位が生ずるのかも明らかにせず、またそれがいかにして文化的に作り出され、強化されるのか、すなわちジェンダーの役割の規定にも役立たない。

しかし、新しい家計の経済学が農家世帯に適用される場合には、それは生産・消費・労働供給の決定の間に働く相互依存性を示唆している。この複雑な相互依存性をモデル化することは、世帯が消費決定とは独立に生産の決定を行えるような条件を明確にする試みにつながっている（たとえば次の試みがある。Singh, Squire and Strauss 1986）。これらの条件の下では、生産の決定が農家所得の構成要素である利潤を決定し、それが次いで消費と労働供給の決定に影響する。この生産と消費の決定を分離可能にする背後には、家計が価格受容者である（価格を動かせない）との重要な仮定がある。しかし、もし生産の決定が価格だけでなく家計所得にも影響を与えるのであれば、また、もし農場・非農場での仕事に選好の違いがあるならば、さらに、もし市場が不完全で危険は相乗的であるならば（この危険は特定の投入や技術の利用につきものであって、予測不可能な悪天候からくる加算的危険と違うならば）、上記二つの決定は誤りとなり、両者は相互依存的にモデル化されなければならなくなる（Lanzona 1988）。この相互依存性は例外的というよりは、農家世帯にとっては一般的ルールである。

新しい家計の経済学のもう一つの重要な結論は、家計の諸属性（外生的に仮定されている）と時間配分とを関係づけていることである。時間配分分析では通常、個人あるいは家計は、能力・技能あるいは仕事の違いや、労働の種類別市場の有無のような側面から分類される（たとえば雇用者と自営業者、あるいは正規・非正規就業者）。これらの市場間の移動性は限られており、ある集団は競争的であり、他は個人や家計の属性によって分断されている。これらの違いは効用関数の違いにつながり、時間配分の重要な決定要因となる。

「新しい家計の経済学」がもつ弱点のいくつかにはすでに触れたが、さらに二点を付け加えておこう。第一は、家計内での利害の対立やジェンダーによる不平等があることは、結合された外生的効用関数（世帯員全員の効用を纏めて一本の効用関数とする）という仮定を、意味のないものにしてしまうことである[12]（Folbre 1986）。この弱点を補うものとして、ここでは家計における交渉力モデルがあることの指摘にとどめよう（たとえばJones 1985を参照）。第二は、時間配分の重要な決定因である世帯の属性――資産の所有状況、家族構造、経済的社会的役割――についての女性の認識などを含めた理論を提供しないことである。外生的とされるこれらのうち、最も重要なのは、階層・階級構造と時間以外の諸資源の初期の賦存状況（生産要素＝労働・土地・資本がどのような組合せで与えられているか）である。

(3)　マルクス主義フェミニズム

ここでは、農業の転換期に生ずるジェンダーと階層・階級をめぐる不平等の分析にマルクス主義フェミニズムの分析枠組としての有効性を三点のみ、すなわち農業の転換期、蓄積での女性の役割、生産・再生産という女性の二重の役割からだけ簡単に提示したい。

レーニンの分析に反し、農業の資本主義化の進展は不均等であり、ジョン・テーラー（John Taylor）が「転換期の社会形成」と呼んだもの（Taylor 1979）を生み出した。これにより、唯一の生産様式ではなく、資本主義・非資本主義の異なる生産様式が併存することとなった。前資本主義的生産様式の根強い存続が農業の資本主義的発展を阻害し、農村および階層・階級分化を促進した。これが女性の仕事と従属の形態に影響を与えているのである。ローデス・ベネリア（Lourdes Beneria）とギタ・セン（Gita Sen）は、資本主義的蓄積の特徴は直接の生産者をその生産手段から引き離す強い傾向をもち、彼らの生存を危うくしているという（Beneria and Sen 1981：279–98, 1982：157–76）。新しい形の農村の階層・階級分化は、資本家＝プロレタリアートの二極分化ではなく、小農、土地なし労働者、土地持ち階級への分化であり、土地持ちそれ自体の中にも分化が起こっている（Quisumbing and Adriano 1988 および Muramatsu 1985a を参照）。

したがって資本蓄積は、それぞれの地域でとり得る特定の蓄積の形態によって、さまざまな影響を女性の仕事に与えるのである。ベネリアとG・センは、資本主義的蓄積が女性に与える影響を次の四点に絞って指摘している（Beneria and Sen, G. 1982）。第一は、貧農や土地なし層が土地や共用の資源を失うにつれて、燃料・生活用水・家畜の餌集めなどの女性の仕事が強度を増すようになることである。第二は、商業資本が農村に侵入することによって、手工芸品の生産者としての女性が経済的資源への統御を失い、労働階層の最低層に臨時・季節労働者として組み込まれる可能性が高くなることである。女性の主たる責任は育児と家事にあるからである。第三は、賃金労働を基礎とする資本主義的生産関係から伝統的隷属関係は弱まるが、女性は男性の賃金労働者にますます依存するようになるという点である。第四は、若い女性が工場労働者として都市に移住するにつれ、新しい資本主義的家父長制が出現する点である。

これらの四点に加え、ディーアは、周辺においては、女性は資本蓄積を支える最も安い労働力として機能し続けるという（Deere 1976）。すなわち、周辺における生産様式とそれにもとづく分業が、家族を養い労働力の再生産を可能にするには不十分な賃金しか男性労働者に支払わないことにつながる。

この資本蓄積への女性の役割の分析を超えて、マルクス主義フェミニストたちの研究は、労働再生産に果たす女性の役割に重要な貢献をしている。女性は生物学的再生産の主たる担い手であるだけでなく、家事労働を通して、労働力の社会的再生産の主たる担い手にもなっている、というものである。家事労働はどこでも女性の仕事とされ、社会的再生産に必要な労働の主要な部分であるため、「搾取」は家庭の中で生ずるのである。ナンシー・フォルブレ(Nancy Folbre)は、世帯内での経済合理性は家事労働を社会的必要労働時間として分析できることを意味するという(Folbre 1986)。家事労働と生存維持のための生産は資本への労働力の価値を低下させるだけでなく、賃金労働への補助金ともなる。この意味において、非市場労働者(女性の非市場労働)が供給するサーヴィスに体化されている価値は、それと引換えに彼女らが受け取る賃金の分け前の中に体化されている価値より大きいはずである。

おわりに

以上みてきたように、「新しい家計の経済学」もマルクス主義フェミニズムの方法も、農村の転換期における女性を研究する上で、限定的ではあるが有効である。二つの認識・分析枠組の基本的な相違は、前者においては個人あるいは家計の決定に焦点があり、後者においては階層・階級あるいは集団の戦略に焦点がある。しかし両者は、経済合理性が所得極大化それ自体を超え、また家計(あるいは階層・階級)は不分割の単位であるとする点では共通である(Folbre 1986)。フェミニストの観点は、新しい家計の経済学にゲームの理論的な交渉力モデルを導入し、マルクス主義フェミニズムにジェンダーと階層・階級の観点を持ち込んだ。

家計の経済学はとくに新しい技術の効率についての含意を研究する上で有効である。効率的資源配分は資源の稀少性に照らして重要であり、その下では要素の相対価格は資源配分と資源賦存に適合する技術選択のための信号の役割を果たす。家計の経済学はさらに、価格・所得変化が家計に与える影響の分析に適している。すなわちミクロ経済学的調整である。その分析方法は基本的に、二律背反《トレード・オフ》を考慮することによって、代替可能なものの間の合理的選択の分析に効果的である。家計の経済学の相対的優位がミクロ経済学の比較静学にあるのに対し、マルクス主義フェミニストのそれは、構造と階層・階級の動的考察にある。

では、これら二つの枠組を用いて技術革新はどのように分析されるだろう。女性と技術革新の関係には、逆説がある。ベンジャミン・ホワイト（Benjamin White）は次のように論じている。労働節約的技術は、とくに、世界の中で最も働きすぎの状態にある農村女性の生産性を上昇させ、労働時間を減らす一方で、農村の貧しい人々の重要な所得源である労働機会を減じてしまう。彼はさらに、この逆説は、直接生産者の大部分がその労働の商品化を通じて生活の糧を得るような社会においてのみ存在するとする（White 1985）。彼の見方によれば、技術は「善」でも「悪」でもまた「中立」でもない。技術革新の影響は、それらが導入され、新技術からの利得やその損失の分配を決定する、制度的あるいは社会政治的文脈に依存するのである。こうして、本章においては、時間配分や投入労働のデータを用いて、技術変化に伴う市場における変化の影響をみてきたが、同時に、農村社会の構造に特別の注意を払う必要を強調したつもりである。

注

（1）たとえば日本における先行研究として、以下のような文献がある。但し、農村の転換期に焦点を当てたものはそれほど多くない。藤田和子 1987，伊藤セツ 1990，国連 INSTRAW 編（高橋展子訳）1987，森健・水野順子編 1985，森田桐郎 1988.

（2）ボズラップは開発論の中に体系的に女性を位置づけ，その役割に光を当てるという最初の仕事をした研究者である。多くの貢献があるが少なくとも次の二点は，本章の議論にとって重要な彼女の指摘である。第一は，何が女性の仕事で何が男性の仕事とされるかは社会によって異なるが、いずれの社会でも開発の進展に伴って性による分業が明確になってきていることである。第二は、第三世界における開発は、男女に異なる影響を与え、女性への影響は多くの場合ネガティヴ（負）であるというものである。

（3）たとえば、Lele 1986を参照。後述のように、とくにボズラップの記念碑的業績の出版後一〇年を経て執筆されたBeneria and Sen, G. 1981, Beneria and Sen, G. 1982はボズラップの分析に欠けている理論的側面として、資本蓄積と人口を取りあげている。

（4）絶対的貧困水準以下の所得で生活する住民の割合（都市・農村別）は、アジアの国々について次のような数値を示している。バングラディシュ（14：86——前者 都市、後者 農村、以下同じ）、インド（40：51）、インドネシア（26：44）、フィリピン（50：64）、タイ（15：34）、マレーシア（13：38）（ユニセフ 1990：64-65）。

（5）次の文献は、ＥＳＣＡＰ地域におけるこの状況を国別研究の形でまとめている。Heyzer 1987, International Rice Research Institute 1985. ある意味では本章で用いているすべての文献がこの問題を扱っているといえる。

（6）次のような偏りがかかるため、現実との間に相違が生ずるのである。（ⅰ）生存維持活動のどこまでをＩＬＯ統計などに含めるかが国ごとに異なること、（ⅱ）食糧の加工、生活用水の確保、手工芸品の生産など主として女性が担う仕事が「非経済的」活動とされること、（ⅲ）データ収集の方法——ある特定の短い調査期間ではとくに季節性があったり、臨時の仕事の場合には調査がとりこぼす仕事が多く、また女性の場合には、同時に複数の仕事を行うために記録されない労働がでてくる、などである。

（7）Shizue Tomodaは、ほぼ同時期（一九七〇年代）に八カ月から一年かけて行われた既存の研究から、可能な限り整合性をもたせるよう統計を組み直し、これら四カ国についての時間配分分析を行っている。Tomoda 1985：661-676を参照。このほかアジアにおける時間配分分析の事例としては、表4-4の原データの他にAPCWD 1980, Hart 1986, Heyzer 1987, Wigna 1982を参照。

（8）原データはParis 1988より引用。さらに筆者のインドネシアでの実地調査によると、農作業のどれを男女で分業するかには地域的な差異がある。たとえば、インドネシアでは田植や草取り、収穫はほとんど一〇〇%近く女性の仕事になっていた。しかし、農業部門での技術革新だけでなく、他部門（都市やその近郊での製造業や建築業）での雇用機会の変化も農業部門の性別分業型を変えることも確認している（Muramatsu 1985b）。

（9）原データは Lanzona 1988 からの引用。

（10）Gelpi et al. 1986, Heyzer 1987, 伊藤 1990 などを参照。「女性世帯主世帯」の定義は多様であり、未婚・離死別世帯主はもとより、出稼ぎなどでの夫の長期不在により、実質的に「世帯主」として行動する女性の世帯を含む場合もあり、その全世帯に対する割合が二五％程度に及ぶこともある。

また筆者の現地調査では、男性労働力を欠く女性世帯主世帯の所得が低くなる原因の一つとして、子守り労働の担い手不足を記録している。土地なし農業労働者世帯では男女の農作業の種類の相違から、それぞれの労働需要のピークがずれる。そこで、妻の留守中、夫が子守りを引き受けることにより、妻は所得機会を逃がさず、夫婦は「一組」として分業の利益を享受する。これに対して、夫あるいは世帯内に男性成人労働力を欠く女性世帯主は、これができない。

（11）この節の議論はアグネス・クィッサンビング（Agnes Quisumbing : University of Philippines and Yale University）との議論に負っている。

（12）Folbre 1986 のとくに p. 6 を参照。

第五章　マクロ経済政策とジェンダー

――非対称性への挑戦――

はじめに

一九九五年以降、急速にジェンダーの平等が途上国の持続可能な人間開発の重要な構成要素として、注目を集めるようになった。「ジェンダーの平等と持続可能な経済開発との間に密接な関係がある」、「ジェンダーの不平等を小さくすること自体が目標であると同時に、それが持続的で公正な経済成長を促進する」との認識の高まりである（たとえば、Grown, Elson and Cagatay 2000b, OECD 2000, 国連開発計画 1995）。

とくに、途上国政府や国際諸機関がマクロ（一国全体の巨視的）経済政策策定過程でジェンダーに強い関心を払うようになった背景には、次の三つの展開があった。第一は、一九九五年、北京で開催された第四回世界女性会議で採択された「北京行動綱領」（一八九カ国批准）が、各国政府に、マクロ経済目標を女性の十分な参加の下にジェンダーの平等が実現するように、見直し・手直しすることを求めたことである。第二は、世界経済の出来事や趨勢が、社会政策の諸課題をマクロ経済政策論議の最前線に持ち込んだことである。たとえば、一九九七年に起こったアジア経済危機がこれに該当する。六〇年代からの開発努力で削減された貧困や経済的進歩の多くが瞬時に押し流されてしまい、そのジェンダーによる影響にも大きな非対称性が見られたのである。経済効率や生産性の上昇を生み出すはずの資本の自由化や交換性の完全実施という新古典派の政策論に疑問が呈されたのである。経済のグローバリゼーションは集団間と集団内での貧富の差（ジェンダー、階級・階層、人種等）を拡大している事実がより鮮明になった。第三は、女性組織を含む市民社会の諸機関（ＣＳＯｓ）が、新古典派的経済政策策定や経済開発に以前にも増して強く異を唱え続けていることである。一九九九年一一月のシアトルでのＷＴＯ（世界貿易機関：World Trade Organization）の第三回閣僚会議開催時のＣＳＯｓの抗議行動はまだ記憶に新しい。これらの出来事が、ジェンダーの不平等とマクロ経済・経済学との関係、ジェンダーの不平等とグローバルな貿易や金融の自由化との関係を研究することを緊急の課題とさせることになったのである。(1)

1　ミクロからメゾ／マクロ段階におけるジェンダー分析へ

(1)　ミクロのジェンダー分析

「新しい家計の経済学」（New Household Economics）で代表される主流派のミクロ経済学は、ジェンダーによる相違とジェンダーの不平等をある程度「説明」してきた。家計内のジェンダーにもとづく分業は（夫は家計所得の主たる稼ぎ手で、妻は家庭の作り手）、比較優位という観点からそれぞれの選好《プレファレンス》（何を好み得意とするか、また、何に高い優先順位を与えるか preference）と手持ち資源の賦存量《エンダウメント》（どのような技能を持つかも含めた手持ち資源の量とその組合せ）によって説明される。もし女性への差別があるとすれば、それは「不合理」で、「低位の報酬」に直結する。したがって、この観点からすれば、市場を重視する自家消費用生産の商品化や利潤動機を強化する経済改革は女性に有利に作用する（Becker 1965）。

しかし「相違」は差別の隠された形態であり、ジェンダーに「中立的」に見える場合でも、概念化に当って、ジェンダー・バイアスが反映される場合が多い（「男性に有利に働くバイアス」）。「男性バイアスは、理論がジェンダーとしての女性と男性の間の不平等に適切な考慮を払わないことから生じるのである」[2]（Elson 1995e：99）。八〇年代の後半には「ジェンダーと開発」に関心を抱く研究者たちは、開発過程や開発政策を含むマクロ経済政策の変更過程で生じる経済量の変化（たとえば、食糧への補助金の削減）が世帯へ影響する場合、その影響の仕方にはジェンダーによる非対称性（ジェンダー・男性バイアス）があることをすでに明らかにしはじめていた。交渉力モデルの考え方とジェンダー分析を統合しながら、「新しい家計の経済学」へ根本的な批判を投げかけ、とくに貧困層の女性への過大な負担増（生じるかも知れない便益増に比して）を論じた業績が多数出版されている（たとえば、Dwyer and Bruce 1988, Beneria and Feldman 1992, Bakker 1994）。家族は「対立のない」制度ではなく、むしろ家族成員は「協力を指向する対立」(cooperative-conflict) 関係にあると規定され直している[3]（たとえば、Dwyer and Bruce 1988, Sen, A. 1990, Beneria and Feldman 1992）。

前述の諸々のマクロ「政策変更」のうち、本章の文脈から最も重要なのが、とくに途上国の貧困層の女性に与えた厳しい負の影響で世界的な関心を呼んだ「構造調整政策」（SAPs：Structural Adjustment Policies）である。SAPsとは、一九七〇年代の後半から経済危機に直面しはじめた途上国が、八〇年代に入ってそれから脱却するために受け入れた、IMF（国際通貨基金）や世界銀行からの融資条件としての経済政策の総称である。危機は通常、膨大な財政と国際収支の赤字という形で表面化する。したがって、いずれのSAPsも、具体的な政策として次の三つの政策手段を持っている。(1) 公共支出の削減・信用《クレジット》統制・実質賃金の抑制などの総需要の抑制、(2) 外国為替相場の切下げをはじめとする価格の歪みの是正、(3) 金融制度や貿易体制の自由化など長期供給体制強化のための改革、である。

一九七〇年代の中頃から活発な展開を見せた「開発と女性」（WID）論とその後に展開される「ジェンダーと開発」論（たとえば、村松 1994 および本書第二章）の初期には、その主たる関心は、個別の開発プロジェクトがいかに女性の経済状況や地位を直接改善するかであった（たとえば、開発とジェンダー研究会 1993）。そして八〇年代半ばに至る一〇年間のプロジェクト実施経験の積み重ねが、ODA（政府開発援助）によるとNGOsによるとにかかわらず、一定の成果を現わしはじめた時に、ラテンアメリカやアフリカの多くの途上国で、マクロの経済政策改革であるSAPsが実施され、一夜にして貧しい女性たちの積み上げた努力の成果が、押し流されてしまうケースが続出した（村松 1999, Muramatsu 2000a)。

(2) マクロ／メゾ段階のジェンダー分析

そこから前述のように、初期の主としてミクロ段階でのジェンダー・男性バイアスにもとづく男女間の経済的不平等分析を超えて、開発を含むマクロの経済政策・経済学とジェンダーの平等・不平等の関係を問う動きが出てきた。それまでのマクロ経済分析やマクロ経済学では、貨幣的集計量で示されるマクロ諸変数（GDP、貯蓄・投資、輸出・輸入、財政収支、国際収支、効率、生産性のような）はジェンダーとは無関係で、ジェンダーに中立的であると捉えられていた。たとえば、一単位の投資は一単位の投資であって、そこには何らジェンダー問題が入り込む余地はないとの理解である。現在では、どのようなマクロ経済政策が採られるかによって、所得や生産的資源や生産的機会、健康や教育へのアクセスに見られるジェンダー格差が縮小したり拡大し、また結果として経済全体に違った影響を与えることが認識されるようになっている。一単位の投資がどの部門に何のために投資されるのか（たとえば、女性の未熟練労働者が多く就労する成長速度の遅い低生産性の労働集約的産業に何を目的として投資されるのか）によって、そのジェンダーに与える効果だけでなく集計量としての経済諸変数にも違った影響が生まれるのである。マクロ経済をジェンダー・レンズを通して分析することによって、ジェンダー不平等が経済政策の成果を制約することが明らかになる。

このように、マクロの経済政策の効果がミクロ段階へ浸透してゆく過程で、ジェンダーによって非対称的な影響が生み出されるならば、経済分析も既存のマクロ：ミクロの二分法では不十分となり、新たにこの二つのレヴェルの中間にある「メゾ」段階の分析が必要となってくる。マクロ政策がミクロの経済活動（家計や企業における）の場へ具体的な経済現象として到達する中間段階の過程で仲介的に機能する、各種の市場（労働、資本・信用など）という制度や、公共サーヴィスの供与（補助金による政府あるいは関連機関による無料の初期医療サーヴィスか有料サーヴィスか）というメゾ段階でのジェンダー・男性バイアスも注目されることとなる。ジェンダーに基づく価格の歪みや、開発を制約し政策手段の選択を制約する制度上の障壁などが、この種のバイアスである。こうして、経済変数そのものだけでなく、経済活動がその中で営まれる社会経済の枠組や制度の中にあるジェンダー・男性バイアスも問い直されなければならない。それらを取り去って初めて、社会的バランスと両立するマクロ経済バランスや、人間開発と両立する経済成長が達成できるのである。

本章では、「ジェンダーの不平等を小さくすること自体が目標であるだけでなく、それは持続的で公正な経済成長をも促進する」との前提で論を進めたい。ジェンダーの不平等がどのように資源配分の型を歪め、開発目標の実現への制約となり、経済的・社会的転換の障壁となるのか。また開発援助の観点からすると、どのような援助が他の開発目標の達成にも有効であり、かつまた、途上国政府にジェンダーに基づく価格の歪みを是正したり、政策手段の選択を制約する制度上の障壁を小さくする誘因を提供できるのか。途上国にはジェンダーの不平等だけでなく、他の諸々の不平等があるが、ここでは議論をジェンダー不平等に限定したい。

2　マクロ経済政策とその成果に現われるジェンダーの非対称性

マクロ経済政策のジェンダー分析に入る前に、まず、具体例として前述のＳＡＰｓによる三つの政策変更が家計（世帯の中の個人ではなく家計全体）に影響を及ぼす四つの筋道を明示しておこう。

1　賃金と雇用水準の減少（雇用者の場合）か、製品価格と需要量の低下による所得の減少（自営業主の場合）。
2　食糧のような重要な消費財の価格上昇。
3　社会サーヴィスの受益者負担の導入・値上げを含む、公共支出の水準と構成の変更。
4　労働の時間延長と強化、仕事の安定性、付加給付、法規制緩和などの変化による労働条件の悪化（貨幣的報酬の有無にかかわらず）。

政策変更の影響はすべての世帯に一様に生ずるわけではない。正負の純効果は、ジェンダーだけでなく、階層・階級、民族などによって影響される。一九九七年のアジア経済危機の場合には、エルニーニョの影響がこれらに加わった。すべての要素の相互作用の結果で純効果は違ってくる。重要なことは、どの集団にも共通に見られる、女性へのより深刻な負の影響である（たとえば、Dwyer and Bruce 1988, Beneria and Feldman 1992, Bakker 1994, Hoeven and Kraaij 1994, ESCAP 1999）。世帯支出のうち、食費、医療費、教育費などが削減される場合には、女性や女児への支出が男性や男児のそれを上回って削減される。受益者負担が導入されたり引き上げられると、女性や女児の医療サーヴィスや教育へのアクセスがより大きく制限される。これらの財・サーヴィスの購入資金が減らされる分、女性の不払い《アンペイド》の労働時間が長くなる。女性たちはさらに、物々交換や小商いも始めて実質消費水準の低下をくいとめようとする。

世帯所得が減少し価格が上昇すると、女性たちは家族の生存戦略をたて直して新事態へ対処する。負担はより多く女性が担うのである。ここに世帯段階でのＳＡＰｓの影響のジェンダーによる偏り《バイアス》、すなわち女性に不利にはたらく、ミクロ段階での男性に有利にはたらく偏り《バイアス》がある。市場向けの経済活動を対象として発動されるマクロ経済政策が、本来、コントロールの対象としていない女性の「不払いの労働時間が長くなる」ことで、政策効果を挙げることである。この点に関しては後述する。

こうして、マクロ経済学やマクロ経済分析、とくに、SAPsが前提とする「ジェンダーへの中立性」は、人的資源の生産・再生産と維持に関わる「隠された」一組の仮定の持つ含意を正当に認識しないことから生れる、ジェンダーによる偏り《バイアス》（非対称性）の現われである。すなわち、⑴ 固定的性別役割分業、⑵ 人的資源の生産と維持に関わる不払いの家庭内の労働、⑶ 世帯内での諸々の不平等、である。マクロ経済変数は一般に集計貨幣量で示され、ジェンダーに中立的に見える。しかし、マクロ諸変数が動員できるのは貨幣化された資源や生産物のみである。しかもマクロ諸変数がメゾ・レヴェルを経てミクロ・レヴェルへ到達するその過程で、ジェンダー・バイアスによる不平等は増幅する。したがって、ジェンダー不平等を生むこの一連の連鎖を構造問題として捉える必要がある。

3　調整過程としてのメゾ段階ではたらく男性バイアス

市場が完全に機能する新古典派経済学にあっては、不適切なマクロの政策介入（財政金融政策）がない限り、メゾ段階に正しい信号が届き、ミクロ・レヴェルの均衡が達成される。誤ったマクロ政策の介入がある場合には、すべてのレヴェルで不均衡が生じ、均衡回復には政策変更が必要となる。しかし現実には、ケインズが指摘したように、マクロ・レヴェルの活動がメゾ・レヴェルの均衡を導くように価格の仲介機能がはたらくとは限らない。男性バイアスが、ジェンダーの平等や社会的に効率的な資源配分を妨げるように、メゾ／ミクロ・レヴェルでも機能する。たとえば、教育、技能、情報、資産所有などにジェンダー不平等がある場合である。この含意は、経済主体が（男女ともに）どのような環境の下でどのような動機で活動するのかを正しく同定した行動仮説にもとづいてマクロ経済戦略と政策が策定された時だけ、それらが効果的となることである。この「環境」「動機」が男女で大きく異なるにもかかわらず、主流派経済学では、男女共に「合理的決定を行う経済人」と仮定されている（Ferber and Nelson 1993）。

メゾ段階では、価格形成を行ったり生産を組織する市場の働きは、契約の不完全さ（incompleteness）を補う社会規範や制度規範の働きに依存している。「すべての市場を取り巻き、またその構造を形成する非市場的関係は、人々がその条件をもって市場に参加するその条件を考えるとき極めて重要になる」（Mackintosh 1990：182）。メゾ・レヴェルでの市場と公共機関の働きを見ると、それらの働きと密接に関係する社会規範やネットワークを通して諸関係はジェンダー化されている。一般的に女性の取引費用が高いのは、ビジネスの担い手として十分な教育・訓練を受けていないとの社会通念、「ビジネスは男の仕事で女の仕事ではない」という、男女の階層化された関係にもとづく根強い固定的性別役割分業観に原因がある。このように女性の取引費用がより高いのは、市場に男性バイアスがかかっているか、そもそも市場が存在しないか（たとえば、人間の再生産と人的資源生産）のいずれかである。これは「市場の失敗」であり、市場の働きにまかせておいては是正されない不平等の原因である。「ある範疇の個人には、市場への参入《エントリー》に厳しい社会的障壁があるか、あるいはそれが公然と禁止されている」（Palmer 1995：71）。

また、新しい経済状況に即座に合理的に対応するために、経済主体は情報と可動性を必要とする。しかし、すでに見てきたように、既存の社会規範とネットワークは、女が男と同様に経済的機会を利用する能力を制限している。女性の市場への参加は、新古典派の「選択論」の枠組では説明しきれない。さらに、経済活動の自由化と地球規模化《グローバリゼーション》とともに生み出された女性の大量の失業は、経済危機の時点だけでなく今後の課題でもある。このような状況のもとでは、新しい競争による効率性という考え方は、失業と貧困を悪化させる、負の（あるいは、高くつく）外部性を生むことになる。効率性からの利得は少数の個人に帰属し、損失は社会が蒙ることになる。

公共支出の削減というマクロの政策改革は、一方で公共住宅の建設からダム、道路、発電所の建設というハードな物的社会資本の投資の削減、他方で健康や教育のようなソフトな公的サーヴィスや個人向けサーヴィスの縮小の形をとり、この総需要の抑制と同時に「価格の歪み」から生ずる資源の浪費を正すために実施される。この相対価格の変更から女性はより大きな影響を受け、結果として、金銭的補償なしに人的資源の再生産と維持のために女性の不払いの労働を強化する。こうして女性の再生産労働は、使用料無料の公共財として扱われるのである。これは当然、稀少資源の「社会的」非効率配分を意味するが、ではどのような価格付けが必要なのか、誰が支払うべきかについては、議論はまだ熟していない。(4)

4　マクロ段階ではたらく男性バイアス

メゾ段階と同様に、マクロ経済学の基本的な概念化も分析枠組をジェンダー化するのに役立たない。マクロ経済学は集計経済変数だけを問題にし、そこには男も女も現われない。しかし、人間は次世代を生み育て再生産しなければならないが、この活動（労働）は、どのような意味においても集計的貨幣量に関連づけられていない。したがってマクロ段階では、貨幣の資源動員力は不完全であることが政策策定時に勘案されなければならない。貨幣は人間の労力を価格と賃金を通してのみ動員し、人間労働力の再生産と維持のための資源は直接動員できない。これは、人類の生存に必須の「世話《ケア》をする経済（caring economy）」の重要性の看過につながる、人口、健康、教育のような「再生産経済」の人的集計量の無視である（Elson 1995e：100-101）。

エルソンが指摘するように、ジェンダー関係における男性バイアスは、再生産労働の負担は主として女性に、特に女性の不払いの労働にかかることを意味している。貨幣化された経済と、不払いの労働による貨幣化されていない（非貨幣化）経済の間には相互依存関係がある。すなわち、女性の貨幣へのアクセス（得る力・機会）はジェンダー関係によって構造化され、貨幣経済へのアクセス（参加）は貨幣化されていない（非貨幣化）ジェンダー関係を破壊し、新しい形態のジェンダー関係を生み出す傾向を持つ。そこでは、男性バイアスは貨幣形態で表現され、この相互依存性の性格は、利潤を生み出すことと基本的必要《ニーズ》を満たすこととの間の、また人間を維持する費用と人間存在それ自体の間のバランスによって変化する。市場経済の相互依存性は個人契約と貨幣関係では十分に規定できなくなり、国家や地域社会の仲介を必要とする。国家や地域社会の介入は、窮乏と社会の崩壊を避け、貨幣経済の生産性上昇を促す人的開発を高めるために必須となる。経済活動のグローバル化はいっそうの自由化と市場機構の信頼を重視するが、人間開発の促進には国家や地域社会の適切な介入が必須となる（再生産経済と私的商品経済については本書第六章図6-1、6-2を参照）。

マクロ経済政策は、一般に、再生産経済の維持は、無限に弾力的な女性の不払いの労働供給によって可能になると暗黙裡に仮定している。これがSAPsが女性に厳しく作用する一つの理由である。政府の介入を最小にして自由な市場諸力を強調するSAPsは、これが再生産経済に与える影響を全く無視している。この点において、公的サーヴィス削減政策は、社会の負担を女性に転嫁することを意味している。ジェンダーの平等を促進する公共部門再編政策は、人間開発を促進するサーヴィス利用者の立場で行われるべきである。

イングリッド・パルマー（Ingrid Palmer）は「社会的に仕組まれた（再生産）労働税（socially engineered lavour tax）」概念を提起している。「すべての税と同様にこれは資源配分に影響する。当該ケースでは、報酬が得られ生産増加に投入される女性の労働時間は罰金の形で課税されている」（Palmer 1995：74）。公共の社会サーヴィス支出の削減がそれを増加させ資源配分のいっそうの歪みに導くことから、SAPsは女性への労働税に該当する。このような課税は社会の最適な資源配分を歪めており、私的効率性から社会的効率性への効率概念の転換が必要となる。女性を市場経済に統合し女性の競争力を強化することが女性の経済的地位の改善の必要条件であるとしても、十分条件ではない。経済にある男性バイアスは、性差別を生み出すだけでなく、市場が女性の稼得活動と「世話《ケア》」活動を無理に両立させる方法を作りあげることにも関わっている（Staveren 1995：9）。

女性、少数派《マイノリティ》、老齢者、障害者など、すべての「弱者」が可能なかぎり公平に経済活動に参加し、その成果を受け取るべきである。そのためには、経済制度、機関・機構だけでなく社会制度、機関・機構も透明性と民主的諸原則を持たなければならない。このような新しいシステムのもとでは、国、企業、市民社会（ＣＳＯｓ）、個人が、人間の福利を最大化するのに最適な協力の形を見出す必要がある。これこそ正に、人間を中心に据えた社会開発を目指す社会建設の基本概念である。

5　ジェンダー統計の必要性と国際協力

ミクロ・メゾ・マクロのすべての段階で働くジェンダーに非対称的な影響は、「定型化された事実《スタイライズド・ファクト》」としてＧＡＤ研究者や実践家には認められている。しかし多くの場合、「適切で正確」な統計資料《データ》を欠くため、「情緒的感情的であり、エピソード的事例の提示にすぎない」との批判を受けがちである。確かに信頼に足るジェンダー別統計資料は少ない。この問題はすでにメキシコ市で開催された、一九七五年の国際女性年世界会議で課題として取り上げられ、その後、国連女性調査訓練研修所（ＩＮＳＴＲＡＷ：United Nations International Research and Training Institute for the Advancement of Women）が改善に取り組んでいる。男女別労働力率や失業データを除いて、男女別賃金をはじめとする労働条件や労働市場の動向、さらに、男女別の生活・福利状況などを詳しく知ることは難しい。一国あるいは一地域レヴェルでの世帯内の資源配分データは得られない。経済生活におけるジェンダーの平等・不平等を分析するためには、ジェンダー統計の整備が急務である。今日では、単に男女別の統計資料だけでなく、それによってジェンダーの不平等が浮かび上がってくるような統計を「ジェンダー統計」と名づけている。

ジェンダー統計の整備の関係で触れておきたいのが「時間予算《タイム・バジェット》（time budget）」、時間利用《タイム・ユース》（time use）」データである。これは、一日二四時間を個人がどのように使ったのかの記録である。日本では「生活時間調査」として、ＮＨＫが情報を集める形で始められ、今日では、総務庁（当時）の「国民生活基本調査」も五年ごとに実施されている。

現在ではこの方法は、とくに市場の貨幣評価の対象にならず、「不可視」の労働である家庭内での人の世話《ケア》をしたり、地域社会の維持や活性化のための労働を貨幣を使わずに評価するのに利用されている。経済企画庁（当時）は平成七年（一九九五）に初めて日本におけるこの労働部分の貨幣評価を実施し、将来の、国民所得勘定の衛星《サテライト》勘定への計上に道を開いた。しかし人々の生産・再生産の両活動を統合的に捉え、真に人間を中心に据えた成長や開発を構想するためには、年齢・ジェンダー・その他で異なる、家族の成員全員の非貨幣的活動、家庭内の資源配分も含めて生活実態を把握分析する必要がある。

ジェンダー統計の整備はすでに生活時間の記録のような個人生活領域を超えて、一国の経済活動のジェンダー分析に拡大されている。たとえば、オランダ政府の資金援助を得てマンチェスター大学（当時）のダイアン・エルソン（Diane Elson）のグループが、ウガンダ、ニカラグア、パキスタンの三カ国について「ジェンダー視点に立つ国別経済報告書（Gender Aware Country Economic Report）」を作成している（Elson, Evers and Gideon 1997）。ここでは生産・再生産両分野の活動をジェンダー視点を入れて分析することが試みられている。たとえば、一国のマクロ「生産経済」の姿を産業別ＧＤＰで捉える場合、そこに男女の就業比率で測定される「ジェンダー集約度（gender intensity）」を加えることによって、総生産という一見ジェンダーに中立的な響きを持つマクロ・データにジェンダー要素を持ち込んでいる。ここから、どの産業がどちらのジェンダーにより集約的に担われているか、それがその産業部門への、たとえば投資量とどのような関係を持っているか、あるいはジェンダー集約度を加味して輸出産業をみると何が見えてくるかなど、簡単な工夫で興味ある事実を提示している。これはマクロ・レヴェルで試みられるだけでなく、メゾ・レヴェルでも数値として示される。たとえば、労働市場でのジェンダー格差は賃金格差で、融資の受けやすさの（資金市場へのアクセス）格差は、ジェンダー別融資決定比率で、また、販売の難易（生産物市場へのアクセス）格差は出荷比率で示されている。もう一つのメゾ・レヴェルである公共部門のサーヴィスに関しては、それぞれの部門への開発支出配分比率があればそれを利用する工夫がされている。すなわち、情報《データ》がないと決め込むのではなく、まず利用可能な情報《データ》を使うことから始めている。

「ジェンダー視点に立つ国別経済報告書」の試みはこれだけではない。経済上の方針決定、予算配分を含む政策過程とそれへの応答が、マクロ、メゾ、ミクロの三段階で試みられ、また、ジェンダーの不平等が発展の障害として作用する様を、たとえばジェンダー差別にもとづく女性の時間価値の低さを例に挙げて論じている。これらはまだ初期的試みにすぎないが、ジェンダーの平等と経済発展の間に正の関係を見つけ、それを積極的に利用して人間を中心におく開発を指向する姿勢が明確に打ち出されている。

この報告書の中で、いかに援助供与国が途上国のジェンダーの平等を指向する開発を支援しうるかが論じられているが、日本の政府開発援助（ＯＤＡ）の中にも、まだ始まったばかりとはいえ、評価しうるプロジェクトがある。例を挙げれば、アジア工科大学院「ジェンダーと開発講座」の支援である。一九九四年以来継続しているこの支援は、年額五万ドルと大型プロジェクトと比較すると貨幣額は小さいが、男性優位のアジアの工学系大学院大学（ＡＩＴ：Asian Institute of Technology）での、「ジェンダーと開発」の専門家の養成は特別の意味を持つ。ここでは「ジェンダー分析」の重要性が認識され、マクロを含む新しいジェンダー分析の方法が模索されている（日本のＯＤＡのジェンダー主流化に関係するプロジェクトについては、本書第三章3を参照）。ＯＤＡを通しての援助受領国の男女平等を支援するためには、日本における男女平等が実現されることが必須であり、とくに、マクロ経済政策へのジェンダー視点の導入と、その前提としてのジェンダー統計の整備が急がれる。

注

（1）　*World Development*, Vol. 28, No. 7（2000）は、「成長・貿易・金融とジェンダーの不平等」をテーマとする特集号である。その序章で、この特集号の編者たちは、何故このテーマが時のテーマとなったのか、一九九五年の同誌の前回のジェンダー特集号（vol. 23, No. 11）からの理論的実証的研究の深化の状況、さらにはこのテーマをめぐる種々の研究の進展にも言及している（Cagatay, Elson and Grown 1995）。

（2） エルソンは、男性バイアスは女性だけがその存在を主張するとの声に応えて、アマルティア・セン（Sen, A. 1990）の説明を引用している。「何がバイアスだろう。それは根拠のない、あるいは正当化しえない非対称性である。開発過程の成り行きを見ていると、そして世界の至る所に見られる男と女の生《なま》の経験を見ると、ジェンダーの非対称性を示すのに何の問題もない。議論があるとすれは、その非対称性の根拠のなさや不当性の程度についてである」（Elson 1995d：3）。なお、ジェンダーと開発論からベッカーへの初期の本格的批判として最も有力なのがフォルブレによる批判である（Folbre 1986）。

（3） 多くの場合、家族を形成して資源を集め、そこからの成果を分けあって生活するのが家族全体の厚生を高めるが、状況が非常に厳しい場合には、とくに主たる稼ぎ手にとっては、自己利益を守るために家庭を崩壊させることを選ぶかもしれない（Agarwal 1992, Sen, A. 1990）。

（4） 公共財とは、社会的に必要不可欠であるが、個人Aのその財・サーヴィス（灯台の光）の消費がBの消費を排除せず、また料金を支払わない個人がそれを消費することを防げないような財・サーヴィスをいう。したがって私企業では供給できず、税金あるいは利用量と無関係な人々の負担で提供されなければならない。

第六章　マクロ経済学のジェンダー化を目指すジェンダー予算

――概念、経験と課題――

はじめに

マクロ経済学の研究調査・実践の最前線の一つに「ジェンダー予算《バジェット》(gender budget)」がある。「ジェンダー予算」は、とくに、一九九五年北京で開催された第四回国連世界女性会議(北京会議)以降、開発途上国であると先進国であるとを問わず実践されはじめており、人間中心の持続可能な開発・発展を実現するうえで必須の概念である。(1) 本章の第一の目的は、まだ日本では馴染みの薄いこの分析概念を提示することである。ここで方法論上重要となるのが、通常の予算分析と異なり、必要に応じて、「生産」概念に「無償労働による非市場向け生産」をも包摂することである。第二は、先行事例に見られるジェンダー予算の影響とその含意を検討し、次の段階に進むための課題を探ることである。

ジェンダー予算は、後述のように、現在ではジェンダー平等社会を実現するための「ジェンダー主流化」の強力な手段と位置づけられ、すでに、イギリス、カナダ、オーストラリアなどで実施され、アパルトヘイト後の南アフリカ共和国(南アフリカ)や多くの途上国で有効性が実証されはじめている。

本章では、とくに、ジェンダー問題をその分析枠組に全く取り入れていないマクロ経済学にジェンダー視点を導入する「導入点(entry point)」という視点から問題を捉えたい。同時に、日本での実施を視野に入れ、さらに、途上国の開発支援である日本のODAへの適用も考慮しながら、ジェンダー予算を検討する。予算という政策手段をどのようにジェンダー平等という政策目標達成に効果的に使うか。現在の「構造改革論議」においては、「諸改革」とジェンダー平等は明確に関連づけて論じられていないが、この課題は近い将来、政府、議会、民間企業、また、個人やNGOs・CSOsにとっても避けて通ることのできない重要課題になるはずである。

1　日本政府のジェンダー平等政策

一九九九年六月、「男女共同参画社会基本法」が公布・施行された。基本法を受けて閣議決定された「男女共同参画基本計画」（基本計画、二〇〇〇年一二月）は、施策の方向と二〇〇五年度末までに実施する具体的施策を提示した。これは一九七五年の国連女性年以降、日本政府が行った国際的誓約《コミットメント》の履行を包括的に公式表明したものであり、直接には一九九五年の北京会議で採択され日本政府も批准した「北京行動綱領」（「行動綱領」）、さらにはその実施状況と有効性を評価し、新たな行動を促すために開催された二〇〇〇年の国連特別総会で採択された「成果文書」をふまえた行動計画である。

基本法は、男女共同参画社会の形成を「二一世紀のわが国社会を決定する最重要課題」と定め（前文）、国・地方公共団体の役割を規定し、私企業部門を含む社会のあらゆる分野での国民の寄与を責務としている。基本計画で提示された男女共同参画社会とは「女性も男性も、互いにその人権を尊重し、喜びも責任も分かち合いつつ、性別にとらわれることなく、その個性と能力を十分に発揮できる豊かな社会」であり（第一部、「基本的考え方」第二パラグラフ）、国際的には「ジェンダー平等社会」と表現される社会である。基本法も基本計画も、その制定・策定が国際的誓約の履行であることを反映して、国際社会との協調の中でのジェンダー平等社会の実現を表明している。基本計画は一一の重点目標の最後に「国際規範・基準の国内への取り入れ・浸透」と「地球社会の『平等・開発・平和』への貢献」を謳い、国内におけるジェンダー平等と同時に、開発途上国のジェンダー平等へも開発支援を通して協力することを表明している。(2)

開発協力を通してのジェンダー平等支援は二〇〇三年八月二九日閣議決定された新しい「政府開発援助大綱」（ODA大綱）にも明記されている。新大綱ではジェンダー平等支援が旧大綱より積極的・明示的であり、旧大綱での「政府開発援助の効果的実施のための方策」一五項目の第一二番目の位置づけから、新大綱では、一段高く「基本方針」の中の「公平性確保」として「理念」の中に位置づけられている。

2　ジェンダー予算とは何か

本章ではこれまで三通り（英語では四通り）の呼称を持つ「予算のジェンダー分析」関連概念を「ジェンダー予算」と総称して扱う。三通りの呼称とは、①「女性予算（women's budget）」、②「ジェンダー予算（gender budget）」、③「ジェンダー視点に立った予算ⅰ（gender-sensitive budget）、ⅱ（gender-responsive budget）」である。(3)

⑴　「ジェンダー予算」分析とは

「ジェンダー予算」とは、一国の総予算とは別の「女性用予算」ではない。それは、一国の総予算を「ジェンダーの平等」という視点から分析し、現実の予算が果たしてジェンダー平等政策を推進するように配分されているか、あるいは、配分が既存の男女間の不平等を縮小する効果をもつのか逆に拡大する効果をもつのか、さらに、ジェンダー平等社会形成への社会（とくに女性が不利な状況に置かれているとすれば）の必要《ニーズ》を満たす予算配分になっているかなどを査定・評価する手法である。歳入・歳出の両側面からの分析が可能であるが、統計を含む必要な情報量《データ》と社会的分析能力の蓄積度の違いから、歳入面の分析は、ほとんど欧米先進国での実践に限られている。[4] 予算サイクルのどの段階で査定・評価し、またどのように次の予算策定過程へ還元させるかなどは、後述のように多様な形をとる。政策の直接的効果だけでなく副次的効果や波及効果（アウトカム）、間接的費用等を問題にする評価であり、政策・施策の「総合評価」の典型といえる。評価結果をふまえた予算作成がジェンダー予算分析の目的ではあるが、予算と評価の「連携」と「一定の切断」問題はここにも該当する。[5] ジェンダー予算は「予算」を前提にした評価ではなく、基本的には直接目標は過年度の実績評価である。しかし、評価は次の政策形成に反映されて初めて積極的意味をもつ。北京行動綱領はジェンダー予算を「ジェンダー主流化」の手段と位置づけている。

ジェンダー予算が多くの国で実施される背景には、予算編成が実績主義から業績主義へ移行していること、市場機能重視の小さな政府論のもとで財政支出削減が断行されているという、二つの世界的な潮流がある。日本では前者の動きはまだ決定的にはなっていないが、財政改革はその直中にある。

予算を特定のグループへの影響に敏感になって分析する試みはジェンダー予算だけに限らない。国際レヴェルの試みとしては、今日では環境政策や途上国の貧困削減政策の分野でも「貧困緩和（pro-poor）予算」「環境調和的（en-vironment-sensitive）予算」として応用され始めている。[6]

(2) なぜジェンダー分析が必要か

これまで、国の政策・施策が特定のグループのために策定されても（たとえば、企業課税の減免政策をとってみても）、最終的にはその社会全体への効果はプラスになると想定されてきた。しかし実際には、国民が異質の集団から構成されている限り、それぞれの集団は政府予算から固有の影響を受ける。社会・経済的役割や地位・状況が大きく異なり、とくに、ジェンダーによる固定的な役割分業が根強く、市場向け生産（「生産部門」）活動と家庭内・地域内での無償（unpaid）労働による生産（「再生産部門」）活動の担い方に大きなジェンダーによる偏《アンバランス》りがある場合には、ジェンダーの平等に関わる政府の「特定の」政策・施策・活動だけでなく、「一般の」施策や活動の影響も、ジェンダーによって大きく違うことになる。世界のいたるところで、有償労働と無償労働は相互依存関係にありながら、その担い方にはジェンダーによる固定化されたアンバランスがある。いわゆる「固定的性別役割分業」である。

したがって、国の男女平等政策実現に向けた施策やプロジェクトが目的どおりの成果を生むためには、十分な資源・財政資金の投入（input としての予算措置）が必要だが、この配分は男女に異なる影響を与えることを勘案した結果でなければならない。ジェンダー平等を直接の目標としない「一般」の施策やプロジェクトでも（この配分がだいたい予算総額の九五％以上である）(7)、あるいは「一般」の施策やプロジェクトであるからこそ、そのジェンダー関係への審査・査定・評価等が必要である。これをふまえて決定されるのが政府予算であり、そのために予算に注目するのである。現在最も包括的なジェンダー予算を実施している南アフリカのジェンダー予算運動・研究のリーダーの一人、デビー・ブドゥレンダー（Debbie Budlender）は、「すべての政策は適切な予算措置を得てしか有効とならず、予算戦争は、政策やそれが基礎とする原理の上に戦われる時にのみ勝利を収める」といっている（Budlender 1996：8）。

(3)　ジェンダー主流化の手段としてのジェンダー予算

世界のいずれの国においても、予算配分決定の背後には大きな政治・経済諸力がある。とくに社会・経済活動領域で絶対的に力《パワー》が不足している女性たちは、この決定過程への参画が限定され、そのニーズを予算に反映させるのが難しい(8)。この状況を変え、政府の施策の企画・立案、実施、実施後の見直しなどの各段階に男女平等視点を組み込むことが、北京会議以降「ジェンダーの主流化（gender mainstreaming）」として強調されている。ジェンダー予算分析はこの主流化の有力な手段とされ、現在世界のほぼ五〇カ国で実践されている。国家予算全体を扱う事例（オーストラリアや南アフリカの「女性予算」）から、影響の大きい省庁予算だけを取り上げ重点的に分析する事例（ケニアやルワンダをはじめとする英連邦圏の多くの途上国の「ジェンダー視点に立った予算」）、あるいは地方政府の予算分析（南オーストラリア州やフィリピン地方都市の「ジェンダーと開発（GAD）予算」、さらには、カナダの代替予算グループが行った軍事予算とその代替予算のジェンダーに与える影響調査など、多様である[9]（たとえば、Budlender et al. 2002, Budlender and Hewitt 2002, Judd 2002, Sharp 2003）。イギリスではブレア政権の政策策定や予算編成に提言を行う「女性予算グループ」の分析と、その結果の予算配分への陳情活動がある。[10]日本では男女共同参画会議・専門調査会が影響調査に取り組んでいる。[11]

このように、ジェンダー予算は政策論議からすると、基本的には、ジェンダー課題の主流化（mainstreaming）に関するものである。ジェンダー課題を特別の「利害集団」としての女性のための個別施策として扱うのではなく、すべての国家政策・計画・施策の中に適切な予算配分と歳入への貢献を確実にしながら統合する手段なのである。しかし、予算配分や歳入への貢献がジェンダー視点から適切か否か、配分された予算がジェンダーを含む社会の諸集団にどのような影響を与えているかの評価の基礎となる、ジェンダー統計が整備されていないと、本格的実施は困難である。ジェンダー予算の有効性の議論は、おそらく日本では、導入が決定された行政評価に直接関わる新しい評価指標の開発とも関連するだろう。もし実行されれば、行政評価の中でもジェンダーの主流化を実現する大きな一歩となり得るのである。[12]

3　ジェンダー予算分析の展開過程と多様性

(1)　ジェンダー予算分析の展開過程——マクロ経済政策のジェンダー化への導入点

国の歳入・歳出政策（徴税・支出政策）の型の違いがジェンダーによって違った影響を与えるという事実は、一九八〇年代の中頃まで、政府、官僚、政策分析者からはほとんど注目されなかった。とくに、マクロ経済政策変数としての予算は、ＧＤＰ（国内総生産）、総需要・総供給、貯蓄・投資、財政収支、輸入・輸出、国際収支、外為替レートなどのマクロ経済変数と同様に、ジェンダーに「中立的」と仮定されてきた。予算は貨幣額で示され、一見ジェンダーに「中立的」である。しかし、多くの社会で男女の役割、責任、対応能力は異なり、予算の効果・影響も性別で異なることが多い。

ジェンダー予算という考え方は、マクロ経済政策が、たとえば、所得、健康、教育、栄養などの諸分野で既存のジェンダー格差を縮小したり拡大し、また同じジェンダーに属する人々であっても社会・経済階層が違えば、生活水準を改善したり悪化させたり、さまざまな集団に違った作用を及ぼすとの認識が高まるにつれて発展してきた。政府予算はマクロ経済政策の重要な政策手段であり、政策表明としての予算は、政府の社会・経済上の優先順位を歳入と歳出の組み合わせで示している（Budlender and Sharp 1998, Elson 1999, 村松 2002）。

一九八〇年代の中頃とは、途上国の累積債務問題が悪化し経済危機回避のためにＩＭＦ・世界銀行から融資を受け、そのために途上国が受け入れた安定化政策や構造調整政策が、とくに貧困層の女性たちに厳しい負の影響を与える事例が顕著になりはじめた時期である。男女に非対称的な形で生ずる負の影響は、一九八五年開催の第三回国連世界女性会議（ナイロビ女性会議）、とくに、それと並行して開催されたＮＧＯフォーラムで大きな関心と懸念を集め、それ以後、環境や人口・健康（後に「性と生殖に関する健康／権利」となる）と共に「ジェンダーと開発」問題として、世界の女性運動の対象となったのである(13)（Tinker 1990a）。

一方、ナイロビ会議の一年前の一九八四年には、ジェンダー予算実践の世界最初の試みが、オーストラリアの労働党フォーク（Robert Hawk）政権下で「女性予算（women's budget）」として発表された。この試みは政権の政治的自己利害から開始されたといわれるが、同時に、経済不況下で女性運動の焦点が健康・福祉から経済に移り、その力がさらに強くなった結果だとも分析されている。女性の地位向上を掲げたフォーク労働党の選挙公約を支持して投票した女性運動の担い手たちの支援に応えて、首相は強力な女性問題担当顧問アン・サマーズ（Anne Summers）を任命し、彼女にすべての閣議案件をチェックする権限を与えたのである。こうしてすべての省庁で、その施策が女性の地位向上に与える影響を分析・評価することが求められ、その結果が「女性予算書（women's budget statement）」として公表されたのである（Sharp and Broomhill 1990, Sharp and Broomhill 2002）。

このような途上国・先進国双方からの動きが核となり、次第に途上国の女性運動家・NGO活動家や研究者、さらにはOECD（経済協力開発機構）諸国の研究者・運動家らも加わった「マクロ経済政策のジェンダー化」の大きなうねりとなるのである（Cagatay, Elson and Grown 1995）。一九八〇年代の中頃から一九九〇年代の初めにかけて、DAWN（Development Alternatives for Women for a New Era）、WBG（Women's Budget Group）、GEM-IWG（The International Group on Gender, Macroeconomics and International Economics）、IAFFE（International Association for Feminist Economics）などのグループが組織され、マクロ経済学のジェンダー化や「ジェンダーと開発」分野の理論・実践面が強化された(14)。マクロ経済学・経済政策の「ジェンダー化」の一つの導入点（entry point）がジェンダー予算分析である（Elson 1999）。

(2) 「北京行動綱領」「成果文書」とジェンダー予算

「北京行動綱領」のジェンダー予算への直接の主要な言及段落《パラグラフ》を示しておこう。パラグラフ三四五は「男女平等を保障促進する政策・施策はその実施を可能にする十分な予算措置をもって策定されなければならない」という。パラグラフ三四六は「政府は公共支出が男女にどのような影響を与えているかを評価し、公共支出から男女が平等の利益《アクセス》をもつよう適切な予算上の調整を行うべき」ことを、同じくパラグラフ三五八は、これらが「国際協力を通して財源の乏しい途上国でも実現されるように政府開発援助（ODA）にこの方針が反映されるべき」ことを定めている。なお、パラグラフ五八は、マクロ経済政策がジェンダー視点から見直されるべきことを求めている。

さらに「北京行動綱領」実施状況を監視《モニター》し、一層の努力目標を明確にした二〇〇〇年の「成果文書」も、マクロ経済政策へのジェンダー視点の導入とともに、随所にジェンダー課題の主流化の手段としての予算のジェンダー分析に言及している。北京会議以降の加速する経済のグローバリゼーションのもとで、世界規模で進展する国別の経済実績や国内・国際的生活水準格差の拡大がジェンダーへの非対称性を伴って女性により厳しく影響していることが繰り返し言及されている。縮小した利用可能な資源・資金をジェンダーにより公平に配分するジェンダーの「公正」と、それらを効率的に利用する「効率」の両者を同時に達成するマクロ経済政策や予算のジェンダー分析を求めている（たとえば、パラグラフ三五-四〇、七三、七四）。

国際的誓約に沿ってどの程度女性の地位が向上し、ジェンダー平等への歩みが進展したかを評価することは、同時に残された課題の大きさを確認することでもある。その要件として浮かび上がってくるのが、それを実現すべき主体であり、必要な制度・メカニズムである。一国レヴェルでの主要な実行者は政府と民間企業であるが、政治・経済がグローバル化している現代では、国連をはじめとする国際機関、とくに途上国の場合には、ＩＭＦ（国際通貨基金）・世界銀行などの国際金融機関、ＷＴＯ（世界貿易機関）をはじめとする地域間・国際間の貿易上のルールを定めるＦＴＡ（自由貿易協定）も重要な役割を演じる。

本章が直接対象とするのは政府予算のジェンダー分析であり、それは政府の説明責任・結果責任を求める手段でもあるが、他の機関の説明責任・結果責任も明らかである。現在最も積極的に途上国のジェンダー予算支援を行っているのは、国連開発計画（ＵＮＤＰ）と国連女性開発基金（ＵＮＩＦＥＭ）である。後者は、とくに分析の理論と用具《ツール》の開発を女性の経済的エンパワーメントの側面から支援している[15]。ＩＭＦは機関としての関心を示していないが、世界銀行は試行的《パイロット》研究を始めている。国連機関に先駆けて途上国のジェンダー予算運動（GBI：Gender Budget Initiatives）を主導したのは英連邦事務局（Commonwealth Secretariat）である[16]。

途上国でのＧＢＩの分析の焦点は、歳入面よりも使い方である歳出面に置かれている（UNIFEM 2000, Judd 2002）。

途上国のジェンダー予算分析のほとんどは、援助供与国の財政的・技術的支援のもとに実施されている。作業には市民社会の代表としてのNGOs・研究者らの参加を求め、参加型の予算策定過程の試みを行っており、民主化と政府の説明責任《アカウンタビリティ》、良い統治《ガヴァナンス》を高める政治過程を重視している。同時に供与国にとっても、途上国のジェンダー予算支援はODAが途上国のジェンダー平等支援に使われていることを納税者に示す手段である（アカウンタビリティ）。

(3) ジェンダー予算モデルの多様性(17)

ジェンダー予算・予算分析モデルは多様であり、以下のカテゴリーのどの組み合わせで実施されるか、またどの分析ツールを利用するかによって、個々のGBIは違った形をとる。

＊誰がはじめるか（イニシアティヴをとるか）。政府、議会、NGOsか、あるいはこの中の組み合わせか。政府のイニシアティヴだとしても、主導するのはどの部署か。女性政策の国内本部機構か、関係省庁の女性（男女共同参画、以下同じ）政策担当者たちか、あるいは大蔵・財務省・予算作成責任省庁かコンサルタントか。

＊何が目的か。ジェンダーの公正と資源利用の効率が主目的としても、実施する直接の目的は何か。政府が自らの説明責任・結果責任と透明性を示すためか、議員が選挙民への説明責任と透明性あるいは民主的手続きとして行うのか、市民社会が政府の説明・結果責任や透明性を問い、予算作成過程への民主的参画を求めるのか。

＊分析対象とする予算の範囲は何か。国家、都道府県、市町村、小さい居住区か、あるいはODAか。歳出だけか、歳入も含めるのか。対象とする予算は全体か、特定の省庁予算か、あるいは特定の部門（たとえば社会部門）のみか。また、単年度予算を対象とするのか、当該年の前後三年、あるいは中期政策の枠組で捉えるのか。予算額か決算額か。

＊予算のどの段階《サイクル》で何を目標とする分析か。計画時の政策目標確認か、目標を満たすべき資金配分の監視か、資金の利用の監査か、どこまで成果が実現したかの事後評価か。

＊報告・発表形式。　とくに政府が行う場合には、予算関連文書の一部とするか、それとは別にするのか、予算案提出時の説明に含めるのか。予算編成に先立って影響調査をするのか、中間評価で補正を狙うのか。

＊政治的文脈。　全体の過程のどこに誰が関わるのか。誰が分析結果を利用するのか。誰が分析の資金を提供するのか。誰がジェンダーの公平に対する説明責任を担っているのか。抵抗勢力は誰か。ジェンダーは予算編成政策でどのようにして一般の（市民社会からの）論議を取り込みうるのか。

4　ジェンダー予算の機能的枠組と六つの分析ツール

⑴　原則と機能的枠組――監査・評価と計画・審査

上記のように、ジェンダー予算モデルは多様であるが、通常の予算と異なる一つの共通原則は、通常の予算ではそれぞれ個別の情報・知識として扱われる「ジェンダーの不平等」と「財政と公共部門の施策」についての情報・知識を接合していることである。これが、他の予算分析とジェンダー予算分析を区別する特徴である。それに加えてさらに二つの違いがある。第一は査定・評価の単位が世帯と同時にその中の個人であること、第二は社会の総生産活動として無償労働で生産される「再生産部門」の貢献を認めることである（Elson 2002：16–19）。

ジェンダー予算の機能的枠組は、もし予算全過程《サイクル》の最初を基点とすれば、まず、予算がついた活動の影響に焦点を当てて過年度の事後「監査・評価」を行い、これが次のサイクルの「計画・審査」に利用され、再びその年度の「監査・評価」につながる、という枠組である。

すなわち、取り上げられた省庁あるいは施策ごとに、投入（インプット）、活動、産出（アウトプット）、影響（インパクト）を「計画」と「実績」で照合する。インプットは配分された支出額の計画値と実績値である。簡単に例示すれば、活動は、健康や産業支援サーヴィス、社会的移転や徴税のような計画され実施されたサーヴィスである。対応するアウトプットは、それぞれ治療された患者、支援された事業、所得の増加、歳入増である。インパクトは、健康な人たち、競争し得る事業、貧困削減、国民所得の持続的成長である。いずれも情報《データ》不足の解決と監視機能の強化なしには特定も追跡もできず、これらもジェンダー予算の課題である。

ジェンダー予算分析は、「女性向け予算」だけでなく「一般予算」の分析が多くなり、それらは通常、ジェンダー平等を直接の望ましい影響・成果（outcome）と明示していない。しかし、主目的を達成しながら同時にジェンダー平等にどのような成果をあげ、影響を与えるかを問うことはできる。すなわち、①「計画された、あるいは実際に生じた影響は、ジェンダー平等を促進したか」、②「アウトプットは、女性と男性に公平に配分され、ジェンダー平等を実現するのに適切であったか」、③「活動は男女に平等に割り当てられるよう設計されジェンダー平等を達成するのに適切であったか」、④「インプットはジェンダー平等を達成するのに適切であったか」。

(2)　六つの分析ツール

監査・評価と計画・査定を行うための分析ツールもまた多様だが、これまでに大方の合意を得ている以下の六つを紹介する。通常の予算分析にない特徴的なツールについては、若干の説明を加えたい。具体的で詳細な個々の分析ツールと分析結果についてはさまざまな文献がある（たとえば、Budlender 1996, 1997, 1998, 1999, Budlender el al. 2002, Budlender and Hewitt 2002, Budlender and Sharp 1998, Judd 2002, Reeves and Sever 2003. また若干の具体例は本書の付録に収めてある）。以下はこれらの文献をもとに整理した。

1　ジェンダー視点に立った政策の事前審査（gender-aware policy appraisal）

このツールは、予算化された政策の意図された効果（たとえば次節で例示する南アフリカの土地改革政策）と、それがジェンダー課題に与える明確な、あるいは潜在的な影響を審査してジェンダー平等の視点からどんな政策が必要で、その限界は何かを特定する。その関連で、直接の政策目標の実現と同時に、ジェンダー平等を推進するのに適切な額の予算が充当されているかをチェックする。当該政策や施策がジェンダー不平等を縮小させるのか増幅するのかを問い、ジェンダー課題に取り組みながら政策の直接目標をより効果的に行うための追加的施策や代替的施策の提案にも道を開く。

この手法は政府が行う分析にも政府の外からの分析にも適用可能であるが、集計度の高いレヴェルの分析であるため、因果関係の連鎖を正確には把握できない難点がある。

[2] ジェンダー別便益の査定（gender-disaggregated beneficiary assessments）

このツールの目的は、公共サーヴィスの供給と予算配分の優先順位をジェンダー別に査定することである。予算に関する世論調査や態度調査を男女別に実施し、その結果を分析する。具体的には、現在の公共サーヴィス供給のあり方がどの程度、国民または市民男女のニーズを満たしているか、予算配分型と市民男女が望む予算配分の優先順位が合致しているか、などを調査・分析する。この手法は公共支出を通した公共サーヴィスの供給についての市民の声を聞く手段であり、歳入面にも適用できる。たとえば、市民の望むサーヴィスの供給不足が感じられている場合、増税に応じても供給量の増加を希望するかなども聞くこともできる。

[3] ジェンダー別公共支出の便益帰着分析（gender-disaggregated public expenditure benefit incidence analysis）

このツールは、所与の施策への支出が男女（あるいは男児女児）にどのように分配されているかを査定する手段である。たとえば、公立学校での教育に支出される単位あたりコストに男女別に集計された利用量（男女別の在籍数）を積算することで支出のジェンダー別帰着が推計可能となる。支出額には、通常、政府統計が使えるが、利用量の推計が困難なことが多い。利用量は家計調査などによってまず世帯単位での利用・非利用を把握し、次いで利用世帯での利用量を推定し、可能な場合には世帯内での男女別利用を測り、帰着を推定する。

支出の特徴によって便益の男女別帰着が計測しやすい部門（たとえば、医療補助）と困難な部門（たとえば、食糧補助）がある。ガーナの事例は、医療補助では貧しい女性もほぼ男性と同程度の便益を受けているが、教育分野では、すべての教育水準で女性に帰着する便益は男性のそれを下回っていることを報告している。パキスタンやケニアの事例からも同様の傾向が確認されている（Norton and Stephens 1995, Elson 1999）。

4 予算の時間利用へのジェンダー別影響分析（gender-disaggregated analysis of the impact of the budget on time use）

このツールの目的は、国家予算と家計（世帯構成員）の時間利用との関係、すなわち無償労働が担う社会的な再生産活動がマクロ経済へどのように貢献しているか、その程度と含意を明らかにすることである。すなわち、まず、家族や地域社会の（人々のケアを含む）居住性を高める仕事、病人の介護《ケア》、燃料集めや水くみ、調理、掃除、子供の教育などのために投入される家計の生活時間を記録する。

家計調査を通じて世帯の構成員がどのように時間を利用しているかを、ジェンダー、年齢別に集める。こうして集計された生活時間の情報《データ》から、国家予算の増減が世帯員の生活時間利用にどのような影響を与えるかを明らかにできる。この関係を示す情報《データ》は、マクロ経済の通常の「貨幣経済部門」だけで一国の「国民所得」を集計する枠組では捉えられない「市場生産部門（productive sector）」と「再生産部門（reproductive sector）」の結合を目指す「マクロ経済のジェンダー化」の鍵となる方法の一つである。

図6-1は、通常の国民所得の循環図であり、図6-2は、通常の循環図とジェンダー視点を結合した統合循環図である。通常の経済分析や予算作成の枠組は前者であるが、前述のように、「生活の良さ・充実感」（well-being）は社

図６－１　国民所得（支出）循環図：ジェンダー視点がない場合

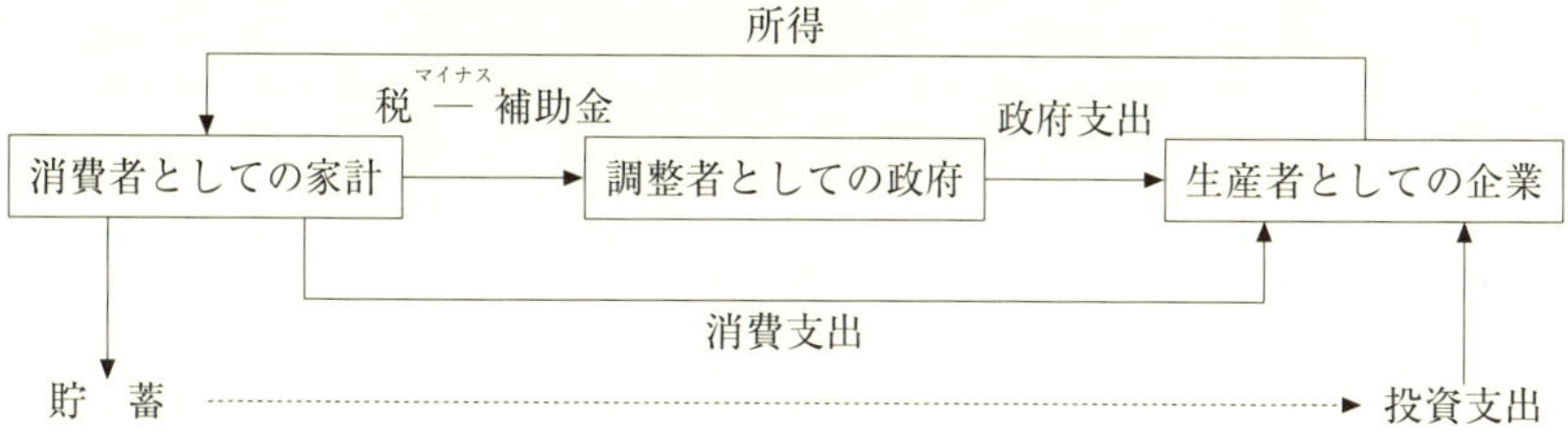

図６－２　国民所得（生産）循環図：ジェンダー視点を取り入れた場合

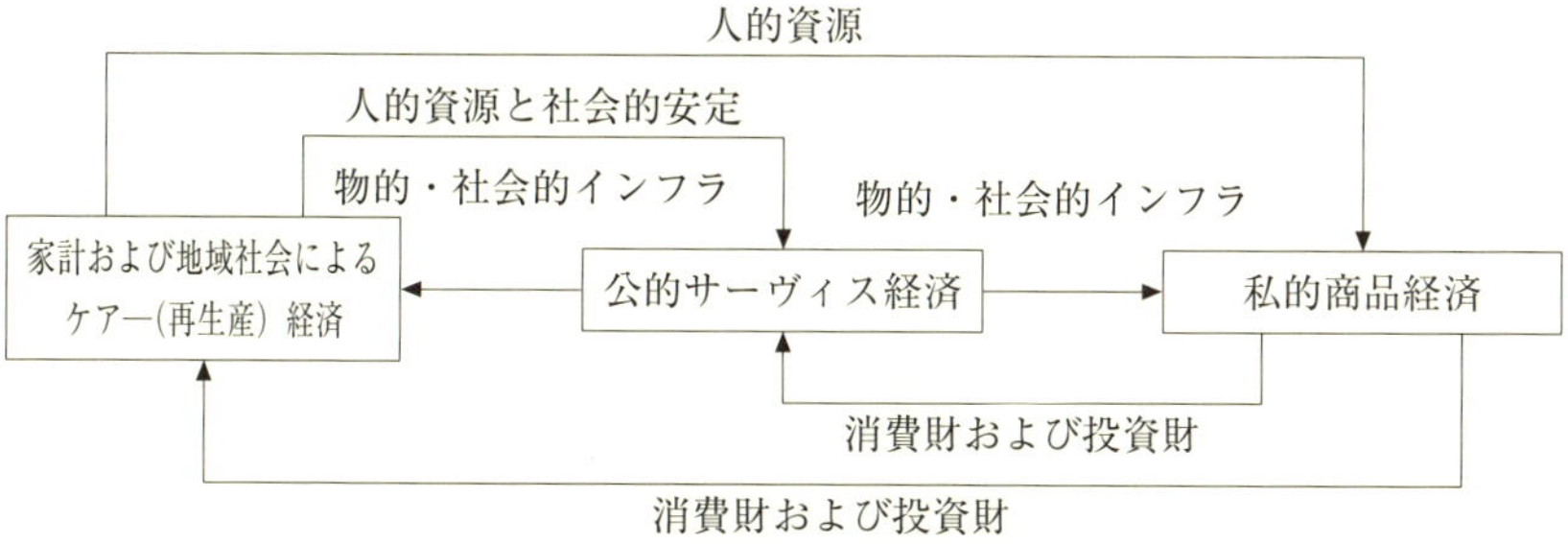

（注）　ケア：たとえば、家庭での子育て、病人・老人の介護および住み良い地域社会を維持するための無償の活動。
（出所）　Elson 1999 に加筆作成。

会の信頼感が厚く、安心して暮らせる状況が整っているとき実感する。いわゆる社会資本の充実である。この社会資本は「再生産部門」の生産によって蓄積される。

「生活の良さ・充実感」はまた、人々が潜在能力を十分に開花させるための幅広い選択肢が準備されているとき増幅する。そのためには「再生産部門」での生産活動と「市場生産部門」での生産活動がジェンダーに関わりなく個人の選択で柔軟に組み合わせ可能な社会・経済制度の構築が必要となる。この二つの生産部門を統合する生産の循環図を構想することが求められるのである。この統合図は未完成であるが、必ずしも両部門を同一の単位（貨幣単位）で連結する必要はない。生活時間調査の利用がまず第一に考えられる(18)。

5 ジェンダー視点に立った中期経済政策枠組（gender-aware medium-term eco-

nomic policy framework）

このツールの目的は、男性と女性の経済活動での異なる役割を中期経済政策枠組の中に統合し、推定される将来の財政計画にジェンダー視点を導入することである。前述のように、ジェンダー予算分析はマクロ経済政策のジェンダー化の導入点である。グローバリゼーションの進展する中で、中期経済政策のジェンダーによる偏りを探り、ジェンダー平等に焦点をあてた新たな指針の構築が目的である。単年度予算から中期（三年）の時間枠で予算を策定する現在の潮流から注目されはじめている。

通常の中期経済政策は、たとえば、固定係数を利用するモデル、ツー・ギャップ（貯蓄・投資ギャップ）モデル、成長勘定モデル、計算可能な一般均衡モデルなど種々の経済モデルで作られるが、これらのモデルはジェンダー視点を欠いている。しかしジェンダー視点を導入することは可能である。ジェンダー概念の適用が適切な場合には、モデルの中の変数を個別にジェンダーで分割集計したり、ジェンダー視点統合のために新しい変数と数式を導入する試みもある。前述の国民所得勘定に基づく通常のマクロ経済循環図と無償労働の「家計所得勘定」を統合した新たなモデルなどの提案である（Cagatay et al. 1995, Grown et al.2000a, Gutierrez 2003）。エルソンらのチャレンジは、社会的・制度的（social-institutional）組織モデルの「改革」ではなくジェンダー視点から行う「転換」である。

6 ジェンダー視点に立った予算書（gender-aware budget statement）——予算からみたジェンダー状況一覧

これは、オーストラリアで最初に「女性予算書」が公表されたとき使われた方法である。ジェンダー間の不平等を問題にする立場から、総支出額と省庁別支出を取り上げて、政策・施策のジェンダーへの影響を事後的に監査する。これにより、次期の予算から期待される含意を明確にする。この作業過程で、既述の分析ツールが利用された。ジェンダー平等目標の達成に関する政府の説明・結果責任の報告書であるオーストラリアの場合は、この予算書は、全省庁の協力のもとに、女性の地位局（ＯＳＷ：Office of Status of Women）が作成した。

ジェンダー予算書は、以下のような指標を取り上げることが多い。これらの中には、日本の男女共同参画白書で報告されている情報《データ》も含まれている。予算額が対象になっている場合は、総予算額に占める比率として示されることが多い。

①総予算に占めるジェンダー平等推進本部予算の比率
②総予算に占める女性のニーズ（とくに貧困層の）を優先的に満たそうとする給付の比率（たとえば、育児手当の支給を世帯主ではなく、実際に育児を担当する母親に支給するイギリスの事例）
③予算に占めるジェンダー平等施策の比率
④政府部内でのジェンダー主流化予算
⑤補助金（たとえば、中小企業関連補助金）を女性が受ける比率
⑥政府の公開入札の女性落札比率[19]
⑦審議会等の女性委員比率
⑧公務員の職位・職階別の男女比率

ジェンダー視点に立った予算書が公式に作成されていない場合でも、民間の調査機関やＮＧＯsが、予算書の情報からジェンダー分析に適するように男女別に数値の分割を行い作成できる。その推計を手がかりに、政策がどの程度男女平等を達成しているかを監視し、また時間の経過に伴って支出や成果がジェンダー分析に適した形に変化しているかを追跡する役割も担いうる。

この他、ジェンダー別租税の帰着分析（gender-disaggregated tax incidence analysis）も提案され、イギリスをはじめとする先進工業国の分析に利用されているが、統計資料不足と分析の複雑さから、途上国での実践例は少ない（Himmelweit 2002a）。しかし、公共サーヴィス料金や消費税等が強い逆進性を持つことは多くの途上国でも指摘されている。

5　先行事例が示すジェンダー予算の影響と含意

(1)　若干の影響に関する事例

オーストラリアと南アフリカの実践例が示すように、ジェンダー予算を政府が実践する場合（オーストラリア）、あるいは議会の常任委員会と組んだ市民社会が実践する場合（南アフリカ）も含めて、それは政府・官僚機構の中にジェンダーに対する敏感さを産み育てる効果がある。予算書の中に、あるいは予算案上程時の説明の中に、その成果が明確に反映されることはまた、ジェンダー平等に対する社会意識の変革にもつながる。

これまでの実践例は、ジェンダー平等という明確な政策なしには、有効な施策やプロジェクトが形成されないことを明らかにしている。ジェンダー平等が意識的に諸施策に組み込まれない場合には、財政資金や資源は多くの場合、既存のジェンダー不平等を温存したり、拡大する機能さえ持つ。たとえば、教育水準が低い集団、雇用機会で差別を受ける集団、貧困層集団など、いずれも女性に多いが、予算はこれらの集団に対して不利に配分される傾向が強い。オーストラリアの教育予算からの便益は、教育水準が上がるほど女性に不利に配分され、その長期的影響は女性の生涯所得に悪影響を及ぼしている（たとえば、Commonwealth of Australia 1991）。

南アフリカの事例は、アパルトヘイト後の政権下で、民主的に実施されたはずの土地改革で女性が大きな不利益を蒙り、さらに、女性は土地改革と組合せで実施されたトレーニングを受ける機会からも排除され、生産性向上の機会も失ったことを明らかにした。有償の土地改革は零細農地しか利用できない集団、その多数は女性であったが、彼女らの農外所得は限られているか皆無であり、土地改革の成果を手にすることができなかった。これは単に個人の損失にとどまらず、経済全体の効率上の損失でもあり、ジェンダー課題に敏感でない政策の限界を示す事例である（Department of Finance, Republic of South Africa 1998：39）。

イギリスの民間の「女性予算グループ」WBGによる分析の一つに、労働党政権が若者の慢性的失業を解消しようと導入した「ニュー・ディール」政策のジェンダー分析がある。幼い子供を持つカップルの場合、保育施設が完備していない場合には、一人が労働時間を短縮して子育てに当たらざるをえない。しかしこの状況を想定しないプログラムは、意図に反して、短時間就労の女性には税控除を認めない設計になっていた。一人で週三〇時間働けば控除の対象になるが、それ以下の実働時間に短縮調整せざるをえない女性には、この控除は適用されなかった。施策は「性に対して中立」ではなかった（Himmelweit 2002a, 2002b）。

⑵　先行事例の含意

オーストラリアの連邦政府の場合は、首相に直属する女性問題顧問がすべての閣議案件に男女平等視点から目を通す権限を与えられ、それが、予算策定過程にジェンダー分析を導入させる直接の契機となった。顧問任命と首相の決定に呼応してジェンダー予算の実践を主導したフェモクラット（フェミニスト官僚）の存在自体が女性運動の成果であった。

しかし、ジェンダー予算書は省庁の個別の関心からの分析結果であり、数年後には「あまり意味のない分厚いカタログ」になってしまい、一九九六年に廃止された（Sharp and Broomhill 2002）。労働党が選挙で敗北し保守党政権が復活した年である。政府が実践するジェンダー予算は極めて政治的である。しかし、すべての省庁で官僚が予算との関連でジェンダー問題を意識せざるを得ない状況を作り、ジェンダー問題が意識されたという意味で、ジェンダーの主流化に繋がっている。「女性予算書」は廃止されてもジェンダー統計が整備され、今日でもジェンダー諸指標が定期的に公表されている（Sharp and Broomhill 2002）。

現在最も包括的なジェンダー予算分析として知られる南アフリカの経験はユニークである。最初は議会とＮＧＯｓによる政府の外からの動き、ＷＢＩ（Women's Budget Initiative）があり、三年後に英連邦事務局の主導する試行的《パイロット》プロジェクトに、政府が中からの分析をもって参加した。外からの試みは限定的な分析力しか持たない議員の政府への質問権を、調査研究能力を持つＮＧＯｓが支援する形で大きな成果をあげた。しかし、政府しか持たない情報《データ》の入手に問題を抱えた「外」からの試みは、一九九七年には、政府が英連邦事務局の「ジェンダー視点に立ったマクロ経済政策」促進運動に参加する形で、財務省を中心とする「政府の中」からの分析を実施したことによって大きく前進した。

政府の外と中から並行する二つの試みがあることは、単に予算の配分を事後的に問題とするだけではなく、予算策定の最初の段階からＮＧＯｓを通して草の根のニーズを十分把握して予算策定過程を民主化すること、政策策定過程の透明性を高め、良い統治《ガヴァナンス》を実現する可能性を高めている。南アフリカの試みは、アパルトヘイト後の、すべての国民の平等と人権の擁護という文脈の中から出てきた試みである。この初期の動機を活かすべく、当該ＮＧＯｓは、分析結果をやさしい普及版として編集し直し、一〇年間の義務教育修了者用に、予算のジェンダー分析が人種・ジェンダーの平等に必須であることを示すテキストを作成している（Hurt and Budlender 1998）。包括的分析を指向する南アフリカの「政府の外」の実践でも、全分野を網羅するよりも重点分野を限定して、政策形成により影響力のある分析をする方向が示唆されている（Budlender 2000：156–72）。

イギリスのＷＢＧの試みは、たとえば、新雇用創出計画や所得税の控除に対象を絞り、女性でもより不利な状況にある人々に焦点を当てた政府支出や政府歳入の帰着分析を行い、今日では財務省と定期的な意見交換の場をもち、首相の予算案説明でもその貢献が言及されている（たとえば、Reeves and Sever 2003）。このグループの特徴はメンバーの優れた分析力と構想力である。

フィリピンは特異な例として、政府のすべての省庁で予算の五％を「開発とジェンダー」に充当するという施策をとっているが、これは政府・議会・市民社会の女性たちの協力と協調の成果である（Budlender et al. 2001）。

おわりに

男女共同参画社会基本法の制定をはじめとして、日本でのジェンダー平等への法整備は進んでいる。しかしまだ多くの課題があるのも事実である。[20]二〇〇三年八月、国立女性教育会館が編集・刊行した最新の日本のジェンダー状況を包括的に示す『男女共同参画統計データブック　二〇〇三』は残された課題の大きさを明確に示している。本章でもジェンダー予算分析に必須なジェンダー統計の整備に言及したが、この統計集は日本の男女共同参画社会形成に関わる施策の評価の観点からも極めて意義の高い仕事である。

今日の政治課題として注目される政策変更に税制・社会保障制度がある。これらは主として「増税問題」と理解されているが、実は男女共同参画社会形成のための「社会における制度又は慣行の中立」性配慮（第4条）に関する政策変更の論議である。「男女共同参画会議・影響調査専門調査会」が行った「税制・社会保障制度・雇用システム」に関する調査は、現行の制度・慣行がライフスタイル選択に与える影響の調査であり、政策が「性に対する中立性」ではなく、「専業主婦」であることの選択を誘導する結果になっていることを明らかにしている（本章注11を参照）。ジェンダー予算分析が目指す政策・施策の影響調査と重なっている。

所得課税や社会保障基金への貢献の基本単位は、ジェンダーやライフスタイルの選択にかかわらず、すべての個人にとって同一か。日本の場合は、これらは支払いの基本単位（世帯か個人か）の問題と理解されているが、男女がそれぞれが「個」として扱われるかどうかの問題である。これが男女のライフスタイル選択に偏りを生むのであれば、ジェンダー平等視点からも制度・慣行を見直す必要がある。しかしこの問題は、同時に、少子・高齢社会を生き抜くより公平で効率的な社会・経済の枠組の再編に向けての考え方の枠組の基本的転換でもある。

ジェンダー予算分析がこの再編過程に貢献し得ることは確かである。政府が本格的ジェンダー予算を実践し、共同参画の基準点《ベンチマーク》の設定とそれを可能にする指標を作成し、それらが予算配分につながるようにするためには、ギタ・セン（Gita Sen）が強調するように、予算案作成に関わる官僚のジェンダー認識を改めることが必須である。途上国・ＯＥＣＤ諸国を問わず、大きなネックは大蔵・財務官僚をはじめとする官僚にあることが報告されている（Sen, G. 2000）。

　ジェンダー予算の分析には人的・資金的投入が必要であり、そこにも大きな隘路がある。加えて影響調査のその実行（効）性を高めるための方法論の整備と精緻化がまず必要である。分析を行う専門能力を持った人材の育成も急務である。同時にこれに勝るとも劣らず重要な要件は、議会と市民社会からの予算のジェンダー分析に対する強い関心である。オーストラリアのフェミニスト官僚だけの力では継続することができなかった女性予算の試みは、南アフリカでは、議員と市民社会を代表するＮＧＯｓの協力で機能している。男女共同参画社会実現のための基礎作業としてジェンダー予算を捉えるならば、政府・議会・市民社会の密接な対話と協力が不可欠であることを強調したい。

　本章のはじめに強調したように、政府開発援助（ＯＤＡ）を通して途上国のジェンダー平等を支援するのも日本の政策目標である。この分野での日本の実績はどうだろう。二〇〇四年に実施された経済協力開発機構／開発援助委員会（ＯＥＣＤ／ＤＡＣ）の日本評価の詳細な結果はまだ公表されていないが、一九九九年の評価結果は厳しいものであった。日本のＯＤＡがジェンダー視点を欠いているのは、日本経済の発展過程で女性が果たした役割を正当に評価していないからだと指摘している[21]。近年の日本のＯＤＡでは、ジェンダー主流化を意図する支援が増えていることは確かである。しかし、最近公開された外務省の分野別ＷＩＤ政策評価も、分析枠組が権利をベースにするものでも、また広義の社会的効率性をベースにするものでもなく、国際標準からすると、まだ踏み込み不足の感をぬぐえない。ＯＤＡ予算が削減される中で、いかに途上国のジェンダー平等と両立する開発を支援するかは大きな政策課題であり、また評価指標や評価方法の確立も課題である[22]（和田・岡 2003）。

　これまで、国際的にも、ジェンダー予算の成果を明確に評価する動きは強くなかった（Sharp and Broomhill, 2002）。

ジェンダー予算概念はそれを実践している国々にとってもまだ新しく、既述のどの分析用具《ツール》を適用するのが有効であるかも定まっていない。何よりもジェンダー別のデータ不足が分析の壁を厚くしている。データ収集はジェンダー予算実施の過程で必要性が実感され収集努力が強化されている面があり、日本の場合も例外ではない。ジェンダー統計の整備が待たれるところである。これと並んで決定的に重要なカギは、政府・議会・企業・市民社会はもとより日本社会のすべての部門および個人において、ジェンダー平等に対する敏感さを高めることであり、中でもそれを要求する市民社会の声である。情報公開はジェンダー予算分析の前提である。

最後に、将来ジェンダー予算が向かうべき方向との関連で言及すべきことが二つある。ジェンダー予算の実施に向けて、既存の分析用具《ツール》の精緻化とジェンダー予算の有効性の評価が必要であることはすでに触れた。これはジェンダー予算分析手法を政策形成により効果的に反映させるうえでの最優先課題である。これらを超えて現在生じている新しい課題の第一は、世界的に強まっている業績主義に基づく予算策定への移行は、政府の政策・施策の査定を予算の「投入」から「産出《アウトプット》」「成果《アウトカム》」へ移す形で対応している。ジェンダー予算は、基本的に「投入」に注目してきたため、この策定方法が完全に転換した場合は予算策定の大きな制度変更になり、それへの対応が新しい課題となる。これは正負いずれもの効果をもつと予測しうるが、ジェンダー予算の側からの対応はまだ検討が始まったばかりである(Sharp 2003)。今後の検討課題である。

第二は、まだ十分な考察には至っていないが、ジェンダーの「平等」「公平」の測定問題が一方にあり、他方に、再生産部門をも含めて「生産」を捉えようとするジェンダー予算は、政策・施策の「有効性」「効果」を重視するのに対して、業績測定が目指すのは生産部門の「効率性」であることから生じる問題がある。

途上国・先進国を含め、すでに世界各地で七〇カ国を超える国々で、国レヴェルあるいは地方レヴェルでジェンダー予算分析が実施されている(UNDP 2004)。日本でのジェンダー予算研究はまだ始まったばかりであり、既知よりも未知の空間・領域が大きい分野である。

注

（1）人間中心の開発とジェンダー平等の関係、そこで問題となる「生産の社会的効率性」に関しては、たとえば、Muramatsu 2000a, 村松 2002 および本書第五章を参照。ただし、ここでの社会的効率性とは、通常の市場向け生産（「生産部門」）の枠組だけで効率性を測定せず、この部門の生産と密接不可分な関係にある無償労働による非市場向け生産（「再生産部門」）も統合した効率性を意味する。

（2）ジェンダー視点に立った国際協力については、田中他 2002：第1部を参照。二〇〇四年三月八日には男女共同参画会議のもとにある苦情処理・監視専門調査会が『男女共同参画の視点に立った政府開発援助（ODA）の推進について（案）』を発表し、これまでの日本のODAでジェンダー視点がどのように、またどの程度「配慮」されてきたか、今後どのように取り組まなければならないかに関する調査結果をまとめ、三月二四日を期限として「意見」を求めている。大きな課題を抱えている実態がかなり明確に提示されている。

（3）「女性予算」から「ジェンダー予算」への変化は、「WID」（女性と開発）アプローチから「GAD」（ジェンダーと開発）アプローチへのパラダイムの変化に呼応している。このパラダイムの変化に関しては、本書第二章を参照。

（4）単行本の形で分析結果が出版されているジェンダー予算は少ないが、よく知られた分析としては以下がある。一九八四年から九六年まで実施されたオーストラリア連邦政府の報告書と、南アフリカ共和国のNGO「IDASA」と議会の常設委員会「生活の質と女性の地位委員会」が一九九六年以来実施している分析の報告書『女性予算』シリーズである。さらに、国別報告書ではないが、国別概要をまとめた出版物として、Budlender 2000, Budlender and Hewitt 2002, Balmori 2003 を参照。

（5）たとえば、古川・北大路 2002：95-107 を参照。

（6）一九九九年六月二八－三〇日にUNIFEMとUNDPが共催したワークショップ、Workshop on Pro-Poor, Gender- and Environment-Sensitive Budgets（ニューヨーク）はその一例である。

（7）たとえば、Sharp and Broomhill 1990 は、南オーストラリア州では、「一般」と「女性向け」に分類される予算がそれぞれ九五％以上と五％以下と集計されるが、この数値が決して例外的な比率ではないことを調査結果として報告している。

（8）一九九五年の北京会議を控えてUNDPが発表した『人間開発報告書』は特集テーマを「ジェンダー平等」として、「人間開発指数」（HDI）と同時に「ジェンダー開発指数」（GDI）（Gender Development Index）を公表した。すべての国連加盟国で、GDIはHDIより小さな値をとり、女性の潜在能力の開発状況が男性のそれより劣っていることを世界共通の尺度で示した。この報告書では「ジェンダー・エンパワーメント測定」（GEM）（gender empowerment measure）も報告され、加盟国における女性の社会・経済的な決定過程への参画度も提示した。二〇〇二年版での日本のGEMの世界での順位は一七五カ国中四四位であり、日本女性の社会・経済的な決定過程への参画度の低さが目立っている。この観点からも、日本におけるジェンダー予算分析の必要を痛感する。

（9）フィリピン「GAD」予算は他のジェンダー予算とは異なり、予算全体をジェンダー視点から分析するのではない。予算を持つすべての政府機関の部署は予算の五%を「ジェンダーと開発」分野に支出することを義務づける政策である。最近は、他の実践からの影響を受け、将来は予算全体のジェンダー分析に進む必要が認識されている。Budlender et al. 2001 を参照。

（10）イギリスの女性予算グループ（Women's Budget Group）の活動については、Himmelweit 2002a：49–70 のほかに、同グループのホームページ www.wbg.org.uk/index.htm を参照。

（11）内閣府 2003 を参照。なお、「ジェンダー予算」概念は使っていないが、㈶市川房枝記念会と婦人有権者同盟では毎年二月に「男女共同参画関連予算」を持つ省庁の「男女共同参画関連予算」担当者を招き、次年度の「男女共同参画関連予算」の説明会を開催している。その概要は毎年、同会発行の月刊誌『女性展望』に掲載される。

二〇〇四年二月一七日に開催された説明会では、初めて予算額だけでなくその財源が明記され（一般会計、特別会計、財政投融資資金の別）、極めて興味深い数値が示された。たとえば、厚生労働省は次年度の「目玉」施策として「少子化対策」を挙げたが、公式に記録されている施策には「少子化対策」はなく、該当する正式施策名は家族・地域社会生活と職業生活の「両立支援」である。そしてその支援を支える財源のほとんどが特別会計（医療保険と雇用保険）である。これは両会計の大きな部分を支える企業の圧力団体として影響力が大きくなることを意味し、事実、両立支援のうちの職業生活支援がもう一つの保育支援に比べて比重が小さく、雇用面におけるジェンダー格差の是正への取り組みが「腰が引けている」原因となっていると考えられる。歳出面だけでなく、それを支える歳入面の分析も重要である。

（12）ジェンダー統計に関しては、ジェンダー統計研究グループ 2002、国立女性教育会館 2003 を、インドネシアのジェンダー統計整備に関する日本のODA支援に関しては、浜野 2003 を参照。

（13）一九八五年開催のナイロビでの第三回世界女性会議では「ナイロビ将来戦略」が採択され、そこでは構造調整政策の女性と子供に与える負の影響の草の根レヴェルからの事例研究が多く報告された。これらの報告は、その後のマクロ経済政策のジェンダー化を促す流れを作る上で大きな影響を与えることとなった。たとえば、Dwyer and Bruce 1988, Beneria and Feldman 1992は代表的文献である。後述のジェンダー視点から経済学・政策を見直そうとするＤＡＷＮ、ＷＢＧ、ＧＥＭ‐ＩＷＧ、ＩＡＦＦＥなどの研究者・活動家グループの動きもこの頃から顕著になる。Sen, G. and Grown 1988はその代表的な業績である。

『世界の開発』*World Development*の一九九五年の一一月号は初めて全巻をジェンダー特集に当て、この時点までの、とくにマクロ経済学のジェンダー化の歩みを総括し、その膨大な課題を提示している。その中でローデス・ベネリア（Lourdes Beneria）は、一九三〇年代に労働市場の不完全性との関連で女性労働が議論されたことから始まる、経済学でのジェンダー分析の歩みを簡潔明快に批判的に示している。さらに五年後の二〇〇〇年には再び六月号でジェンダー特集を組み、この五年間のフェミニスト経済分析の理論的・実証的進展と、一九九五年段階ではまだ十分には展開されていなかった「貿易とジェンダー」をも扱っている。

（14）ＤＡＷＮはインドのギタ・センを中心とする途上国の女性たちのネットワークであり、後に出版され大きな反響を呼んだ『開発、危機と代替ヴィジョン――第三世界の女性の視点から』の原型はこの会議で報告された（村松 1994）。ＧＥＭ‐ＩＷＧはイギリスのダイアン・エルソン（Diane Elson）をリーダーとする*World Development* 1995の執筆陣を中心として結成され、ジェンダー予算を含むマクロ経済のジェンダー化の動きを主導している。とくに、Bakker 1994, Cagatay, Elson and Grown 1995を参照。ＩＡＦＦＥは一九九二年設立された経済学者たちの国際学会であり、日本でもＩＡＦＦＥと連携しながら経済学のジェンダー化を目指す「フェミニスト経済学日本フォーラム」が設立された（二〇〇四年四月）。

（15）ＵＮＩＦＥＭは途上国の女性たちの経済的エンパワーメントを課題として活動しているが、九〇年代に入って、エルソンを中心にプロジェクト推進班を組んで、ジェンダー予算の理論的研究・普及を図っている。途上国での実践支援をＵＮＤＰと英連邦事務局が行っている。経済的エンパワーメントに関しては、UNIFEM 2000を参照。

（16）英連邦圏でのジェンダー平等政策は一九九五年採択の「行動計画」The 1995 Commonwealth Plan of Action on Gender and Development によっている。ＧＢＩの普及活動のテキストに関してはHewitt and Raju 1999を参照。

（17）ここでの分類は、Budlender and Sharp 1998：7-8とElson 2002：3-5を参考にした。なお、ジェンダー予算の包括的な文献・資料に、ＢＲＩＤＧＥ（Institute of Development Studies, University of Sussex）のReeves and Sever 2003がある。

（18）国連世界女性会議は加盟国に無償労働の評価を国民所得勘定の衛星《サテライト》勘定として計測することを求めている。旧経済企画庁は、一九九六年の日本の全国民が行った無償労働の貨幣価値を最大一一六兆円と推計した。同年の一人当たり無償労働の評価額は、女性が一七九・八万円、男性が三四・九万円であった。この評価はＯＣ（機会費用）法による（経済企画庁経済研究所 1997）。なお、評価の基礎となった無償労働時間は「社会生活基本調査」による。

(19) 廃案になった千葉県の男女共同参画条例には、この考えを活かして応札企業の男女共同参画状況の報告を求める案が入っていたが、実現には至らなかった。

(20) 二〇〇五年には国連女性の地位委員会の北京行動綱領の実施状況調査がある。政府はそのためのリポートを準備中であるが、日本女性監視機構（ＪＡＷＷ）もＮＧＯs のオルタナティヴ・レポートを作成している。

(21) ＪＩＣＡの内部資料による。なお、ＪＩＣＡは二〇〇二年から第二次分野別ジェンダー・ＷＩＤ研究会を発足させ、国際協力におけるジェンダー主流化のための制度化を図っている。最終報告書は、二〇〇三年一〇月に提出された。

(22) 外務省は報告書と並行して、ホームページで次の二つの評価結果を公表している。平成一三年度「個別評価報告　有識者評価（ラオ・ジェンダー）」、平成一四年度「ＯＤＡ評価：開発における女性支援（ＷＩＤ／ジェンダー政策評価）」。

本章が分析の基礎としている知見は、平成一三－一五年度科学研究費補助金（基盤研究Ｃ(1)、課題番号一三八三七〇三〇、研究代表者　村松安子）を得て実施した研究、「『予算のジェンダー分析（gender budget)』をめぐる基礎的研究」の成果の一部である。

第七章　転換期中国の女性
――女性学の成立と期待される女性の経済的役割――

はじめに

本論に入る前に、以下の三点を明らかにしておきたい。

第一は、本章で用いる中国の「女性学」概念である。中国では一九八〇年代に入って、「婦女問題研究」が盛んになり、その英語訳に Women's Studies を使っていることである。日本では Women's Studies を「女性学」と訳しているところから、本章では「婦女問題研究」に「女性学」を当てている。

第二は、李小江鄭州大学教授らを例外として、当時（本章の基となる調査を実施した一九九三年当時）の「婦女問題研究」には、女性を男性優位社会の第二の性にとどめる社会制度としての家父長制を問題視する、「フェミニスト」視点はほとんどなかったことである。その結果、女性が直面する諸問題を取り上げるが、その原因を革命以前の長い封建制と、そのもとで作り上げられ、男女が共に持つ、固定的な性別役割分業観にみる。

そこで第三の問題として、その克服を主として女性自身の自己改革に求め、それが「改革・開放」政策の成功につながることを強調する点である。この傾向は、ＮＧＯsとされる国の大衆組織の一つであり政府と密接な関係を持つ中華全国婦女連合会の考え方に強く現われていた。

1　中国における女性学の成立と展開(1)

一九七八年以来の中国の改革・開放政策がその「女性学」の誕生・展開に与えた影響は計りしれない。中国における「婦女問題研究」が、ほぼこの改革・開放政策の開始と時を同じくして始まったことが、それを物語っている。外国との盛んな研究交流からの新しい知的な刺激に加え、改革・開放政策による経済社会の環境の激変が女性に新しい機会を与える一方で、中華人民共和国成立以来、女性が当然視してきた状況、権利、慣行などが変化し、新たな状況への対応が必要になったからである。加えて、一九九五年に北京開催の「第四回国連世界女性会議」を成功させるという「国家目標」が、この傾向に拍車をかけることとなった。

(1)　大学を中心とする動き

女性学研究は、まず大学における中国女性史の講義・研究から始まった。一九八三年に河南師範大学の歴史学部に中国近代女性史の講義が開設されてその第一歩が踏み出され、その後、河南省の鄭州大学でも同様の動きが起こり、北京、上海、天津などに広がっていった。それ以前には、中国の大学においては、専門の学部・学科はもとより、女性問題を専門的に教授する課程はなかった（斉 1993：84）。女性問題の研究は個人的興味としてのみ存在し、研究成果も少なく、「研究のテーマも比較的散漫で、学術界の重視を呼び起こすこともなかった」（斉 1993：84）。

北京大学では一九八三年に、まずスペイン語学部に「アメリカ女性文学」の講義が開設され、次いで翌八四年に歴史学部で「イギリス女性運動史」が始まり、「イギリス・アメリカ女性史講座」、「中国と外国の女性史比較」、「中国古代女性史」なども開講された。八〇年代後半にはこの動きは中国文学部にも及び、「女権主義文学批評」などの講義も置かれるようになった。教育課程の将来計画として、大学名は特定されなかったが、大学院修士・博士課程を設置しようと条件を整えているとの話であった[2]。「大学及び大学院に女性研究課程を設置することはすでに時代の要請となっており、阻むことのできない勢いを有している」（斉 1993：85）。以下で述べるように、研究者の研究課題としての女性学の対象は最近かなりの広がりを示しているものの、北京大学での講義科目としての女性学はまだ女性史や女性文学に集中しているように見える。これは後に「一人っ子」問題や「女性のおくれ」に関連して触れるように、女性問題研究も国家の政治イデオロギーから自由ではないことを物語るのであろうか。

大学の中での女性学関係講義開設を受けて、一九八五年には大学内外の研究者からなる民間の女性学術団体も組織された。一九八五年には、河南省未来研究会の中に女性学会が作られ、李小江教授がその主宰者であった。一九八七年八月、同女性学会は、史学、法学、政治学、社会学、教育学、文学、言語学、心理学、医学、性科学等の研究者に、それぞれの学問分野における国内外の研究動向、資料および個人研究の成果の紹介を依頼し、その研究発表会を開催した。女性問題研究に関する情報交換と女性学研究者の連携の場を提供し、中国における女性学研究の進展に寄与することとなった。これを基礎として、一九八七年五月、鄭州大学に女性学研究センター（Center for Women's Studies of Zheng-Zhou University）が設立された。同センターは一九九〇年には「中国女性の社会参加と発展に関するセミナー」を組織し、香港、台湾はもとより、外国からの参加者も交えて活発な議論を展開した。ちなみに筆者が李教授の存在を知ったのは、このセミナーに出席した香港中文大学の友人からの情報であった。一九九三年には女性学研究センターを基礎として、中華人民共和国成立以来最初の女子大学、鄭州大学国際女子大学が設立され、「女性に焦点を当てた」教育が目指された[3]。

こうした動きは各地に波及して今日の女性学の興隆につながっている。一九八八年には北京大学も二週間に一回、定期的にセミナーを開催するようになり、その本拠を北京大学アメリカ・センター図書館に置いた。セミナーで取り上げられたテーマは、「中国近代の婦人運動」、「唐・宋時代の女性」、「アメリカの女性文学」、「アメリカの女性史学」、「日本女性の状況」、「アフリカ女性の状況」、「中国女性の就業問題」など、鄭州大学を中心とする女性学研究とは、その色合いを異にしている。一九九〇年、このセミナーを基礎として、北京大学内外女性史・文化研究センター（以下「女性学センター」と略称）が設置された。以来、内外の研究者の交流の場所として活発な活動が展開されている。一九九二年一一月には、「第一回国際女性問題学術セミナー」が開催され、中国、日本、アメリカ、イギリス、オーストラリア、カナダ、台湾などから七〇余名が参加した。同セミナーの報告書『北京大学首届婦女問題国際学術研討会 論文集』の目次の大見出しには、「改革の中の女性」、「女性と法」、「女性の出産と健康」、「女性と文化」が見られる（北京大学中外婦女問題研究中心 1993 参照）。

ここでの論調は、後述の上海でのそれと異なり、たとえば、「中国にはジェンダーはない」という議論（李 1993）、また、英文の題名では“reproductive health”（譚 1993）とあっても、議論は出産とそれにまつわる女性の健康に限定されているようであり、今日世界で女性にとっての最重要問題の一つと認識されている、「性と生殖に関する健康《リプロダクティヴヘルス》」として論じられてはいない。子供の数も含めて、子供を産むことに関する諸々の決定権を女性が持つべきだとの、世界の潮流となっている考え方は明確な形では出ていない。これには「一人っ子政策」という国家の最重要政策との関連がある。もちろん、中国人研究者の論調がすべて画一的だというわけではない。前述の「ジェンダーのない」社会論に対して、むしろ、改革・開放政策推進に伴う所得水準の上昇につれて、女性に生き方の選択の余地が生まれ、そこに性差を強調する風潮が生まれたとの指摘もある（蔡・蔣 1993）。

一九九三年九月に訪問した折、北京大学女性学センターの鄭必俊所長（当時）は、大学での女性学研究は大学の外での研究との対比でみるならば、理論研究に特徴があると語った。しかし現実には、理論的研究というよりも、少なくとも北京大学に関しては、政治的に議論を呼ぶようなテーマが避けられているように感じた。筆者はその後、一九九四年一一月に米国ワシントン特別区、また一九九五年六月韓国ソウルでの二つの国際学会で、鄭所長の中国女性についての報告を聞く機会を持ったが、それらの学会の報告からも同様の印象を受けている。

(2) 社会科学院を中心とする動き

いずれにしても、中国の女性学研究は国際的な展開を見せており、外国の研究者との共同の現地調査に基づく研究も進められている。先端分野での外国との研究交流が盛んな上海では、上海社会科学院社会学研究所の費涓洪助教授と、その中国人同僚およびコロンビア大学の文化人類学者マイロン・コーエン（Myron L. Cohen）教授との上海郊外における農村家族調査が実施され、その報告書は九二年に出版されていた(4)。

一九九三年当時、北京大学女性学センターの斉文穎教授の推計によると、中国には二〇〇〇以上の女性学を実践する機関やグループがあった（斉 1993：86）。この間、研究領域も内外の女性史研究から法律学、政治学、社会学、教育学、文学、言語学、心理学、医学等を含めた学際的研究に発展してきている。すでに述べたように、外国からの研究者を交えた国際会議も次々と開催されており、北京会議までにいっそうの国際交流が計画されていた。

北京が全国本拠である中国社会科学院では、まだ女性学に対する組織的な研究体制は確立されていなかった。女性学研究の必要性を感じ、所属の研究者に女性学研究に乗り出すことを「業務命令」していたのが、黄育馥教授の属する社会科学院文献情報中心（センター）である。ここでは主として、英文で書かれた女性学関係の文献の紹介が行われている。多くの研究者が個人的に女性の抱える問題に興味を持ち、内外の研究動向に注目しているのはいうまでもない。たとえば一九九三年、筆者が中国社会科学院の外で私的に聞き取りをしたアメリカから帰国直後の社会学者はこの事例である。組織としての取組みは文献情報中心だけでなく、中国社会科学院の社会学研究所も、一九九〇年にはユネスコの支援を得て、「家族の将来に関するアジア太平洋地域会議」を開催している。報告書で確認すると九〇パーセントの発表者は、所属は不明であるが中国の研究者であった（Institute of Sociology, Chinese Academy of Social Sciences 1992）。中国社会科学院の人事局副局長李利氏によると、一九九四年には、同研究所の数名の研究者がフォード財団の支援を得て中国のインテリ女性の調査に従事していた。

これに対して上海の社会科学院では、少し違った動きがあった。費助教授の農村家族についての現地調査は前述したが、ここでは多くの女性研究者が幅広い研究活動を行っている。上海社会科学院が組織として女性学研究を行っているのではないが、「上海女性サロン」（上海地区全体の民間女性学術団体）の有力なリーダーの何人かが上海社会科学院の研究者である。このサロンには固定メンバーはいないが、参加者は社会科学界、文学界、報道界、教育界、婦女連合会など多方面からの女性である。

一九九二年一一月五日－一二日に開催された上海市婦女連合会主催のセミナー（A Seminar on Women's Issues for Women from China and Overseas）での報告の要約集『上海中外婦女問題検討会論文集』（上海市婦女連合会編 1992）に見られるように、扱われているテーマはかなり広い。大項目を挙げれば、「女性と労働」、「女性と政治参加」、「女性の意識・心理」、「女性の出産観」、「女性の法的地位」、「女性の犯罪」、「女性と教育」、「女性と結婚・家族」などがある。とくに、「女性と労働」に関しては、後に述べる改革・開放政策が女性に与えている雇用上の負の影響についての論文が目につく。この点は、上海市婦女連合会を訪問したとき（一九九三年九月）の議論の中でも明確に論じられており、中華全国婦女連合会、北京市婦女連合会、あるいは全国総工会、また北京大学女性学センターでのこの問題に対する評価と大きく違っていることが興味深い。

北京大学の斉教授によると、「上海女性サロン」グループは一九八八年末、上海テレビ局の「女性世界コラム」と共同で「マスコミ・メディアにおける女性のイメージに関するセミナー」を開催し、「テレビ・映画に見る女性のイメージの真実性および社会生活に対する影響」、「カヴァーガールをどう見るか」、「マスメディアは女性をどのように描き、導くべきか」といった問題をめぐって討論を繰り広げているという（斉 1993：86 参照）。上海復旦大学にも女性問題研究グループが作られており、前述の論文集から活発な研究活動が行われていることがうかがえる(5)。

(3)　婦女連合会を中心とする動き

これらの動きに対して、中華全国婦女連合会の指導のもとにある「婦女研究所」では、大型の調査活動が盛んであり、その目的は政策提言にある。女性問題の調査・研究に積極的なもう一つの機関は、全国および各地域の婦女連合会である。婦女連合会は、党・政府・人民をつなぐための三大大衆組織（mass organization）の一つである。中国における女性政策の策定のための基礎情報《データ》は、当然、全国および各地域の婦女連合会によって集められる。たとえば、訪問した北京市婦女連合会の研究部門である北京市婦女研究会には一七五人の会員がおり、当時、女性の地位、雇用、政治参加などについての大量サンプルによる社会調査を実施中であった。

上海市婦女連合会の研究部門は一九九〇年に設立され、上海社会科学院や復旦大学と協力しながら、女性問題に関する各種調査を行っている。筆者が面談した人民代表大会常務委員会女性副主席雷洁琼氏はかつて北京大学で社会学の教授を務めた方であるが、同女史によると、一九九三年当時、中国社会科学院の社会学研究所と北京大学社会学部に中華全国婦女連合会が協力する形で、五大都市での家庭内における女性の地位についての調査が始められている。この調査は、一〇年前に実施された同じ主旨の調査との比較が可能であり、この一〇年間（一九九〇年代中頃からの）に起こった家庭内での女性の地位の変化に多くの示唆が得られることが期待されていた。

婦女連合会に関しては、さらに次の二点を明記すべきであろう。一つは、各地域の連合会による中国女性運動史関係の資料の収集・整理・出版の仕事である（斉 1993：88）。第二の動きは婦女連合会の管理下にある管理幹部学院の四年制女子大学への改組の動きである。管理幹部学院はこれまでも、一定期間優秀な成績で働いた女性の幹部候補者を職場の推薦のもとに教育してきたが、一層の経済発展のためにも、コンピューター教育も含めた正規の大学教育を目指そうとしている。この点に関しては、生涯教育機関である管理幹部学院を扱った前田論文を参照されたい（前田 1996：175–193）。

いずれにしても、興味深いことは、北京大学の女性学研究にはほとんど経済・雇用問題に関する研究がないことである。斉教授の指摘にあるように（斉 1993：88）、大学（総合大学：university）での研究は、どちらかといえば物的基盤ではなく「上部」構造にかかわる問題である。他大学のカリキュラムを見ないと断言はできないが、一九九三年の中国訪問時に入手した文献によると、経済問題にかかわる研究は、中国社会科学院や地域（地方・都市）の社会科学院、同様に地域の婦女連合会の研究者によるものが多いという印象を受ける。これをどう理解するかは検討を要するが、事実としてこのような傾向が見られるのである。中国の大学での研究の伝統の延長線上の問題と見るべきか、政治的な問題と見るべきかは将来の研究課題である。北京大学の女性学センター、中華全国婦女連合会や中国紡績総会での聞き取り調査でも感じたことであるが、これらの組織では、女性の地位の改善への最大の努力を、女性の意識の自己変革に求めている。「長い封建制のもとにあった中国では、女性は夫に従うという長い間の風習が根強く、……真に平等な社会を作るには、女性の意識が変わらなければならない」と。また総工会の幹部は、「婦女回家」（後述）について質問した時、国家の利害が個人の利害に優先すべきと明確に答えており、中国の政府の認める「婦女問題研究」は、世界的に形成されている人権問題として女性差別を捉えようとする動きとは、一線を画しているように思う。

2　転換期における期待される女性の経済的役割

(1)　建国以来の女性政策と期待された女性の役割

一九四九年の中華人民共和国成立以来、新中国の建設に果たすべき女性の役割への期待は大きかった。その前提として、一連の法制面を通じての男女平等が確立された。憲法は「中華人民共和国の女性は、政治、経済、文化、社会、家庭生活等各方面において男性と平等な権利を享受する。国家は女性の権利と利益を保護し、男女同一労働同一賃金を実施し、女性幹部を育成抜擢する」と明確に規定している（中華全国婦女連合会 1993：10）。「半植民地的、半封建的社会の旧中国においては、多くの女性は、帝国主義、封建主義、官僚資本主義といった三座大山（三つの重しの意）と、政権、族権、親権、夫権といった四つの鎖に拘束されていたため、社会の最悪の環境で暮らし、搾取と抑圧と虐待を受けていた」（同書：10）状態から、「（ここ）四〇数年来、わが国の女性は積極的に国家の建設と社会の発展に参加し、物質文明と精神文明の建設に大きく貢献し……『半辺天（天の半分は女性が支える）』と称賛される」ようになった（同書：10）。女性の全面的就業を基本とする女性解放政策が採られてきたのである。

このような国家政策の下で、女性の政治参画も進展した。一九九三年の全国人民代表大会での女性代表の全体に占める比率は二一・三％（女性代表総数は六三四人）、また同年開催の中華全国人民政治協商会議での女性代表比率も一三・八％（女性委員数二八八人）と、いずれも日本の女性の政治参画とは比較することができないほど高い（同書：61）。また、人民代表大会には女性副主席が二名いるが、そのうちの一人であった前述の雷氏によると、その他多くの全国・地方組織で、部長や委員長、また副省長や地方行政単位の長にも、女性が少なからずいるとのことであった。政治的諸決定の場にかなりの数の女性が進出しており、その役割は民意を汲み取り、立法、政府の事業展開の改善や女性の権益の維持・保護に、価値ある提案をすることである。北京会議を前にして、教育や就職、女性高級幹部の退職年齢の延長、女子大学生の企業への配置などについて一〇を越える提案が女性の代表から出され、その内のいくつかはすでに採用されたという（同書：62）。そしてこの女性の力が、後述の「婦女権益保障法」の成立に婦女連合会と共に果たした力が大きかったことは間違いない。

⑵　女性の経済活動における役割

女性が前述のような政治的地位を得るためには、いくつかの要件がある。その第一は、人民共和国の成立に女性が果たした役割である。その上で、憲法にも明記されているように、男女同権は、当初から国の基本理念であった。その理念のもとに、建国以来、女性の解放は女性の全面的就業によって達成されるとの解放政策があった。また現実に女性が果たした経済的役割も大きかった。

『中国婦女統計資料　一九四九－一九八九』によると、一九八二年の生産年齢人口（男性一六－五九歳、女性一六－

五四歳）は五億五〇九七万人で、その四六・六％、二億五六七三万人が女性であった。そのうち一億九五一〇万人が「社会労働者」（就業者）であり、ここから推計される女性の労働力率は七六・〇％であった。一九八五年の女性の生産年齢人口は二億八六七九万人、そのうち社会労働者は二億一六三七万人で、労働力率は七五・四％と若干減少している。全社会労働者に占める女性の比率は四三・三％であり、この比率は一九七八年以来、九〇年代中頃までほとんど変化していない（中華全国婦女連合会婦女研究所他 1991：230）。

この統計の出所からは、一九八六年以降の数値は得られないが、他の統計によると、一九九二年の全国展開の全民所有制企業、県（区）段階以上の集団所有制企業および事業単位で働く全労働者に占める女性労働者の比率は三八％で、その実数は五六〇〇万人に達している。一九四九年からの推移をみると、四九年の六〇万人（七・五％）から七八年の三一二八万人（三二・九％）へ、その後の一四年間に二四七二万人増加して五六〇〇万人となり、改革・開放期の増加が著しい（中華全国婦女連合会 1993：56）。この二つの数値の示す相違は、大まかにいって、農業部門と改革・開放期に入って急増した自営業部門で働く女性が、人口に占める女性比率よりも多いことを意味している。「男性がより有利な部門で働いている」との多くの女性の証言を裏付ける数値といえよう。

さらに別の統計によると、一九九三年九月現在、約一億八〇〇〇万人が農村部で働いており、農村部での労働力の半数に達している。この女性たちが郷鎮企業の労働力の三分の一を占めるという(6)。農村部の女性については、さらに、農業労働力の七〇％は女性だという証言がある(7)。以上のように、各種の統計は女性がすべての経済活動分野で大きな役割を担っていることを示している。なかでも、男の働き手が農業部門から非農業部門へ移動した後を埋めているのが女性であること、農村部を中心に急展開を見せている郷鎮企業での女性の活躍、都市を中心に急激に進展しているサーヴィス経済化に果たしている女性の役割など、改革・開放政策を受けて始まった市場経済化に果たす女性の役割の大きさが注目を集める(8)。

女性が量的に労働力の四割以上を占めているだけでなく、企業や事業体の経営・管理、また技術部門の長として活躍していることは文献からだけでなく、本章のもととなっている現地調査（一九九三年）からも明らかである。中国紡績総会会長の呉文英氏によると、中国の紡績・紡織産業には一三〇〇万人が働いているが、そのうち八〇〇万人（六〇％）が女性であり、大きな責任を負っている。たとえば、山西省では、当該産業での管理者の三分の二が女性であり、天南省ではその五分の四までが女性だという。生産現場だけでなく、この中国紡績総会でも、部長職を女性が占める割合は二九％であるが、総務部、人事部、生産部、監査部の長は女性であり、彼女らの仕事ぶりは他から高い評価を得ている。(9) 筆者が見学した二つの郷鎮企業、北京包装装璜制品廠と北京奔時装有限公司でも企業長は女性であった。さらに、日本企業との合弁会社、北京高久・雷蒙時装有限公司でも中国側の最高責任者である副社長は女性であった。

このように、市場経済化を伴う改革・開放政策の中で、女性が大きな役割と責任を担っている。しかし問題がないわけではない。これらには、過去から引きずっている問題と、新しく出てきた問題の二つの性格を異にするものがある。まず、前者から見ていこう。

これはいわば、万国共通の女性が労働市場で直面している問題である。すでに指摘したように、たとえば、日本と比べた場合、明らかに女性がより重要な地位を随所で占めている。しかし、役職者や高級技術者に占める女性の割合は、女性の働き手の数に比例していない。職業別の女性比率がこれを裏付ける。「管理的職業」ではわずかに一〇・四％、「事務職」が二四・五％、「専門的・技術的職業」で三八・三％と、より高い教育を要する職業に就いている女性が男性に比べて少ない（中華全国婦女連合会婦女研究所他 1991：64）。これはたとえば、大学生に占める女子学生の比率がほぼ三分の一という数値が雇用面に反映されていると理解してよいだろう（中華全国婦女連合会 1993：50）。女性が就きうる職種の幅はより狭く、ホワイトカラーの職種でこれが見られる。

女性を基幹労働力とみなさない企業があることも指摘されている。上海での調査によると、性別のいかんにかかわらず能力のある労働者を昇進させる企業がある一方で、できるだけ男性を雇用しようとする経営者があることも、明らかにされている。性別に関係なく人材を確保しようとする企業を後者が一〇％上回っていた。この調査は同時に、「適度の役割しか」あるいは「ほとんど役割らしきもの」を担っていないと感じている女性労働者が五〇％以上いたことを報告している。その第一の理由として「家族責任」を挙げたのは経営者であり、女性たち自身はそれを、挙げられている八つの理由の最後の理由としている（李他 1992：24-25）。別の報告もまた、意見を聞かれた北京の女性の九五・二％が「男性の方が昇進で女性より良い機会を持っている」と感じている[10]。

前記の二つの理由と密接な関係をもつのが男女間の賃金格差である。既出の統計書によると、一三都市の二一八の企業における一九八八年の男女間賃金格差は八四・五（男性＝一〇〇）と報告されており、一九七八年の七九・一に比べると、市場経済化以降その格差は縮小しているように見える。しかし、この統計に含まれている企業が全体像を示すとはいえず、より多くの統計による確認が必要である。だが格差があることを確認することはできる。一九九〇年に実施された中華全国婦女連合会と中国国家統計局による意識調査は、「男性の賃金の方が高い」と四六％の女性が考えている[11]（男性は四四％）。

(3)　改革・開放政策下における女性労働政策

社会主義市場経済への大胆な転換は、従来の中国の社会制度のかなり根本的な改造を必然化する。その一つが女性の全面的就業を当然とする労働力配置の問い直しである。これが、前述の、女性の直面する二つの問題のうちの開放・改革政策導入後に新たに顕在化した問題である。「段階性就業」「弾性就業」を軸とする「婦女回家」の推進である。

一方、中国に、ナイロビ会議以後世界の多くの国で作成された行動計画のような、明確かつ具体的に定められた女性政策があるとの感触をつかむことはできなかった。しかし、新しい女性政策の基礎となると考えられるのが、第四回国連女性会議への準備の一つとして制定された、「婦女権益保障法」である（一九九二年）。同法は、男女は平等であり、女性の権益を害してはならないことを定めている。しかしこの法律は、どのようにして両性間の真の平等を保障するかの具体的手段や方策を含む施策を示していない。上海市婦女連合会での懇談では、この点がおおいに問題であることが指摘され、上海ではこれから具体的にどのようにして、その実現を図るのかが検討され始めていた。

また、男女差別の是正を狙った社会政策にも、見るべきものはないように思う。男女別の定年年齢は、男女平等の観点から問題視されてもいない。男性に比べて家族責任がある分、女性は働き過ぎだと感じており、五歳早い定年はむしろ当然の権利だと考えられている。しかし、改革・開放政策を受けて、「市場経済化」は容赦なく進行しており、国家ではなく、各生産単位が保障することになっている、失業、医療、年金などへの不安が高まっている。これらの側面からも、女性に公平で全人民を対象とする新しい社会政策の実施が求められている。そこで、この新しい法律と女性が新たに直面することになった問題との関連を見ておこう。

一九九二年制定の「婦女権益保障法」は、女性にとってどのような意味を持つのであろう。まず、その背景から検討する。すでに述べたように、一九四九年の建国以来、男女は同権であり「非性」（ジェンダーレス）で男女差別はないというのが中国の公式見解であった。これに対して「婦女権益保障法」は、世界的規模で進展しているあらゆる形の女性差別を撤廃しようとする動きに呼応して、その第一条で、「……男女平等を促進し、社会主義的近代化に女性が十全の役割を果たしうるように」定められたことを謳っている。条文は数々の女性の固有の「権益」保護を明記しており、その一つが同法二五条と二六条の、妊娠・出産・育児に関する保護規定である。これは働く女性にとっては必須ではあるが、改革・開放政策との関連で、注意しておかなければならない問題がある。

「婦女権益保障法」では建国以来初めて、女は男と違い、とくに女性には出産という仕事があることを明示的に認め、それにかかわる不利益が生じないようにとの意図を表明している。これを実現するための、「人類の再生産」に伴う費用を社会的に負担してゆくための制度作り、すなわち「女職工生育費社会補償」制度の整備も進められている。(12)

しかし現実には、「婦女回家」、「段階性就業」、「弾性就業」などが、社会主義市場経済化に伴う企業効率改善のための過剰労働力の削減という文脈の中で、都市居住の女性にふさわしい就業形態として推奨されたり、実施に移されたりしている事実である。私的部門で経済的に成功する「女強人」の出現は、この対極の現象である。さらに、女性が経済の改革・開放の大きな担い手であることの一例として、「いまや農業労働力の七〇%は女性である」との強調もある。

北京大学女性学センターの鄭必俊所長によると、「段階性就業」の考え方が最初に出てきたのは上海であり、一九八二年のことという。改革の進展につれて、多くの企業で過剰労働力問題が明らかになり、その整理が進められるようになった。小浜正子氏は次のように報告している。

　長沙市では、八四年に労働契約制を試行して以来、八九年九月までに九二%の国営企業で固定労働者制の改革を実施し、三二%にあたる三〇五機関で人員整理をおこなった。このうち五六機関を調査したところ、整理された労働者は全体の八%に当たる四一二〇人で、女性労働者が二八〇一人含まれており、六八%を占めていた。全国総工会の八八年の予測では、今後全国で二〇〇〇万人―三〇〇〇万人の労働者が整理されるだろうが、その中の六〇―七〇%（一二〇〇万人―二一〇〇万人）は女性労働者であろう、といい、具体的な各調査の結果もほぼこの数字に一致している。とりわけ、出産・育児・哺乳期の女性の割合が高く、瀋陽市の場合など整理の対象になった女性労働者二万人のうち一・三万人は妊娠・出産・哺乳期の「三期」の女工であった。また、全国一二都市の三四機関に対する調査によると、三歳以下の子供のいる層では、整理された男性労働者はこの層全体の一・一%なのに女性は七・一%もの高率を占めていた（小浜 1993：576）。

改革の進展のなかで、効率の高い労働力配置が求められ、余剰労働者が整理・自宅待機・配置転換・早期退職などの対象となっている。女性差別の撤廃という観点からみる時、これらの政策の対象となっている労働者に、⑴女性が多いこと、⑵その中でも出産・育児・哺乳期（三期）の女性が多いこと、に注目せざるをえない。

「婦女回家」とは、女性が労働市場から退出し専業主婦になることである。この問題が厄介なことは、家庭電化製品もなく、家事・育児の社会化も進展しない生活環境の中で、女性が長年にわたって夫より重い家事・育児労働を担いながら男性と同一の労働（時間）を行ってきており、女性のなかに「疲労感」が蓄積されていることである。「婦女回家」は都市住民にかかわる問題である。すでに指摘したように、農村ではむしろ女性の超重労働が問題とされている。この点は後に触れる。上海では、平均的に見て、夫と妻の家事時間は、それぞれ二時間と三時間だという[13]。これは四川省でのサンプル調査でも確認されている（中華全国婦女連合会 1993：30–31）。さらに、子供の教育問題もある。良い学校に入り、良い成績を修めないと将来良い職に就けないという「学歴社会」の問題である。親が家庭で勉強をみたり、家庭教師をつけたり、また塾通いもあるという。経済的に余裕がなければ、家庭でみるしかない。夫婦共働きではこれも容易ではない。見学した三工場で共通に指摘されたことは、子供を持つ女性が管理職に就くことの難しさであった。住宅難のために三世代同居は困難で、また保育施設も不足している。老人介護の問題もある。日本の女性と多くの問題を共通に持っている。もし経済的に可能であれば、専業主婦でありたいと思うことはうなずける。

さらに、「婦女回家」が受け入れられる理由として指摘されるのが、通勤ラッシュの緩和である[14]。しかし最も肯定的な考え方は、女性に初めて選択的なライフスタイルの可能性が出てきたというものである。選択の幅が広がることが豊かさの一つの指標であることは確かである。政府と密接不可分の関係にある中華全国婦女連合会の機関誌『中国婦女』誌が、その一九八九年一月号に「婦女回家」論争に関する大々的アンケート調査の結果と、それをふまえた評論を掲載し、ひとまずこの論争を終結させようとした。少し長いが引用しよう。

調査の結果、「男は外を主とし、女は内を主とする」伝統的分業と、各種の「左」の思潮を経た後に、我が国の女性解放運動に新たな発展がうまれていることがわかった。女性は社会と家庭との多方面からなる自身の人生の価値を実現することを要求しており、男性も女性を評価する価値尺度を社会と家庭の交点の上においている。……

（我々は）社会が女性の人類再生産に対する労働に相応の経済補償を与えることを強烈に求め、女性のために公平な競争の社会的環境を創出していることがわかってうれしい。多年来論議されてきた「段階性就業」についても導入に傾いた意見がみられた。調査は更に我々に、女性が自身の弱さから脱却するよう努力しており、彼女たちの自信と競争に加わろうという意識が、明らかに強化されていることを教えてくれた。……（その他調査から明らかになったこととして）、女性の出路は改革に有利なものでなくてならず、改革と衝突してはいけな（い）……が、（女性は）たくさんの役割の衝突の中で自分を見失（っている）……女性の就業が女性解放の唯一の道である（との）考え方の女性解放論は、もはや理論上偏っ（ている）だけでなく、実践においても無理である。……（これは）女性解放運動に新たな考え方を喚起する（（　）内筆者。小浜 1993：577–578）。

紛れもなく「より多くの選択権を与える」とのスローガンのもとに、都市における子育て期の女性たちを家庭に帰し、余剰労働力の解消と労働の最適配置を実現しようとする女性政策である。具体的には、子育て期の女性が一時的に離職する「段階性就業」と、家庭での請負仕事や非常勤で仕事をする「弾性就業」の導入によって、選択的・部分的に女性を家庭に誘導しようとする。子育て期にある女性は一五人に一人といわれており、余剰労働の整理に役立つだけでなく、保育施設の建設・維持費、子育てのための欠勤率の改善にもつながる。

　女性を政策対象とするこの労働政策について、全国総工会の幹部と会談した機会に質問した。彼女らの答えは、「国の発展があって初めて個人生活の改善がありうる。女性が家に帰って家事・育児をし、男性がそれらから解放されれば男性の労働生産性が上昇する。結果として男性の賃金は上昇し、一人の所得で家計が賄えればそれこそ真の発展の成果である。このような新しい雇用・労働政策は、むしろ、これまでの家庭も仕事もという女性に過大な負担のかかる制度より、女性の福祉の水準を上げるうえで、より進んだ制度への移行と評価すべきである」というものであった。[15] 同様の質問を、中華全国婦女連合会の幹部や北京大学女性学センターでも行った。しかし回答を保留され、逆にわれわれがどう考えるかを質問された。

これに対して、たとえば上海市婦女連合会の幹部たちは明確に、これらの雇用形態は、革命後経済的独立を背景として獲得した、他の国には見られない女性の地位の高さを失わせる危険性を持つものとして、異を唱えていた。「段階性就業」が上海から始まったこと、上海が伝統的に海外に向かって開かれた工業都市であり、また最近の製造業・建設業を中心とする沿海地方の急成長地域をひかえる拠点都市であることを考えると、上海の女性たちが、新しい女性労働政策に疑義を唱えることは十分理解できる。変化の速度が極めて速く、人々のそれらに対する対応に戸惑いが見られるのかもしれない。前述の上海市婦女連合会主催の国際セミナーの論文集には、この問題を扱った論文が多い(16)。

これらの一連の動きは、改革・開放という経済の一つの大きな転換期にジェンダー関係に変化が起こりつつあることを示唆している。「近代化」の過程で生ずる女性に不利にはたらくジェンダー関係の変化は、エスター・ボズラップ（Ester Boserup）によって最初に提起され、今日「ジェンダーと開発論」で盛んに論じられている重要な仮説である（Boserup 1970）。この仮説の検証に新たに中国の事例が加わることになる。

本章を終えるまえに、転換期におけるジェンダー関係の変化（中国の場合には「反転」あるいは「逆転」の方がより適切かもしれない）という観点からもう一つ指摘しておきたい現象がある。それは、「下海」と名付けられる現象である。これは、商品経済の「海洋」に入るという意味であるが、現実に現われている形態は、夫婦の場合、通常は、夫が公的部門の勤務に留まり、妻が私的部門に出る、いわゆる「下海」である。大学関係者の何人かは、このような現象によって、短期的には一組の夫婦の経済状態は改善されるとしても、長期的な女性研究者の養成に支障が出ることを憂慮している。女性が下海する理由が、女性の方が新しい状況に対応する能力が優れているからではなく、公的部門の方が威信が高く、また住宅は夫の職場から配分されることが多いからだという。もちろん、これに加えて、私的部門での新規事業がサーヴィス産業部門に多く、女性の方がこの部門で比較優位（より適している）をもつからかもしれない。住宅、年金、医療保障などを確保しながら、経済的有利さを得ようとするとき、下海するのが女性であることに対して、伝統的夫婦観から説明する人が多い(17)。

いずれにしても、繰り返し指摘したように、女性の、そして結果的に男性の生活の質を改善する手段としての新しい雇用政策が、市場経済化のもとでの余剰労働力の解消による経済効率の上昇であり、それを「婦女権益保障法」が保障する女性の「固有」の役割と関係づけて実現しようとしていることである。女性たちがライフスタイルの選択という形でこの雇用政策を受け入れることが、すでに獲得している女性の社会的、経済的、政治的地位の喪失につながるとの恐れを抱くのは当然である。中国紡績総会、上海市婦女連合会で出会った女性たち、訪問した工場での女性たちが共通に指摘したのが、この点であった。

注

（1）本節のテーマについては、北京大学女性学センターの斉文潁教授による論文、斉 1993 が詳しい。

（2）一九九三年九月一六日に訪問した北京大学女性センターでの聞き取り調査による。

（3）同大学の国際女子大学（International Women's College）の『ニューズレター』第一号によると、同女子大学は、これまでの婦女連合会の監督下にあった党の幹部を養成する幹部管理学院の教育とは違い、広く世界に学生を集める新しい女性の高等教育を目指している。すでに修士課程も設置されている。鄭州大学 1993：3 を参照。同女子大学の財政基盤の全体像は不明であるが、ニューヨークに本部のある United Board for Christian Higher Education in Asia が部分的な財政支援を行っている。

同センター設立に大きな役割を果たした李教授は、筆者が委員長を務めた Committee on Women's Studies in Asia（アジア女性学委員会）編集の書物に一章を寄稿し、体制から「男のように行動すること」を求められた女性が自己の主体性を回復する過程で「女性学」を作り出してゆく様を、自身の体験として執筆している（Li Xiaojiang 1994：100–112）。

（4）この共同研究の成果については、薛伦 1993 を参照。

（5）本章の後段で引用する論文の著者小浜正子は、復旦大学に留学し、上海市婦女連合会のセミナーにも参加して報告をしている。

（6）一九九三年九月一四日の中華全国婦女連合会国際連絡部副部長、白易兰氏との懇談から得た。

（7）一九九三年九月一〇日の北京大学女性学センターでの懇談時に示された。また、中華全国婦女連合会 1993：58-59 も参照。

（8）一九九三年九月の中国訪問中、女性の活躍ぶりは、各種の新聞や雑誌で毎日のように報じられているのを目にした。

（9）一九九三年九月一三日の同会での懇談の中で得た数値である。

（10）黄 1996：第 3 章表 3-11 も参照。

（11）黄 1996：第 3 章表 3-10 を参照。

（12）これは、従来、出産・育児休暇中の賃金は女性労働者の所属機関が全面的に負担していたが、段階性就業による休暇の長期化に伴って、企業収益に敏感にならざるを得ない企業の負担を減じ、「三期」（出産・育児・哺乳期）にある女性の雇用を保護するためにも、「人類の再生産」のための費用を社会的に負担しようとする政策である。基本給一〇〇％保障の産休は九〇日（八八年以前は五六日）（小浜 1993：579-580, 584 注32 を参照）。北京大学女性学センターでの調査において、晩育・一人っ子の場合には最長一五四日までの休暇があることを確認したが、その間の基本給の保障については、七〇－一〇〇％と幅があること、またこれが完全に守られているかどうかについては、必ずしも正確な資料はない。

（13）一九九三年九月二一日、上海市婦女連合会での懇談の中で得た数値である。さらに、他の省あるいは都市での男女別家事時間については、たとえば、小浜 1993：52-57 を参照。ここでは、哈爾浜《ハルビン》等では、女性の家事時間は五・二四時間に達しており、男性のそれは四・一二時間と報告されている。

（14）一九九三年九月、北京大学女性学センター訪問時に得た情報である。

（15）一九九三年九月一七日、全国総工会国際連絡部副部長 傳緒善氏の説明による。

（16）これらの論文の発表者の一人 董維真氏に、一九九四年三月、バンコクにあるＡＩＴ（アジア工科大学 Asian Institute of Technology）で出会い、改革・開放期に入って女性の直面するさまざまな就業上の困難について情報を得ることができた。氏によると、女性の就職が極めて難しくなったことは社会問題になっている。未熟練労働を行う女性だけでなく、高等教育を受けた女性も就職難に悩んでおり、多くの職場で、能力のある女性よりも、たとえ能力が劣っていても男性の方が雇用される傾向も出ている。氏はその最大の理由を、女性の出産・育児期の企業の財政負担と女性蔑視にみている。さらに詳しい情報は、董 1992：11-12 を参照。

（17）中国人民大学の社会学者 沙蓮香教授が一九九三年五月、東京女子大学女性学研究所で行った講演の中で、この点に言及している。

本章が分析の基礎としている統計や知見は、平成五年度科学研究費補助金（国際学術研究、課題番号〇五〇四一〇三三、研究代表者 原ひろ子）を得て実施した研究、「アジア及び太平洋地域における女性政策と女性の社会参画に関する調査研究」の一部である。なお、当該研究費による中国での調査は、一九九三年九月九日から二三日まで、北京および上海で実施した。

第八章　インドネシアの女性

――社会・経済発展の担い手としての女性と女性政策――

1　インドネシアの概況

(1)　経済の概況

インドネシアは、中国、インド、アメリカ合衆国に次ぐ世界第四の人口大国で、一九九〇年の国勢調査によると、同年の人口は一億七九三八万人であった（BPS 1993c：23）。一九四五年の独立時には貧困が蔓延していたが、一九九二年までに一人当たり国民総生産は六一〇米ドルまで上昇し（World Bank 1994：162）、貧困線以下の所得で生活する住民の割合も大幅に減少した。一九七〇年の約六〇％（七〇〇〇万人）から、一九七六年には四〇％（五四〇〇万人）へ、さらに一九八四年には二一％（三五〇〇万人）、そして一九九〇年には一七％（二七〇〇万人）まで、この割合は低下した（World Bank 1994：220）。しかし絶対貧困の撲滅にはまだ多くの努力が必要であり、当然のことながら、当面の開発努力の一つは貧困をなくすことに向けられている（Asra 1989, Booth 1992, Hughes and Islam 1981）。この事実は、たとえば、一九九四年から開始されたＩＤＴ（Inpres Desa Tertinggal）プログラムの実施に表われている(1)。

一九九五年三月、コペンハーゲンでの世界社会開発サミットでも明らかになったように、世界には、貧困線以下で生活するほぼ一三億人がおり、その七割が女性である。インドネシアについても他の国と同様に、貧困に関する信頼できる男女別統計はない。しかし、以下でみるように、インドネシアにおいてもこれまで諸章で論じてきた、エスター・

ボズラップ（Ester Boserup）の仮説（Boserup 1970）を裏付ける実証データは数多くあり、政府としてもこの状況への対応を迫られている。貧困の撲滅・緩和と女性の地位の改善をどのように結びつけるか、以下ではこの大きな枠組から議論を進めたい。

スカルノ政権末期の経済的混乱は、一九六五年のスハルト将軍による「新秩序」政府の樹立を機に、強引ともいえる手段によって終止符が打たれた。七〇年代の石油価格の高騰期には、産油国の強みを十分に活かして豊富な財政資金を投入し、農村で「緑の革命」を成功させ、都市には製造業を興し、一九六七年‐一九八一年の平均経済成長率は、一九七三年固定価格で七・七％を記録した。しかし、一九八〇年代の世界経済の停滞期に入って成長率は三％台に落ち、国際収支の悪化、累積債務問題も深刻になった。八〇年代の終わり頃からIMF（国際通貨基金）・世界銀行が主導する構造調整政策のもと、より自由な外国投資の受け入れ、民営化、各種の規制緩和に取り組みはじめ、成長率は一九九〇年には七・四％（非石油部門は七・九％）、一九九一年には、世界の成長率がマイナス〇・三％であったにもかかわらず、六・六％まで回復した。構造調整政策の狙いは、短期的には緊縮的マクロ政策による、成長路線への復帰、交易条件の回復、貿易収支の改善であり、中・長期的には、外貨・財政収入の過度な石油依存を改め、成長のエンジンを石油以外の新しい輸出産業に求めることであった(2)（Oey-Gardiner 1991：1-3）。

本章の基礎となる調査のために筆者がインドネシアを訪問したのは一九九四年九月一〇日‐九月二三日の二週間であった。一九九四年は経済の「第五次五カ年計画」（REPELITA V）の最終年であり、当該計画の前提となるマクロ経済開発の目標は、「第一次二五カ年長期開発計画」で設定された大目標に沿っており、国民の基本的ニーズ（basic needs）を満たし、健全な農業部門に支えられた工業開発を通して均衡のとれた経済構造を作ることにあった。具体的には、(1)非石油・液化天然ガスの輸出振興、(2)国内資源の動員、(3)雇用創出、(4)基本的ニーズの充足と人的資源の開発、(5)私的部門の強化、(6)資源利用の最適化を図りながらの既存の投資の効率性の改善、などがめざされていた（Asian Development Bank 1990）。

一九四五年八月一七日に独立を宣言したインドネシアの政治は、建国五原則パンチャシラ（Pancasila）と一九四五年憲法に則って行われている。建国五原則とは、(1)唯一絶対神（アッラー）への帰依、(2)人道主義（正義と道徳性）、(3)民族主義（単一国家）、(4)民主主義（代議制と合議制）、(5)社会的公正、である。「新秩序」政府の軍隊・警察力を背後にもつ強権政治には多くの批判があるが、[3] 米の自給達成、貧困線以下の所得で生活する人の割合の大幅な減少、人口増加率の急激な低下（一九七〇―八〇年 二・三二%、一九八六―九〇年 一・九八%）、出生一〇〇〇人当たり乳児死亡率の改善[4]（一九六七年 一四五‰、一九八六年 七一‰）などに見られるような、過去二〇年間の社会・経済面での実績は、ＦＡＯ（国連食糧農業機関）、国連人口基金、ＷＨＯ（世界保健機関）等からのスハルト大統領への賞・メダルの授与という形で、世界的に評価されている。

(2) 女性の地位

それぞれの文化を持つ一〇〇以上の民族グループが、六〇〇〇を超える島々に居住しているインドネシアの女性の地位を包括的に論じることはできない。ある研究によると、インドネシアの女性は伝統的に多様な経済活動に従事してきており、その社会的地位も高く、経済活動への参加や教育を受ける機会においても、取り立てて問題にするような男女差別がない。「各分野における生産活動に従事するだけでなく、経済的、経営的能力に優れ、家庭において、また仕事において、発言権、決定権を夫と対等にもっているのが伝統的なジャワの女性であったと言えよう」（中村 1998：92）。中村緋沙子は、バリやミナンカバオの女性についても同様の地位の高さを示唆している（同：90-99）。

ハンナ・パパネック（Hanna Papanek）とローレル・シュウェード（Laurel Schwede）は、とくに女性の高い稼得力と家計管理力、それを可能にする社会・経済的背景を分析する中で、近隣のアジアのイスラム教国との比較においてインドネシア女性の自立性を論じている。相対的に見て、インドネシアの労働市場がより大きな選択肢を女性に与えていること、核家族を中心とする家族形態が家父長制的従属を女性に課さないことなどをその根拠としている

表8－1　データで見るジェンダーの状況

	年	男	女	男女比（男=100）
人口（100万人）	1992	91.2	92.3	101.2
出生時平均余命（歳）		60.4	64.2	106.2
乳児死亡率（‰）		67	53	79.1
10歳以上非識字率（%）		10.6	21.3	200.6
学校在籍率（%）	1990	男＋女平均		
初　等		96		96
中　等		41		84
高　等		n.a.		n.a.
労働力率（%）	1993	73.2	45.5	62.2
従業上の地位（%）				
雇用者		35.2	27.0	76.5
自営業者		51.6	30.3	58.6
家族従業者		13.1	39.8	303.0
所得・賃金格差（ルピア/月）	1991			
農　業		63,877	34,824	54.5
工　業		110,464	64,265	58.2
商　業		123,224	90,928	74.0
サーヴィス業		132,653	84,159	63.4
国会議員（人）	1992			（女性比率%）
任命議員		461	38	7.6
公選議員		434	62	12.5

（注）n.a.：データなし。
（出所）学校在籍率は、World Bank 1994：144, 146。その他は、BPS 1993a のデータから作成。

(Papanek and Schwede 1988)。筆者自身の中部ジャワ農村での現地調査からも、「不可視(invisible)」といわれる南アジアの女性と違って、ジャワでは、女性は経済的にも社会的にも「可視」、すなわち「目に見える」存在であることは確認している。しかし、これは男性と平等な地位を女性が得ていることを意味しない。表8－1の数値もこのことを示唆しており、本章の以下の分析も数値を用いてこれを示している。そして後述の、インドネシアの女性政策・女性の役割担当国務大臣室の役割が示すように、インドネシアにおいても国の政策として、女性の地位の向上が図られている。

上層階級の高等教育を受けた女性の社会・経済的地位が、たとえば日本の同様な階層の女性に較べて高いことに異論はないが、田口理恵が示すように、この階層の女性であっても、「母・妻」になって初めてその存在が社会的に認知されることは、疑いのない事実である（田口 1996：253-275）。民族主義運動・女性運動の先駆者として、社会生活の変革を進め、経済的にも自立した女性の育成を説き、今世紀初頭に、ジャワ人女性のための私塾を開いたラデン・カルティーニ（Raden Ajeng Kartini）の活動は、世界的に知られている(5)（スロト 1982）。

表8-1のデータは、女性の置かれた状況を「絶対値」と「男性＝一〇〇とした場合の相対値」で示してある。いずれの指標を見ても、このような平均値で相対的にとらえるとき、男女平等が達成されているとはいえない。もちろん、中村のような評価の前提には、「平等とは何か」の基本理念の問題がある（中村 1985）。しかし本章では、「平等」の基本理念を論ずるよりも、2節において、「平等」を求める具体的背景としての労働市場における構造変化を女性に焦点を当てて概観し、3節において、インドネシアの女性政策、とくに女性の役割担当国務大臣室の役割を中心に検討したい。ついで、インドネシアにおける女性学の現状と女性を支援するＮＧＯ活動の状況をみることとする。なお、経済的側面から女性の状況・役割を分析している文献は少ないことを指摘しておこう（Hart 1986, Insan Harapan Sejahtera 1992, 1993, Naylor 1992, Oey 1985, Siwi et al. 1989, Sajogyo 1985, Wentholt 1991, White and Hastuti 1980）。

2　インドネシア経済の中の女性

(1)　概　況

いずれにしても、本章の主題に照らして論ずる場合、問題は、女性の伝統的・相対的な地位ではなく、開発・発展

表8－2　居住地別男女別労働構成と産業間労働力配置

(%)

産業	都市				農村			
	男		女		男		女	
	1971年	1990年	1971年	1990年	1971年	1990年	1971年	1990年
農業	11.6	10.8	8.7	7.0	76.9	66.4	72.2	63.8
製造業	11.3	16.8	13.8	20.5	4.9	7.2	11.3	12.6
建設業	7.0	7.8	0.3	0.5	2.1	5.1	*	0.2
商業	22.9	21.9	35.8	34.7	6.5	8.1	11.7	15.4
運輸業	12.3	10.5	0.8	0.6	1.9	3.7	0.1	*
サーヴィス業	31.6	25.5	39.2	34.0	7.4	7.9	4.6	7.3
その他	3.3	5.3	1.3	2.5	0.3	1.7	1.0	0.7
居住地別構成比	16.1	28.0	12.1	25.0	83.9	72.0	87.9	75.0

（注）　*＝0.1%未満。
（出所）　Insan Harapan Sejahtera 1993：49より作成。

過程を通して、女性がどのような役割を果たし、またどのような影響を受けているかである。そこで、スハルト政権成立後の二〇年に起こった労働市場での変化を、労働統計を手がかりに概観しよう。以下の数値は、一九七一年から一九九〇年の二〇年間にインドネシアの労働市場には明らかな構造転換があったことを示している。

一九七〇年代初めには労働力の三分の二以上が農業部門で働き、農業国といわれたインドネシアであるが、二〇年後には約半数がこの部門に残っているだけである。この間、商業、サーヴィス、製造業の重要性が増した。この三つの産業部門は、一九七一年には二九%の労働力しか吸収していなかったが、一九九〇年には四〇%の労働力に雇用機会を提供している。このほか、まだ絶対的には雇用吸収力の小さい産業が以前より多くを雇用し始めている（五%から一〇%へ）（表8－2）。

この労働市場の構造転換過程は、いくつかのパターンによって特徴づけられている。第一は、産業構造が高度化し、農業を中心とする第一次産業の比重が急激に低下したことである。この間都市化が進展して、雇用吸収のベースが農業集中型から、とくに都市を中心として多様化している。第二は、この急激な都市化である。七〇年代の都市化は、主としてジャワを中心とする貧困、人口圧力と「農業革命」（緑の革命。本書第四章3参照）が人々を農業・農村から、とくに生き残りをかけて都市の「非公式部門《インフォーマル》」（政府・行政機関によって取引や経済活動が補足されていない部門）に押し出した（「プッシュ」要員が大）。これに対して八〇年代の都市化は、先進諸国の経済発展の初期に見られたような、都市およびその周辺に立地した労働集約的な工場での雇用機会に引き寄せられる形で、都市へ労働力を引き寄せた（「プル」要員が大）。

第三は、この過程が労働市場の「公式化《フォーマリゼイション》」を伴ったことである。都市・農村を合わせた公式部門での就業者の割合は七一年の三一・一%から三六・四%へ増加した（Insan Harapan Sejahtera 1993 : 57）。とくに農村の農家世帯の妻と娘は無報酬の家族従業員（非公式部門）に留まっていても、貨幣経済の農村への浸透は、家庭内で担われていた機能のいくつかを市場に持ち込むことになった。したがって、八〇年代には、報酬を伴う雇用機会が急速に拡大した。最後に、その結果として、労働市場全般に「女性化《フェミニゼイション》」が進展しただけでなく、都市の公式部門の「女性化」も進展した。しかしこの過程の中にあっても、労働市場のジェンダーによる偏り《バイアス》は依然強かったため、女性の雇用は多様化したとはいえ、少数の産業部門に集中したままであった。労働力の産業間配置には、明らかにジェンダーによる違いがある。

いずれにしても経済構造の変化は労働市場に確実に反映しており、とくにその女性労働への影響という観点から整理すると、次の六つの働きとして捉えられる。すなわち、(1)労働市場の女性化、(2)労働力の「高齢化」、(3)教育水準の上昇、(4)労働力の都市化、(5)農業の役割低下、(6)都市における労働力の公式化——非公式部門から公式部門への労働力の移動と農村における非公式化の強化、である。以下でこれらの変化を順を追って概観しよう。なお、労働市場の分析にあたって依拠した数値は、基本的には、それぞれの年に実施された国勢調査である。しかし、国勢調査の情報収集には問題があるとしていくつかの修正値が発表されており、本稿ではその中からとくに女性労働についての数値修正を行っているインサン・ハラパン・スジャハトラの修正値を利用した（Insan Harapan Sejahtera 1993）。

先に進む前に、この研究の限界をまず指摘しておきたい。

この研究は男性との対比において、女性が全体的にどのような状況にあるかを捉えることを目的としている。したがって、個々の女性の生活一般を理解するために、必要なもう一つの分析方法はとっていない。それは全体を集計しない個々の主体の活動・行動を直接とらえようとする方法である。たとえば、一世帯の農業生産であれば、家族構成員のそれぞれが生産のためにどのような資源をどれくらい持ち、どの生産にどのような役割を果たし、何時間を使い、それから得られた所得が誰のどのニーズを満たすべく使われるのか、などである。ジャワの自作農家の場合を例にとれば、土地・資金・生産技術を含む生産のための資源を、誰がどのように所有・統御・管理しているのか、それで作ることのできる作物の中から誰が何を作ると決めるのか、あるいはどの組み合わせで生産物を作ると決めるのか、その生産に誰がどのような役割を果たすのか、それから得られた所得はどのように誰のために使われるのか、などの分析である。

筆者の過去二回の現地調査によると、米作の自作農家の場合、女性は四〇－六〇％の労働を引き受け（この割合は刈り入れをどのようにするか、さらに労働者を雇う場合、誰がその監督・食事の世話をするかなどで変わってくる）、また多くの場合、妻が、いつ誰に稲を売るかも決めている。しかし土地はほとんど夫の所有であるため、伝統的な手法で生産への寄与を測定すると、女性の寄与は小さく計算されてしまう。[6]また、女性が自分のために使う所得はほとんどない。このようなミクロの家計（世帯）の生産・消費を含む方針決定などでの家族全体を対象とした「ジェンダー分析」、「ジェンダー・プランニング」が大切になってくる（村松 1994，田中 1993 および本書第二章2参照）。

(2)　労働市場の女性化

女性の労働市場への参加が増大するにつれて、労働力の「女性化」が起こっている。一九七一年の男女合わせた労働力率は五〇％であったが、九〇年にはそれは五五％へ増加した。表8-3が示すように、この間、女性の労働力率は三二％から三九％へ上昇し（修正値によると女性の労働力率は四二％となっている）、女性の労働力率の上昇は男

表8－3　労働力・同関連データの推移

	1971年		1980年		1990年	
	男	女	男	女	男	女
10歳以上人口（100万人）	39.0	41.4	51.3	53.0	66.7	68.3
年平均増加率（%）			3.00	2.73	2.62	2.53
女性の比率（%）		51.4		50.8		50.6
労働力（100万人）	26.8	13.3	35.1	17.3	47.4	26.5
			(36.1)	(20.0)	(47.4)	(28.6)
年平均増加率（%）			2.93	2.93	3.00	4.26
			(3.25)	(4.50)	(2.73)	(3.58)
労働力率（%）	69	32	68	33	71	39
			(70)	(38)	(70)	(70)
女性の比率（%）		33		33		36
都市居住者（100万人）	4.4	1.7	7.1	2.9	13.6	6.9
農村居住者（100万人）	22.4	11.6	28.0	14.4	33.8	19.6
家族従業員（100万人）	4.7	5.3	4.2	5.0	5.2	9.0
			(5.1)	(5.2)	(5.2)	(11.1)
年平均増加率（%）			(0.95)	(4.05)	(0.07)	(3.70)
労働力に対する比率（%）	18	40	12	29	11	34
			(14)	(39)	(11)	(39)
女性の比率（%）		53		64		63
				(60)		(68)
失業（100万人）	0.7	0.2	0.5	0.4	1.3	1.0
失業率（%）	2.4	1.8	1.4	2.2	2.8	3.9
女性の比率（%）		27		44		44
新規参入（100万人）	0.3	0.1	0.3	0.2	1.0	0.8
うち失業率（%）	4.6	4.5	5.4	5.0	7.6	7.8
女性の比率（%）		26		43		44

（注）（　）内数値は、Insan Harapan Sejahtera による修正済み数値。「増加率」は、1971-80年と1980-90年の間の年平均増加率。

（出所）1990年のデータは、BPS　1993c：5-10，34-36，1980年データは、Insan Harapan Sejahtera 1993：18，25，26，32 より作成。

表8－4　居住地別・部門別女子労働力比率（労働力全体に占める割合）

（%）

部　門	都　市		農　村		総　計	
	1980年	1990年	1980年	1990年	1980年	1990年
公式部門	25	31	33	30	30	31
第一次産業	22	22	31	31	30	30
第二次産業	23	29	32	31	30	30
第三次産業	26	34	36	28	30	33
非公式部門	35	36	34	39	34	39
第一次産業	22	24	28	36	29	36
第二次産業	27	25	46	49	43	43
第三次産業	39	42	49	47	46	44
合　計	29	33	34	37	33	36

（出所）Insan Harapan Sejahtera 1993：58より作成。

性のそれを上回った。したがって全労働力に占める女性比率も三三%から三六%へと増加し、アジアの他の諸国と同様に、インドネシアにおいても労働市場は女性化した。表8-3の七一-八〇年と八〇-九〇年に生じた労働力の増加率データおよびその修正値から、女性が男性を上回って労働力化したことがより直接的に読みとれる。

この労働市場の女性化は、基本的には、都市の公式部門（女性比率は八〇年の二五%から九〇年の三一%へ）と農村の非公式部門（それぞれ三四%から三九%へ）の両部門での女性化によって生じている（表8-4）。ここでの公式部門・非公式部門は、個人をもととする概念であり、被用者・雇用者として就業している個人は前者に、自営業者をはじめ無報酬の家族従業者を含む被用者・雇用者以外の就業者が後者に分類されている。同表が示すように、都市の公式部門での女性化は、製造業を中心とする第二次産業部門とサーヴィス産業を中心とする第三次産業部門の賃金労働者の女性化に起因している。

公式部門の第二次産業の女性比率は二三%から二九%へ、第三次産業の女性比率は二六%から三四%へと上昇した。これに対して農村の非公式部門での女性化は、農業を中心とする第一次産業の女性比率二八%から三六%へ、さらに第二次産業部門の四六%から四九%への増加に現われている。公式部門と違ってこの女性化は、夫や

図8－1　修正ずみ男女別労働力率の推移（1971, 80, 90年）

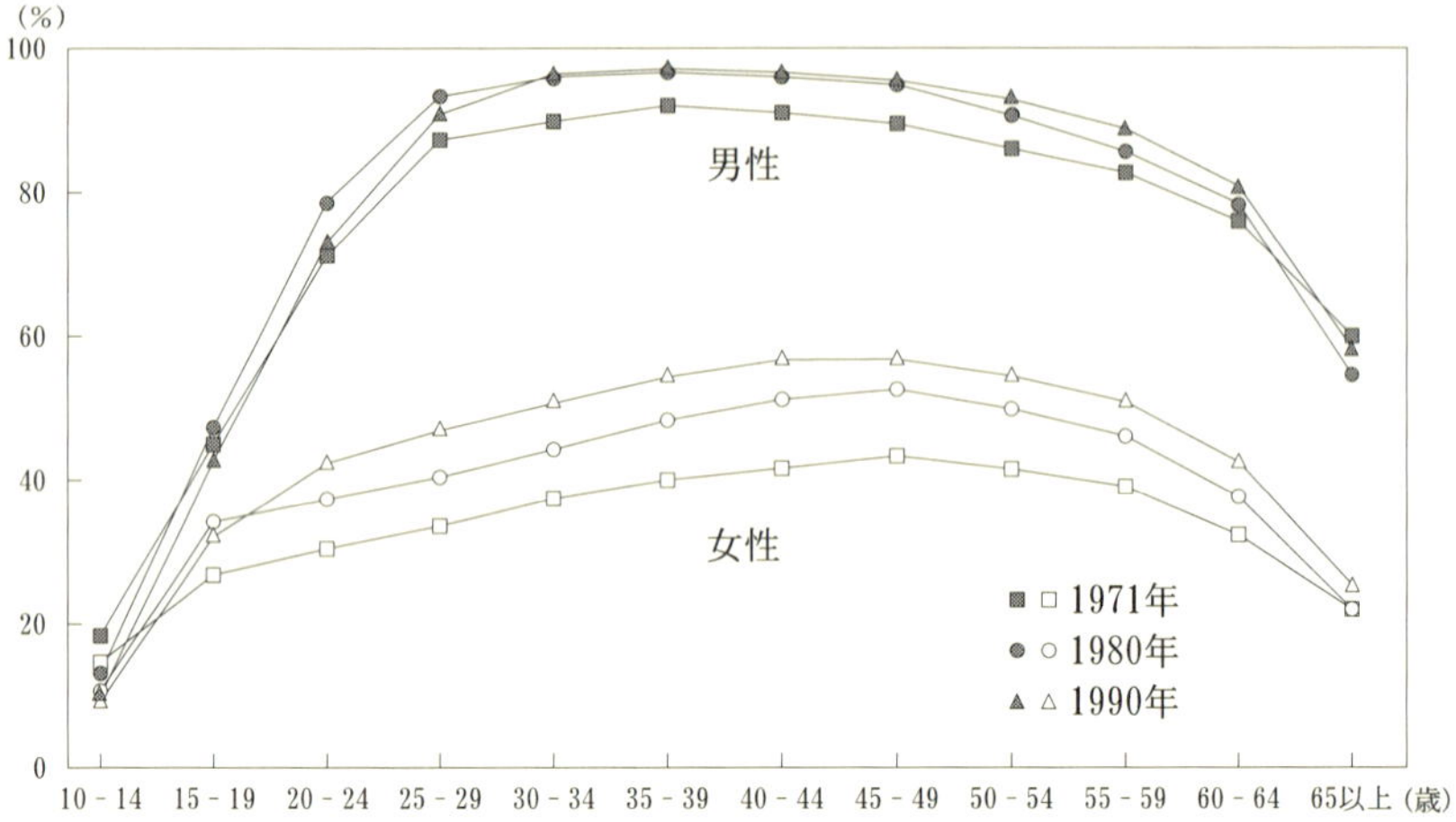

（出所）　Insan Marapan Sejahtera 1993：42-45.

親族の手助けをする無報酬の家族従業員の増加から生じている（表8－3、表8－4）。

したがって、都市＝農村の労働力配置を考慮すれば、全体としての労働市場の女性化は、非公式部門での女性化といえる。これは主として公式部門の女性比率が三〇％前後で安定しているのに対し、データのある八〇年、九〇年を比べただけでも、非公式部門の女性比率は農業部門だけで二九％から三六％へ増加しており、無報酬の家族従業員の増加からきていることがわかる。労働力の女性化は、最も報われることの少ない家族従業員として女性が労働市場に参加していることの反映である。

(3)　労働力の「高齢化」

労働力の「高齢化」は、主として一〇－二四歳層の労働市場への参入が増えた一九七一年から八〇年の間と、その後のこの年齢層の相対的減少によって生じている。さらに五五歳層以上の増加も、数は少ないものの無視することはできない（表8－5、図8－1）。一〇－二四歳の若年層の相対的減少とその労働力率の減少は、国家政策である初等教育の義務化をめざす過程と密接な関係がある。インドネシアの初等教育在籍率は、一九七〇年から九〇年の二〇年間に全体としてその年齢グループの八〇

表8-5　居住地別人口と労働力

		1971年		1980年		1990年	
		男	女	男	女	男	女
実数	人　口（100万人）						
	都　市	10.4	10.4	16.4	16.5	27.7	27.7
	農　村	47.9	49.8	56.5	57.4	61.7	62.1
	都市人口比率（%）	15.6	17.3	22.5	22.2	31.0	30.8
	労働力（100万人）						
	都　市	4.4	1.7	7.1	2.9	13.6	6.9
	農　村	22.4	11.6	28.0	14.4	33.8	19.6
	都市労働力比率（%）	16.4	12.8	20.2	16.8	28.7	26.0
年平均増加率	人　口（%）						
	都　市	-	-	5.05	5.03	5.73	5.78
	農　村	-	-	1.82	1.57	0.96	0.86
	労働力（%）						
	都　市	-	-	5.12	6.30	7.23	9.34
	農　村	-	-	2.47	2.35	2.04	3.43
年齢別構成比	都　市（%）						
	10〜24歳	24	32	24	35	23	35
	25〜39歳	44	37	43	33	46	38
	40〜54歳	25	23	25	24	22	19
	55歳以上	7	8	8	8	9	8
	農　村（%）						
	10〜24歳	26	30	28	32	26	28
	25〜39歳	40	37	35	32	38	36
	40〜54歳	24	24	25	26	22	24
	55歳以上	10	9	12	10	14	12

（注）「増加率」は、1971-80年と1980-90年の間の年平均増加率。
（出所）Insan Harapan Sejahtera 1993：42, 43, 45より作成。

%から一一六%に急増しており、とくに、女児は七三%から一一四%へと男児の増加率を上回った[7]（World Bank 1994：216）。

これに加えて、七〇年代には減少していた女性では最も再生産力の高い二五－三九歳層の比率が、八〇年代には増勢に転じている。女性の「家族責任」は年齢によって異なるため、女性労働力は男性労働力と違って比較的若年層に多いが、その若年層が教育水準の上昇に伴って、一つ上の年齢層に上方移行している。

出生率は七〇年の四二‰から九二年には二二‰へと大きく低下した（World Bank 1994：212）が、各年齢層の絶対人口は増加している。この間一〇－一四歳層の労働力率を除いて労働力率はすべての年齢階層で増大している（図8-1）。七一年から九〇年にかけて男性労働力率は全体で二％ポイント上昇したにすぎないが、女性のそれは七％ポイントも増加した。過去の高い人口増加がこの労働力率の上昇とあいまって、二〇－三四歳層の、とくに二五－三九歳層の構成比を大きくしている。後述の第五次五カ年計画が経済的自立支援の対象とした年齢層がここにあるのもうなずける。

この一般的傾向の中で、一〇－二四歳層では男性に比べて女性の新規参入者が相対的に多い（表8-5）。この層が七〇年から八〇年にかけて上昇し、その後、低下傾向に転じていることは前述した。この傾向はまず、過去の出生率と死亡率と労働市場への参入パターンの変化から生じている。これに対してより高い再生産年齢にある二五－三九歳層では、労働力に占める割合は七〇年から八〇年の間に減少し、その後、増勢に転じている。この間、それ以上の高齢層の割合はだいたい三分の一程度で安定を示している。この一連の傾向は労働力の将来を視野に入れたとき重要となる。

もしこの時点の労働力問題が、新規参入者が急速に増加していることからきているとすると、近い将来の問題は、より高い再生産年齢にある層が高率で増加することから生じることになる。さらに、すでに新規参入者の中の労働力率が減少し始めている若年層は、急激な出生率の低下から将来も減少し続けるであろう。この時点での新規参入者が同時出生集団《コーホート》であることを考慮すると、このより高い再生産年齢にある二五－三九歳層が、将来しばらくの間は増加し続けることが予測される。これらの趨勢は、将来の労働力問題が性格を変えることを示唆している（Insan Harapan Sejahtera 1993：13-66）。

この時点での主たる関心事は、より高い教育を受けて新規参入してくる若者たちにより生産的な雇用機会を創出す

表8－6　教育水準別生産年齢人口

（単位：100万人）

教育水準	男		女	
	1971年	1990年	1971年	1990年
な　し	11.48	7.08	21.04	14.90
小学校中退	14.74	21.19	12.03	21.29
小学校卒	9.40	21.19	6.37	19.80
普通中学校卒	1.61	7.39	0.97	6.00
職業中学校卒	0.63	0.65	0.31	0.43
普通高校卒	0.64	4.74	0.27	3.09
職業高校卒	0.49	3.05	0.24	2.16
短期大学・専門学校卒	0.11	0.65	0.03	0.41
大学卒	0.10	0.69	0.03	0.30
合　　計	39.21	66.69	41.29	68.38

（出所）　Insan Harapan Sejahtera 1993：35より作成。

ることであるが、将来は、より低い教育しか受けずにすでに何年かの労働経験をもつ就労者に、いかに生産的雇用を維持し続けるかが政策課題となるだろう。とくに前述のように、生産的雇用機会の欠如から大量の無報酬家族従業者を生み出している女性にとっては、この事態への対処が政策課題として重要になってくる。

(4)　教育水準の上昇

一九七四年に「初等教育に関する大統領特別指示」が出され、授業料無料の一村一小学校プログラムが開始された。一九八九－九四年を計画期間とする「第五次五カ年計画」の終了時までに、初等教育の皆教育が、次いで、その上の目標として前期中等教育の皆教育化がめざされている。一般的な所得水準の上昇、徒歩で通学できる距離に小学校が建設されたこと、七四年の大統領特別指示、さらに教育を必要とする公式部門での雇用機会の増大などがあいまって、小学校教育は急速に普及していった。

これを反映して、表8－6に見られるように、教育水準別の生産年齢人口構成も変化した。一九七一年には生産年齢にある五一％の女性が全く教育を受けていなかったのに対して、九〇年にはその割合は二二％近くまで減少した。代わってこの間、何年かの小学校教育を経験した女性の比率は二九％から三一％に増加し、とくに、小

表8－7　学歴別労働力構成と失業率

（%）

教育水準	労働力				失業率			
	1980年		1990年		1980年		1990年	
	男	女	男	女	男	女	男	女
な　し	22.3	43.9	12.5	25.7	0.8	1.4	0.7	0.8
小学校中退	39.7	33.1	27.5	27.6	1.0	1.8	1.4	1.6
小学校卒	24.1	15.5	33.3	28.3	1.5	2.4	2.1	3.3
普通中学校卒	4.9	2.2	9.6	6.0	2.6	4.5	4.4	7.6
職業中学校卒	1.4	0.6	1.1	0.5	2.0	3.0	2.8	5.6
普通高校卒	3.0	1.4	7.6	4.6	3.7	7.0	9.1	17.4
職業高校卒	3.5	2.8	5.8	5.3	3.5	4.6	5.7	9.6
短期大学・専門学校卒	0.5	0.3	1.2	1.1	1.4	3.9	4.2	8.3
大学卒	0.5	0.2	1.4	0.8	1.1	2.8	6.2	12.2
合　計	100.0	100.0	100.0	100.0	1.3	1.9	2.8	3.6

（出所）　Insan Harapan Sejahtera 1993：39，41より作成。

学校を卒業した女性の割合は一五%から三一%へと一挙に高まった。男性と比してまだ女性の教育を受ける機会は少ないが、その改善のスピードは男性を上回っている。これは小学校教育で見られる現象だけでなく、中学から大学まで、すべての教育段階で実現されている。

八〇年から九〇年にかけて増加した労働力は一九九〇万人だったが、そのうち小学校卒業者は六〇%を超える、一二〇〇万人だった。女性はその四一%を占め、高校卒業者六〇〇万人の三分の一の二〇〇万人が女性であった。大学卒業者でもこの比率は変わらず、卒業者一二〇万人の四一%、五〇万人が女性だった。これを受けて、女性のうち、全く学校教育を受けていない就労者は、九〇年までには二五%と大幅に減少したが、男性では一二%まで低下していることを考慮すると、将来、教育を受けていない女性就労者の雇用確保がますます深刻な問題となることがわかる。

その一方で表8-7の学歴別失業統計を見ると、高校卒業以上の高学歴女性の失業問題の深刻さが実感される。七一年には男性の失業率がより高く、女性は失業者の二七%を占めるにすぎなかった。しかし八〇年以降は経済基盤が拡大し、第二・三次産業での雇用機会が増大する中で失業率全体が上昇し、女性の失業率が男性のそれを上回り、失業者の女性比率は四四%に達するようになった。この失業率はいわゆる完全失業率であり、前述のような規模での無報酬の女性家族従業員の増大が進展している。失業率の高さに加えて、すでに公式部門での若年女性労働者の労働条件の劣悪さも指摘されている（原田 1991, 水野 1993a, 1993b, Lim 1990）。

同時に、中等教育の拡充が政策課題となっているこの時期に、ある意味での「過剰教育」の状態が出てきていることにも注意しなければならない。希望の職種で卒業後、二、三年就職活動をしても就職できず、希望を下げて、数年前まで一つ下の学歴で得ていた職業に就く若者が多いことは、中部ジャワでの筆者の一九九一年の調査でも確認されている。かつては小学校卒業者が就業していた合弁の繊維工場では、九〇年当時は高校卒業者でなければ働けなかった。過去の労働力の増加とは相いれない資本集約度の高い技術選択による工業化の遺産といえる。

(5)　労働力の都市化

表8-5に示されているように、一九七一年にはわずか二〇八〇万人が都市に居住していたが、九〇年にはその数は二・七倍に近い五五四〇万人に増大した。全人口に占める都市居住者の割合も一七・六%から三一・〇%へ急増した。この間の労働力の都市化率も一五・二%から三八・四%に拡大し、人口全体より労働力の都市化がより急速に進展している。この都市化には三つの特徴が読み取れる。

第一はその速度の速さであるが、とくに農村居住者の増加率と比較するとき、両地域の増勢率格差が注目をひく。すでに指摘したように、七〇年代と八〇年代では都市化を牽引した要因が異なり、前者は農村での貧困が「プッシュ」したものであり、後者は都市の雇用機会が「プル」したのである。

第二はそれが時代を追って加速化していることである。もちろん過去の高い出生率と急速に低下した死亡率と、さらに加速化している労働力率の増加が背後にある。これは基本的には、都市およびその周辺での工業化の過程と、それに随伴する経済的に豊かになった都市中間層の増大に呼応するものである。これは産業別労働力構成に見られる製造業、サーヴィス業のシェア増加から判断される。商業、サーヴィス業は「家事手伝い」をその代表とするが（Oey-Gardiner 1991：4-36）、表8-2の「その他」の範疇に分類される金融業での女性雇用の拡大のような、公式部門での高学歴者の雇用増も含んでいる（Insan Harapan Sejahtera 1993：49-50）。

しかし、ここでとくに女性に焦点を当てて問題となるのが第三の特徴である、女性労働力の男性を上回る高い増加率とその若年層への集中の大きさである。すでに指摘した若年層の中でも七〇年代より一つ上の年齢層の急増ぶりである。農村への高齢女性の集中はこれと表裏をなす現象である。これもまたすでに見たように、若年の新規参入者がこの動きの中心におり、この層に完全失業・不完全就業（無報酬の家族従業員）が広く見られる。これは都市だけの現象ではなく農村でも顕著に見られる。

さらに注意を要する問題は、労働市場の動きは、登録された居住地に基づく趨勢であって、農村に居住し都市部へ通勤する労働力の動静がここからだけでは明確にならないことである。筆者のかつての調査村を再訪した聞き取りでもこの層の増加が指摘された。道路・交通網の整備で毎日の通勤が可能になったこと、さらに地価高騰の激しい都市部での居住を避ける傾向などがあるからである。農村部での初期中等教育、さらには後期中等教育修了者の農村居住の増加傾向である（Insan Harapan Sejahtera 1993：46）。この傾向は若年未婚女性に対する社会的規範からも、男性より女性に見られるようである。これは都市部での魅力的職場だけでなく、農村部でも同様な雇用機会を創出する必要を示唆している。

(6) 農業の役割の低下

「緑の革命」が本格的に進展する直前の一九七一年の農業従事者は全就業者の六五・八％を記録していた。男女別では男性の六六・四％、女性の六四・五％がこの部門で働いていた。二〇年後の九〇年にはこれらの数値は、それぞれ、五〇・四％、五〇・八％、四九・六％へと減少した（表8-2から算出）。米の自給と同時に、農村に蔓延した貧困を削減しようとして導入された米の「高収量品種」の種子・肥料・農薬・水・信用《クレジット》の一括利用プログラムは一〇年余で米の自給達成という形で成功した。「緑の革命」の評価はすでに多くの研究者によって行われており、諸文献に詳しい[8]。ここでは女性の役割と女性に与えた影響という観点から三点だけ言及しておきたい。

第一の直接の効果は、土地・その他の生産資源へのアクセス（所有・利用）の有無によって、所得分配を「持てる者」により厚くしたことである。生産資源へのアクセスにおいて男性より圧倒的に不利な女性たち、とくに土地なし層の女性たちは、この所得増加の機会から排除されていた。「緑の革命」が進展したジャワにおいて、それ以前の社会が「貧困の共有」（shared poverty）の状況にあったか否かは論争の的ではあったが、少なくともこれを契機として階層分化が大きく進んだことは確かである（Geertz 1963, Collier 1978, Muramatsu 1985a, 1993）。

第二は、それまでと違って茎の短い稲を大量に一時に刈り取ることになったため、刈り取りに使う道具が女性用の小型ナイフ「アニアニ」から、男性用の鎌に移り、刈り入れ労働が大幅に女性の仕事から男性の仕事に移り、女性が仕事を失うことになった点である。さらに、大量の稲を一時に刈り取ることになったため精米が機械化され、それまで女性が手で行っていた精米の仕事も男性の手に移ってしまった。

第三は、刈り取り方式の転換が労働配置の変化に拍車をかけたことである。それまでは誰でも自由に参加できた「開かれた」収穫労働が、収穫直前の稲を一括して米業者が買い取り、業者が雇い入れた刈り取り労働者の手にこの労働が移ったことである。この新しい刈り取り方式で能率的とされるのは、鎌を使う男性であった。男性労働による女性労働の置き換え過程は、全般的雇用情勢に影響されるので将来の方向まで断定できないが、高収量品種導入の直後にはこの置き換えが大幅にみられ、女性の雇用機会が激減したのは事実である。このような状況は、まさにボズラップによって描かれた、「近代化の過程で女性は負の影響を受けがちである」ことを示している。さらにローデス・ベネリア（Lourdes Beneria）とギタ・セン（Gita Sen）による開発過程での資本蓄積過程と女性労働の関係をも裏付けている（Boserup 1970, Beneria and Sen 1981, Hart 1986, Oey 1985 および本書第四章）。

この農村での「近代化」の過程が大量の女性を農業労働から押し出し、都市や農村での女性の零細商人を急増させた背景にある。もちろん、時間の経過とともに開発の所得水準押し上げ効果は農村でも感じられるようになり、所得水準の上昇につれて、それまで家庭で生産されていた自家消費用の生産が市場化されるようになり、製造業、商業、サーヴィス業を盛んにする新たな要因が生まれ、商業分野での女性の就業は引き続き増大している。しかしこれらの零細商業からの所得は低く、多くが不完全就業者といえる(9)。

(7) 労働力の「公式化」

一九七〇年には、労働力の三分の二が農業部門で就業する農業社会であったインドネシアは、九〇年代半ばには、その数がほぼ半減し、他の産業が都市で基盤を広げ始めた工業化社会への転換期にあった。この間、とくに商業を中心に、サーヴィス業、製造業がより重要な雇用吸収先となった。これらの三産業は労働力吸収において、二九％から四〇％へとその割合を拡大した。さらに表8-2から、男性に対しては建設業・運輸業が雇用創出で一定の役割を果たしていることがわかる。数は少ないが「その他」に分類されている金融業、電気・ガス・水道の公益事業も男女ともに高学歴者への職場を提供した。明らかに雇用基盤は多様化している。しかし、この雇用機会の拡大は男女に平等に開かれたわけではない。

すでに指摘したように、七〇年代とは違って、八〇年代の都市化は他のアジア諸国と同様に、低賃金とはいえ、輸出向け製造業を中心とする「外向きの」工業化政策と関連がある。七〇年代の工業化が政府の手厚い保護の下での輸入代替工業化であったのに対して、八〇年代も中葉になると、第1節で触れた構造調整政策を受けた私的部門の自由化を軸に、「外向きの」工業化政策による労働集約的工業化がいっそう進展し、雇用創出の一翼を担った。この部門は、低賃金の若年女性労働者の都市公式部門での雇用に大きな影響を与えた（Lim 1990, Wolf 1990）。九〇年代初めまでには低賃金と低廉な地価に引き寄せられて、地方の中都市への合弁企業の立地も始まっている。こうして、農村に居住する労働者にも公式部門での雇用機会の拡大が起こった。企業による労働者のための朝夕の送迎バスの運行も見られるようになった(10)。

このように、とくに八〇年代になって、都市を中心として雇用の公式化が私的部門で進展したが、じつは七〇年代にも、雇用の公式化は主として政府部門で起こっていた。男性には、とくにジャワでの道路建設を中心とする社会資本整備、女性には初等教育の拡充による速成教員を含む教育分野、さらには七〇年代半ばから本格化する家族計画プログラム実施のための人材確保がこれに当たる。これは八〇年代の私企業による雇用創出とは性格を異にするが、雇用の公式化はすでに始まっていたのである。

このように、都市の製造業、商業（小売業・食堂など）、サーヴィス業での女性雇用の公式化が進展する一方で、より大きな労働力を持つ農村での女性の非公式化も顕著である。都市と農村、男性と女性を合わせた趨勢としての労働市場の公式化は、同時に農村部門の女性の非公式化を随伴した。しかも、公式化は教育を受けた都市で働く若年女性のそれであって、教育のない、あるいは、不十分な教育しか受けていない年齢層の高い女性を周辺に追いやっているのである。これに加えて、国際的に問題となっている、貧しい女性世帯主世帯の増加がかぶさる形で生じている（United Nations 1991：18）。これは貧困の緩和・撲滅、生産的雇用の創出、社会的統合を課題とした一九九五年のコペンハーゲンでの世界社会開発サミットでも取り上げられた問題であり、また同年九月の北京世界女性会議の主要課題の一つでもあった（United Nations 1995）。

それでは、このような構造変化を経験し、多くの新旧の課題を抱えたインドネシアでは、政府はどのような女性政策を立案・実行し、また問題にどのように対処しようとしているのか、以下で検討しよう。

3　インドネシアの女性政策

(1) 経済計画に明示された女性政策

一九九四年当時、インドネシア政府は、「女性の役割担当国務大臣室（ＯＳＭＲＷ：Office of the State Minister of the Role of Women）」から、二つのパンフレットを出していた。「女性の現状分析概要」（OSMRW 1993）と「女性と開発：政策とプログラム」（OSMRW 1994）である。これらの政府公式文書、さらには同大臣室のルニ（Reni）首席秘書官、教育担当シャムシア・アフマド（Syamsiah Achmad）次官（共に女性）との懇談の中から、インドネシアの公式女性政策は、女性政策一般というよりも、むしろ、「開発の過程の中で果たす女性の役割」として策定されていると理解した。[11]

インドネシアの主要な開発政策とその目標は、五年ごとに示される「国家政策大綱」（以下、「大綱」ＧＢＨＮ）と、それを具体的な形で提示する「五カ年計画」（ＲＥＰＥＬＩＴＡ）で明示される。「根強い男女間の社会・経済的不平等」（Kalyanamitra：1）を前に、国際女性年を経て、一九七八年には「女性の役割問題担当」副大臣が任命された。この職は、一九八三年には「女性の役割担当国務大臣」に格上げされた。「女性の役割問題担当」副大臣の任命と時を同じくして、第三次五カ年計画の基礎となった一九七八年「大綱」ＧＢＨＮの中に、「国家建設に果たす女性の役割」の一章が設けられた。開発における女性の役割が初めて公式政策大綱の中に明示されている。しかし、ここで期待された女性の役割は、主として既婚女性の持つ「家族の世話《ケア》をする」役割であり、既存の「健康で豊かな家族」を作ろうとする「家族福祉運動」（ＰＫＫ：Pembinaan Kesejahteraan Keluarga；Family Welfare Movement）と、人口増加を抑制しようとする「家族計画」（ＫＢ：Keluarga Berencana）で果たすことが期待される女性の役割とほぼ同一視されていた。

ＰＫＫとＫＢは共に女性をその担い手として、スハルト政権下で強力に推進された。とくに家族福祉運動は頂点に内務大臣を戴き、実行部隊の長はその妻である。これを頂点として、州、県、郡、村のすべての世帯の主婦を組織化するＰＫＫ網が全国に張りめぐらされ、常に「競争」（たとえば村対抗料理コンテスト）を通じて目標の達成がめざされる。筆者の調査時の経験から、とくに村レヴェルにおいては、個々のプログラム（たとえば栄養価の高い食事を普及する）への参加・不参加の自由はなく、時間的・経済的余裕のない世帯の妻の真のニーズを満たす運動であったかどうか、また上からの方式が女性たちが力《エンパワー》をつける上で効果的であったかどうか、疑問が残る。家族計画には専門のワーカーが派遣されていたが、この家族計画の実施で村役人の妻たちの果たした役割も大きかった。(12)

第四次五カ年計画の基礎となった、一九八三年「大綱」ＧＢＨＮで期待された女性の役割はそれ以前の役割と大差なかったが、第四次五カ年計画では、多少の前進が見られている。それは政策がより特定化されたこと、さらに、家庭のみならず社会における女性の経済上の役割が強調されるようになったことである。従来の母親・妻役割で間接的に開発に貢献するとの考え方に加えて、自身働き手としての直接的な役割という観点からの施策が、次のような形で、具体的に示されている。

(1)　健康で豊かな家庭を作るために、母としての女性の役割を高め、かつ発展させる。
(2)　開発のあらゆる側面で雇用機会を拡大することによって、労働市場での女性の役割を高め、かつ発展させる。
(3)　教育と技能の向上努力を通して女性の役割を高め、改善する。
(4)　女性が開発過程に参加しやすくなるように、女性の技能を高め、また、より適切な社会・文化的環境を作りだす。
(5)　パンチャシラ（建国五原則）に基づいて、インドネシアが自らの方法で公正かつ豊かな社会の実現を可能とする能力を高める過程で、開発のあらゆる側面で女性の役割を大きくし、発展させる（Oey-Gardiner 1991 : 37-38）。

この経済上の役割を強調する変化は、一九八〇年代を通じて明確になる、停滞する開発過程での社会・経済問題という全体の枠組の中での女性の「周辺化（marginalization）」と無関係ではない。すなわち、一方で労働市場に参加しなければならない圧力は増し、他方で労働市場の女性吸収力が悪化し、教育を受けた若年女性たちには、ますます無報酬の家族従業員としてしか労働の場がない状況が出てきた。こうして、第五次五カ年計画の基礎となる一九八八年の「大綱」ＧＢＨＮは、より踏み込んで、必要な施策に関して次のような基本認識を示している。

(1)市民生活・開発活動のすべての分野における、両性の権利・責任・機会の平等、(2)女性の家庭と社会における役割の調和、(3)女性の尊重と女性が特別にもつ生物学的特徴・再生産機能の保護、(4)女性に好意的な社会・文化的風土の育成、女性の開発参加能力の向上、(5)家族の福祉を向上させるＰＫＫ運動へのＮＧＯｓの積極的参加、などである（OSMRW 1994, Oey-Gardiner 1991 : 38–39)。しかしここでの基本認識も、労働市場での女性役割に明示的な言及はあるものの、「国連女性の一〇年」の間に世界共通の努力目標となった「平等・開発・平和」を担う女性との認識は深くない。女性の権利の保障を前面に出すよりも、責任と機会の平等が強調され、まだ依然として、「母」「妻」としての女性への役割期待が強い[13]。

「母」「妻」である限りにおいて女性の社会的価値を認める独立前後からの強い傾向と、その強化によって国家の経済建設政策の一翼を担わせようとする一連の施策には、主としてＮＧＯｓの若い活動家たちからの反発が強い（田口 1996 : 253–275)。「母」「妻」であることに女性の社会的価値を認める政策担当者の女性規範は、『統計から見る母と子の姿　一九九三』からも明らかである。たとえば、教育が女性にとっても社会にとっても重要な理由として、女性の「低い教育水準は、健康や栄養に対する理解を不十分にし、それが高い乳児死亡率・人口増加率を引き起こし、ひいては開発過程を遅らせることになる」と指摘している[14]（BPS 1993c : 23)。一方、男性のこの分野における責任・義務は言及されていない。

このように、一九八八年の「大綱」段階までは、女性が真の意味で開発過程に「統合」され、その中で「変化を担う主体」と捉えられるに至っていないことが明らかである。しかし、第五次五カ年計画での具体的政策内容の提示段階では、「健康で豊かな家族」という基調は変わらないが、政策の対象集団として、「貧困層の女性」と若年層の女性への言及、さらに開発を担う行為者としての女性への言及が初めて見られる。すなわち、以下の五つの目標である。

(1)　女性としての本性に対応した地位と役割を高め向上させるために、都市部と農村部に居住する、まず貧しい女性の、それに続けて一五－二九歳層の女性の福祉の改善に注意が向けられなければならない（傍点は筆者）。

(2)　健康で、豊かで、幸せな家族の実現のために、女性は単に客体であるのみならず、開発の多様な分野で実行者・成果の受益者となるべきである。この目的のために、健康で豊かな家族を実現するプログラムは強化され、またよりよく調整されなければならない。

(3)　教育と技能に関しては、諸施策は、(a)非識字者をなくし、インドネシア語と基本教育での欠陥を正し、(b)とくに貧困層の女性が基本教育を超える教育を受ける機会を得ることを奨励し、(c)社会における多様な地位と同様に公式・非公式部門での雇用機会を得られるように社会環境を整備し、(d)科学技術の開発と利用への女性のいっそうの参加を奨励し、(e)子育てのための知識・技能を高めることに向かうのが望ましい。

(4)　家族の福祉の改善への努力は、ますます多様な開発活動への積極的な社会参加に基づくものになろう。この点に関して、ＮＧＯs、とくにＰＫＫその他の女性組織は、開発の全分野に積極的に参加できるように、さらなる発展が必要である。

(5)　開発における女性の役割と責任を高めるために、女性に、発展に関する政策決定者、政策・計画策定者、その成果の享受者となるための、より良い機会が与えられる必要がある（OSMRW 1994, Oey-Gardiner 1991 : 37–38）。

このように、施策上の女性役割認定の論調が変化するには、第五次五カ年計画を待たねばならなかった。

第六次五カ年計画の基礎となる一九九三年の「大綱」GBHNになると、さらに大きな変化が出てきている。第六次五カ年計画は、「貧困の緩和、人的資源の質の改善、公正な所得分配、高度経済成長、地域社会のより大きな参加、持続可能な開発」の文脈の中で実施されているが、その基礎となる一九九三年の「大綱」の一章では、インドネシアの置かれた社会・経済状態を反映して、また、一九八五年のナイロビ将来戦略への対応として、いっそう踏み込んだ、「女性と開発」領域の目標が追加されている。(1)女性の科学技術能力を向上させる、(2)女性の精神力を強化する、(3)女性の(方針・政策)決定への参画を高める、(4)女性の変化への対応能力を高める、(5)家庭教育の役割について女性の意識を高める、(6)社会・経済・人的資源・環境問題解決への女性の役割を啓発する、(7)女性労働者の技能・生産性・福祉・保護を向上させる、(8)労働者・家族構成員としての女性の健康、職場での安全、キャリア・社会サーヴィスを改善する(OSMRW 1994)。

これまでの家族責任を持つ女性の家族と地域生活における世話係《ケア》としての役割を超えて、ここでは、経済活動での個人としての女性の役割と対応能力を取りあげはじめている。明示的でないとしても、政府の公式文書の中で女性を「母」「妻」としてだけでなく、「個」としても認識していることが示唆されるのは、注目してよい。この点に関連して、シャムシア・アフマド女性の役割次官から興味深い話を聞くことができた(15)。

(2) 女性の役割担当国務大臣室の機能と活動

前述のように、最近の「大綱」GBHNと「五カ年計画」REPELITAには、それぞれ、経済発展に果たすべき女性の役割、目標、責任などが示されている。しかし、これらの政策は、女性の役割国務大臣室の限定された機能の中での実施が求められている。この限定された機能は当該大臣室の特徴だけでなく、大臣自身の特徴でもある。大臣の主要な機能は第四次五カ年計画で特定され、依然それが継続していた。すなわち、(1)開発の全分野での女性の役割を高める政策を計画・策定する、(2)総合的な実施に当たって、開発分野における女性の役割を高めることにかかわる全活動を調整する、(3)開発分野における女性の役割を高めることに関連をもった政府の部署・機関の活動を調整する、(4)開発のすべての分野で女性の役割を高めることについて報告書を提出し、情報を集め、勧告を行う。

しかし、国務大臣という枠組の中にある大臣室は、独自の予算をもって独自の政策を実施する体制にはない。その主要な役割は、政策を立案し、各省庁、その他の政府機関、ＮＧＯsの実施する活動を調整することにある。大臣室は、他の省庁・諸機関によって実施されたプログラム（ＷＩＤプログラム）を監視・評価することができず、他省庁などの「善意」に頼らざるを得ない。当該大臣室は、寄せられる報告書を集めるにすぎない。これらは、その果たしうる機能への大きな制約となっている。

第五次五カ年計画は、女性の役割担当国務大臣室の活動を次のように特定している（Oey-Gardiner 1991：40–41, OSMRW 1994）。

(1)　分野間と中央・地方政府間で、よりよく調整・統合された女性の地位と役割を高めるプログラムを準備し実施する。

(2)　女性が男性に追いつき、社会的に統合されるようにするための、女性用の特別プログラムを用意する。これらの特別プログラムは女性のニーズと熱望に合致し、開発プログラムの中で実現するのが望ましい。

(3)　都市・農村に居住する一五－二九歳層の貧しい女性と、女性世帯主世帯が経済的に自立できるように力を貸す。

(4)　女性が二重の役割を調和を保って遂行できるように、家族、地域社会、とくに夫の理解と支持を高める。

(5)　部門別と同様に特別活動を通じて、女性の役割についての、公式・非公式な教育、訓練、普及活動を拡大する。この点に関して、より興味を引き、効率的かつ有効な教育技術・方法を用いて、女性のためのパンチャシラ教育を引き続き行う。さらに継続されるべきは、「総合的子供の発達」プログラム、女性の公務員・ＮＧＯ職員が多様な分野・地域で責任をとるのに必要な方針・政策決定のための、リーダーシップと管理技能訓練である。

(6) 協同組合、小規模融資などを通じて、女性、とくに貧しい女性が運転資金をより容易に得られるようにする。
(7) 女性のための雇用機会の拡大と、雇用上の保護を高め、女性の生産性を高める。
(8) 女性、とくに妊娠・授乳中の母親への、既存の健康管理サーヴィス（総合サーヴィス・ポスト［POSYANDU《ポシュアンドゥ》］と公衆衛生クリニック）を通じての基本健康サーヴィスを拡大する。さらに、公衆衛生普及プログラムを使って、両親向けの人間の成長・発達について普及活動と訓練を行う。
(9) 女性の地位と福祉を向上する法律・規則を改善する。
(10) 開発における女性の役割に関する研究開発を活発にし、監視と情報提供システムを開発し、公共の、また、地域の諸機関の統合を強化する。

一九九四／九五年から始まった第六次五カ年計画においても、基本的には、第五次五カ年計画の目標が引き継がれている。新しい目標は、男女が「平等なパートナーとして相互を理解することが」、家庭と地域社会において、女性が複数の役割を果たすうえで鍵になる、との考え方である。さらに女性の役割担当国務大臣室の新たな役割として、児童・一〇代の若者の発達についての施策を調整することが加わった。具体的には、栄養、基本的医療サーヴィス、社会福祉、豊かな家族、宗教教育、スポーツ、科学技術、国家の防衛と安全などを含む学校内外での教育の改善を図るためのプログラムの導入である。しかし児童・一〇代の若者の発達についての施策に関しては、たとえば、国家の防衛と安全についての教育が、なぜ女性の役割担当国務大臣室の管掌事項なのか、説得的な説明はない。女性の役割担当国務大臣室の権限強化のための政治的妥協ではないかとの印象を、シャムシア次官との懇談で受けた（OSMRW 1994）。

(3)　女性の役割担当国務大臣室の限界とめざすべき方向

すでに指摘したように、新しい「室」であり、国務大臣室の枠内にあるため、人的・財政的資源がきわめて限られている。有能で献身的な四人の次官がいるが、次官を補佐する技術面での支援スタッフが配置されていない。この欠点を補う公務員あるいはコンサルタントもおらず、プログラムは準備するが、その実施は他省庁やNGOsに委ねなければならない。他省庁やNGOsに委ねたプログラム・プロジェクトの実施状況を監視し評価する専門家も抱えておらず、過去の失敗を是正するための情報を現場から集めることができない。しかし、場合によっては、政策や方針の決定だけでなく、ニーズを確認してプログラム・プロジェクトを作り上げることもある。

WIDプログラム・プロジェクトは、女性向けの特別プログラム・プロジェクトとして、それぞれの関連省庁や地方政府の女性問題担当部署で実施されてきた。しかし前述の限界を考慮するとき、またWIDが将来本当の意味で十分に統合されることを望むならば、それぞれの省庁や関連諸団体が実施するすべての関連プログラム・プロジェクトに、一定の割合で、技術指導者、研修受講者、普及指導員、実施者、受益者が女性であるようにすることが必要である。現在の制度では、女性は方針決定過程にも、実施・監視・評価の過程にも十分に参加していない。女性が男性とは違ったニーズや優先順位を持っていたとしても、そのような過程への参加が不十分なために、女性のニーズや優先順位が正しく反映されていない。

発展の方向を定め、その過程に積極的に参画し、負担を引き受けると同時に、そこから生ずる成果も享受するという意味で、女性を十分に発展過程に統合しようとするならば、少なくとも、女性の労働市場への参加の程度に見合った割合で、女性がこれらの過程に参画すべきであろう。往々にして、「女性は教育水準が低く経験が浅い。またそういった役割を引き受ける用意がない」といわれる。しかし、インドネシアの女性は「女性に機会が与えられれば喜んでそれを引き受けるでしょう。すでに、女性の普及員やリーダーが家族計画プログラムで示した実績から、これは十分に証明されています」とシャムシア次官は言明している[16]。

4　インドネシアにおける女性学の成立と展開[17]

一九二八年に全国規模の最初の女性組織、インドネシア女性会議、コワニ（ＫＯＷＡＮＩ）が組織され、独立運動の一端を担うことになった（田口 1996）。独立後その会員の何人かは、引き続き、一九六八年設立の女性団体と政府の省庁を代表する男女三〇名からなる「女性の地位委員会」の重要な構成員となった。スハルト時代を通じてコワニが最も「正統的」な全国女性組織であり、国連世界女性会議など政府間の世界会議への代表はこの組織から選ばれていた。また国民議会議員への女性議員の選出母体としても政治力を持っている。コワニは下部に直接女性学の研究組織を持っていないが、女性の役割大臣室との連携の過程で、インドネシアの女性学に一定の影響を与えている。女性の役割大臣任命に果たしたコワニの役割は広く知られている。

ここで、インドネシアの女性学を定義しておきたい。インドネシア語では、Studi Wanita（女性についての研究）、あるいは Penelitian Peranan Wanita（女性の役割研究）と、またセンターは、Pusat（中心）、Forum（フォーラム）、Kelompok（グループ）のいずれかで表現されている。政府公認の女性学では「フェミニズム」という表現は使われず、現在の社会・経済・政治体制の枠組の中での「開発における女性の役割」を高めるのに必要な「実証データ」収集とその分析が使命と考えられている。もちろん研究者個人として、これらの枠組を超えて、女性の解放、女性の従属的地位を変えるという視点をもつ研究者はいる[18]。さらに後述の第三のタイプのＮＧＯ活動を行うグループ、その中でもとくに二番目のグループにこの意識は高く、「女性」に政府公認の wanita を使わず、perempuan を使う人が多い（田口 1996）。

(1)　大学の教科としての女性学

大学の教科としての女性学は、他のアジアの国々と同様に一九七〇年代の後半になってから始まった（たとえば、Committee on Women's Studies in Asia 1994, 1995）。制度化された（政府公認の）女性学のリーダーとして自他ともに認めるインドネシア大学のサパリナ・サドゥリ（Saparina Sadli）教授によると、大別して三つのタイプの女性学がある（キドゥリ 1994）。いずれのタイプの女性学も「女性問題をよりよく理解するための実証データを提供するという最終目標は同じであり、相互に関連しあい補完的ではあるが、それぞれのタイプが形成された歴史的背景は異なる」(19)（同：69）。この歴史的背景の違いが研究活動の内容を規定しているからである。

第一のグループを構成するのはインドネシア大学の政治学・社会学学部に属する講師の女性たちであった。法学部からもこの動きに加わっていた。社会学、法学、文化人類学の分野で、以前から女性の抱える問題に関心を持っていた女性たちがこの動きの中心にいた。このグループは、当初は教育よりもそれぞれの専門分野での女性に焦点を当てた研究活動の中で女性学を育てていった。はじめは「女性学」とは謳っていなかったが、次第にそれぞれの領域の授業に女性学の視点を導入していった。そこから発展させてこの学部では、「女性と開発」分野での履修コースが整えられていった。

インドネシア大学では同時にまた心理学部で、履修課程の一部として女性の心理についての講義が開かれるようになった。前述のサドゥリ教授が、この学部での女性学関連講義開設のリーダーだった。二つの学部での女性学はその後いくつかの必修科目と選択科目を設置するように発展し、一九八〇年の初めには、両学部合同で女性学関連で書かれた卒業論文の文献目録を作成している。もちろんこれらの学部の研究者たちは、必ずしも女性の解放と従属を止揚するという、女性学の視点を持っているとは限らないが、女性の抱える問題についての研究活動を継続していた。

また、「女性についての研究」は、ジョグジャカルタ市のガジャマダ（Gadjah Mada）大学人口問題研究所の、主として女性の研究員たちによっても七〇年代から行われていた。七〇年代はインドネシアの家族計画が強力に推進され始めた時期である。インドネシアの家族計画は、典型的に女性を対象としたプログラムであり、一九九四年のカイロ国連人口開発会議で確認された女性のリプロダクティヴヘルス・ライツ（性と生殖に関する健康・権利）の観点から問題があることはすでに触れた。人口問題研究所の女性研究者たちが、人口を抑える有効な家族計画の研究に動員されたのは当然の帰結である。八〇年代に入って、同研究所での研究も次第に家族計画関連から「女性と開発」関連へと研究領域を拡大していった。女性の再生産に関する実証研究も盛んで、一九九四年にはフォード財団の助成を受け、中部ジャワの研究者を集めて、妊婦の栄養についての実証データの収集を行っていた[20]。

サラティガ市のサティヤワチャナ（Satya Wacana）キリスト教大学では、経済学部の女性上級講師が開発経済学から出発して八〇年代のはじめ頃から、現在の「女性と開発」領域での講義を始めている。同講師が女性学に出会ったのは、七〇年代の末に同大学の学長から勧められて出席したイタリアでのセミナーだったそうである。外国の動向から刺激を受けたという点では、かつての宗主国の奨学金を得て留学した女性たちを忘れることはできない。オランダのライデン大学の女性学コースで多くの女性が学ぶ機会を得ていた。時代が下ると、この機会はハーグの社会科学大学院（Institute of Social Studies）に広がった。これらの大学の卒業生は小さな女性学研究グループを作り、女性学の発展に貢献している（キドゥリ 1994：70）。

(2) 女性の役割担当国務大臣室が推進する女性学センターの設立

一九七八年の女性問題担当副大臣の任命により、「女性と開発」問題はインドネシアの国家的課題となった。一九八八年には「大綱」ＧＢＨＮで、インドネシア全域の二七の国立大学に女性学センターを設置することを義務づけた。私立大学での設置も奨励された。これらのセンターで実施されたのが第二のタイプの女性学である。一九九四年九月シャムシア次官との懇談時に同次官は五八のセンターが設置ずみと発言しているが、女性の役割大臣室の出版物によると、その数は五六とされている（OSMRW 1994）。これは各地でセンターが開設されていることを示唆している。

同文書は、「大綱」ＧＢＨＮにもとづき、大臣室がその政策策定力を強化するために全国の国立大学に女性学センターを設け、女性に関する実証データの収集を図ると説明している。女性の役割大臣は一九八八年に二七の国立大学学長との会合を持っている。国家的課題として女性学を推進することを側面から助けたのは、既開発国の政府・民間による「女性と開発」の視点からの財政的・人的支援である。

なぜすべての国立大学かといえば、インドネシアは多民族国家であり、女性たちが生活している地域や文化の違いを考慮した開発における女性の役割を政策的に定める上で、すべての地域から特徴的な実証データを収集する必要があるからである。「最終目標は、国家レヴェルのみならず、地域レヴェルの女性のための適切かつ効果的政策の形成に貢献することができることである」（サドゥリ 1994：70）。サドゥリ教授は、学長たちとの会合が非常に効果的であったと評価している。しかしこれには別な角度からの懸念もある。前述のガジャマダ大学人口問題研究所の女性研究員たちは、政府政策を受けて同大学に設立された女性学センターであるために、研究所は以前のように女性についての調査研究費が確保できず、努力して広げた研究領域を、再び人口問題とその周辺に限定せざるをえない状況が出ることである。

国家プロジェクトとしての女性学センターの設立は、また別の問題も生んでいる。その第一は女性学センターの人材の問題である。調査研究能力を持った人材を既存の学部から集めることのできる大学はそれほど多くない。多くの国立大学のセンターが、未だに十分な研究者を確保していない。これに応える一つの方策が、インドネシア大学の政治学・社会学学部の「開発と女性」グループによって実施された、「インドネシアの開発と女性研究の強化」プロジェクトである。これは、多くの女性学センターの人材強化訓練として実施された。「開発と女性問題を専門的に理解したいとの要望から、この国家プログラムは、開発と女性理論についての学識を持った講師が講義し、多くの女性問題を主唱するグループのメンバーだけでなく、女性役割大臣室の職員にも好評を博した。これらの女性学センターは、同大臣室が必要とする政策関連問題に直接結びついているという点で、それまでのものとは一線を画している」（サドゥリ 1994：70)。

(3) 大学院教育

一九八九年にインドネシア大学に女性学の大学院課程が設置された。これが第三のタイプの女性学研究である。同課程は、一九九四年当時、インドネシアでの唯一の女性学の大学院課程であった。これは二年間の修士課程で、その教科《カリキュラム》は女性学について学際的に組まれていた。学生は性別を問わず全州から集まっている。サドゥリ教授は、この課程の発展に対する、インドネシア大学の学長をはじめ、大学院院長や他の男性教授陣からの支援を高く評価していた。いずれにしても女性学センターの設立が国家政策であれば、国立大学の頂点に立つ同大学に女性学の修士課程ができるのは不思議ではない。なおこの課程は、カナダの政府開発援助ODAを受けており、ニューファウンドランド大学からの人的技術的財政的支援を得ていた。

学際的カリキュラムと共にここでの教育のもう一つの特徴は、「学際的活動だけを主な目的としてはいないことである。(中略)一学期の始めから学生は、女性学理論・女性政策などの受講と並行して女性運動のリーダーと対話し、種々の草の根女性団体を訪問することもまた、教科活動の一環である」(キドゥリ 1994：71)。この実習は、多くの場合、コワニ(インドネシア女性会議)の会員の支援によって実施されている。卒業生は課程を修了した後、国家政策として設立された各地の女性学センターの強化に役立つことを期待されている。そのため、それぞれの地域のニーズにあった「概念的かつ実践的知識」を身につけることが目指されている。この政策目的から、卒業生の雇用機会は確保されている。

この大学院課程は発足後三年間で五〇人の学生を受け入れ、一九九四年当時すでに三人の女性がインドネシアで最初の女性学の修士号を受けている。[21] この三人はそれぞれインドネシア大学、ジャカルタの宗教研究所、外島(ジャワ島以外の島)の国立大学からの入学者であった。

> （三人は）個人的にまた組織的に、政策実施者に科学的、実証データを提供するために、女性学センターの役割の拡大に積極的に取り組んでいる。このように研究者と政策実施者、プロジェクトリーダーと女性運動のリーダーたちの間のコミュニケーションが、女性学研究者の存在で円滑になった。（中略）単独で、アカデミックな事業に女性学研究を取り入れていくことは、まだ女性が種々の問題を抱えているインドネシアのような開発途上国には、あまりに経済的負担の大きいものだからである。特に、インドネシアの女性の現況を考えると。インドネシアは経済開発が成功していると思われているが、一般的には多くの女性が貧困という現実に苦しんでいると理解すべきである（（　）内は筆者。キドゥリ 1994）。

国策としての女性学の実践の根拠づけはこのようになされている。確かに、市場経済の枠組の中で外資を積極的に導入して年率七－八％の経済成長が都市中心で進展する場合、ボズラップの指摘するように、都市の非公式部門や農業部門で女性がこの開発過程から負の影響を受けがちであり、そのことはすでに本章2節でみた通りである（Boserup 1970）。政府の積極的施策が求められるのは当然である。しかし、スハルト政権下（当時）でのインドネシアの政治状況から真の意味の市民活動は困難であり、政府公認の画一的な女性学は問題を孕んでいた。

既述のように、女性の役割大臣室のシャムシア次官は、自身研究者として信頼しうる研究者や官僚と連携しながら、革新的試みを数多く実践している。しかし、たとえばガジャマダ大学の人口問題研究所の例のように、政府の政策に沿って設立されたセンターに人材・研究費・新しい機会（たとえば外国のセミナーに出席する機会）が集中し、実績のある以前からの研究機関の自主的研究が縮小するのは望ましくない。インドネシアの女性学の研究・教育がどのように展開するか見守りたい。

一九九三年には、教育省の研究部門によって初めて全国女性学会議がジャカルタで開催され、インドネシアの女性学研究にいっそうの展開を促す一歩が踏み出された。ここには大学に籍を置く研究者だけでなく、フェミニストのN

GOsの研究者・活動家も集まった。レイプ、女性に対する暴力、売買春など、女性の人権・権利をめぐる諸問題も取り上げられたとのことである。研究成果・情報を共有するために、この会期中に、女性学関連の研究成果・資料を、一九八九年に設置された国立文書館の女性問題担当課に送ることが決定された（キドゥリ 1994）。

5　女性を支援するNGO活動

(1)　限定されるNGOsの活動領域

3節で指摘したように、一九八八年の「大綱」GBHNは、家族の福祉を向上させるPKK運動へのNGOsの積極的参加をうたっている。ここで「家族の福祉を向上させるPKK運動」とNGOsの活動領域を限定していることが興味を引く。

PKK運動の真の推進者は中央・地方、村に至るすべての段階の政府である。しかし、女性年の影響からNGOの役割が強調されるようになり、PKKは、官製といえども「民間のNGO活動」とされている。開発における女性の役割として、家族の福祉を向上させることが政府によって妻たちの役割とされるところから、大きな矛盾を抱えてはいるものの、政治的にPKK運動は民間の発意による運動へと転化された。政府による上からの政策がオブラートに包まれたのである。一九九四年の調査時に再々訪問した筆者のかつての調査村でも、PKK運動はNGO活動であると説明された。以前の運動とどう違うかとの質問に対して、「なにも変わっていない」との答えと、「より自主的に活動を選べるようになった」との二通りの答えが返ってきた。後者は、村の女性リーダーたちであった。一般の女性たちには依然としてリーダーたちに従う活動と受け取られていた。研究者たちにも同じ質問をしたが反応はやはり村と同じであった。都市化が進み、またテレビの普及も著しいところから、それぞれの地域のニーズにより適合した活動が求められ、また新しい女性運動からも影響を受け、それに応える内容・方法が模索されはじめたのであろうか。一九九四年時点では新しい展開であり、この観点からの研究論文を見つけることはできなかった。

ＮＧＯ活動が「家族の福祉を向上させるＰＫＫ運動」と限定されていることも、またきわめて政治的である。インドネシア社会が政治的に堅く管理・統制されていることは、「上から型《トップダウン》」の政策遂行にあらわれている。このことは、ＰＫＫでのその具体例で触れた(22)。九〇年代に入って、逮捕者が出ないデモ行進のニュースが新聞で報じられる回数が多くなり、草の根から女性が力をつけようとする（エンパワーメント）女性ＮＧＯ活動もみられるようになったが、政治的にはまだ不自由である。事実、ジョグジャカルタのＮＧＯsでの聞き取り調査では、女性労働者を支援しようとしたＮＧＯ活動は中断に追い込まれていた。また、外島への移住が政府の政策になる以前に移住者を支援していたＮＧＯ活動も、貧しい若年女性の支援活動に衣替えせざるを得なかった（サラティガ市のキリスト教系のＮＧＯの事例(23)）。ＰＫＫ運動は地域社会のリーダーたちが主導する限りにおいて、政治的に問題はない。

しかし同時に、都市を中心とする経済開発の結果、都市中間層が拡大している。この層はより大きな政治的自由を望んでおり、社会活動にも関心をもつ。官製の労働組合しか認められない中で、最も政治的に活発な活動をしているＮＧＯsの一つがジャカルタ市に本拠を置く法律扶助協会である。ここでは元兵補や従軍慰安婦の補償問題、政治犯の救済、ダム建設にからむ補償問題などにも取り組んでいるが、このタイプのＮＧＯsは多くはない。この例が示すように、徐々にＮＧＯ活動の領域が拡大している傾向を見て取ることはできる。これに力を貸しているのが、国連によるＮＧＯsとの協力関係の重視である(24)。八〇年代になると、支援を必要とする人々にＮＧＯ活動を媒介として、草の根から働きかけようとする既開発国の政府・民間の協力活動も盛んになっている。南北の民間協力もインドネシアの女性たちに影響を与えている。

本章のもととなった調査で明らかになったのは、女性支援のＮＧＯsが比較的自由に活動できるのは、再生産を含む女性の健康の維持・向上、技能・職業訓練・教育を含む女性の稼得力を直接・間接に向上させる活動などである。

調査時に女性支援活動をするＮＧＯｓ四団体を訪問し、その活動を見学したり、活動についての聞き取りをした。それらは、ジャカルタ市の女性資源開発センター（所得向上プロジェクトと意識の向上）、女性資料センター（カリアナミトラ。調査・研究・訓練と自己認識のための教育）、ジョグジャカルタ市のアサンテ（家族計画クリニック）、家族計画協会（ＡＩＤＳ予防運動）である。

⑵　三つのタイプのＮＧＯｓ

インドネシアには三つのタイプのＮＧＯｓがあるという（Sugiarti 1994：5-8）。

第一は、たとえば公務員の妻の会であるダルマ・ワニタ（Dharma Wanita）、軍人と警察官の妻の会であるダルマ・プリティウィ（Dharma Peritiwi）、ＰＫＫのような「純粋に独立的」でなく女性の役割大臣担当国務室と緊密に連携して活動する団体、などである。前二者は夫の職業によって自動的に会員が決まる組織であるのに対して、ＰＫＫは基本的に任意加入であるが、現実には全世帯の妻の会である。全国組織でその実質的長は内務大臣の妻であり、下位の地方段階へ下るに従って、州知事、県知事、郡長、村長の妻と、やはり夫の職業によってＰＫＫ運動の長は妻の役割になっている。この意味においてＰＫＫも前二者と同じタイプに分類される。

第二は、すでに触れたコワニである。これもインドネシアではＮＧＯとみなされている。コワニは政府と公式の合意書や、非公式の陳情活動とモデル・プロジェクトなどの関係をもっている。六六の加盟団体を持ち全体で一五〇〇万人の会員を擁し、第一のタイプのＮＧＯｓも傘下に収めており、純粋なＮＧＯｓとはいえない。さらにコワニは政府から補助金を得て、政府の策定する政策に従って活動する半政府組織である。

第三は、一九八〇年代に生まれた、上記の二つのタイプのＮＧＯｓとは全く異なり、国の政策とは違った活動方式を取り、またそれへの批判者でもある独立の非政府系組織である。自国政府とは特別の関係をもたず、多くの場合、他国の政府かＮＧＯｓから財政的援助を受けて活動する。女性の役割についての独自の認識の下に社会経済的活動目標を設定している。

この第三のタイプのNGOsにも二種類あり、一つは、女性の置かれた状況を構造的にとらえず、現状改善的である。その活動は対象グループの経済状態の改善である。家畜の飼育、乳製品の加工、融資・協同組合の設立、小規模起業による所得創出活動などを支援する。女性が日々の生活で直面するニーズ、女性の「実際的ニーズ」を満たすべく、技術的支援や一定の訓練を提供する。焦点はより経済的側面にある。聞き取り調査をしたNGOsのうち、女性資源開発センターがこれに該当する。同センターは、現在、世界で開発され広く使われているジェンダー分析、ジェンダー視点からの計画作り《プランニング》を採り入れ、女性の経済力向上の活動を実施している。イスラム教系のNGOsは資金的にもしっかりしている。(25)

これに対してもう一つのより革新的NGOの活動は、女性の経済状態の改善を超えて、開発が女性にとって何を意味するか、誰が開発からの利益を享受しているのか、なぜそうなるのか、現在のモデルに代わる新しい開発概念を模索し活動する。問題への取組み方法は女性のエンパワーメントであり、とらえ方は構造的である。所得創出活動を直接の目標とせず、調査・研究に焦点を当て、中・下層の女性たちに届く活動に関わる、計画策定者・政策決定者・教育機関などにその成果を広めていく。「実際的ニーズ」よりも、むしろ、毎日の生活では意識せず必ずしもその必要を自覚していないかもしれないが、長期的に女性の地位向上や従属的地位の脱却を図るときに必要となる、女性の「戦略的ニーズ」を満たそうとする。(26)

活動家は高学歴で世界の運動に参加しながら草の根の運動を繰り広げており、国際的な女性の「課題《イッシュー》」に通じている。現在の経済状況に対処療法的に取り組むよりも、女性の従属的状況に文化、価値観、宗教、社会構造、経済政策のあり方など多面的・構造的側面から取り組もうとする。家父長制や封建制も視野に収め、人々の政治的自覚を重視する。聞き取り調査をしたNGOsの一つである女性資料センター（カリアナミトラ）は、このタイプの典型的NGOである。政府が好むNGOsではないが、指向を同じくするNGOsとのネットワーキングを通して、エンパワーメントに努めている。現在このＮＧＯが焦点を当てているのは女性の人権の確保である。性と生殖に関する健康／権利をめぐる問題に精力的に取り組んでいる。年二回会報を、年四回ニューズレターを発行し、草の根の女性たちに直接届く活動もしている。五人の女性によって始められた力強いＮＧＯである。[27]

このＮＧＯの女性たちは都市中流階級層に属し、自分たち自身の社会的・経済的状況を変えようとして運動する中から、共に働く「姉妹」として支援を必要とする人たちをも視野に入れた活動に活動の領域を拡大していった。目指すところは自分たちの価値観を上から押しつけるのではなく、下からのニーズを把握しながらより効果的な運動を展開することであり、それに向けての「連帯」を模索している（Kalyanamitra n.d.）。

注

（1）　ＩＤＴプログラムとは、Inpres Desa Tertinggal（President Instruction on Left-Behind Villages）の略称である。これは、一九九四年から始まった第六次五カ年計画から新たに発足した、大統領指令によるプログラムである。開発から取り残された貧しい村（一九九四年当時約二万六五〇〇村）の自立支援を目的とする。各村に一回限り二〇〇〇万ルピア（約一〇〇万円）の資金援助をし、住民グループによる協同組合方式での生産・雇用機会の増大を軸に、貧困の撲滅をめざしている。三年間は中央政府からの技術を含む種々の支援が得られる。

一九九四年九月一八日、ＩＤＴプログラムの産みの親である、ムビヤルト（Mubyarto）教授を、ジョグジャカルタ市の自宅に訪問した。「開発と女性」領域では、貧困の緩和・撲滅には行為主体としての女性の役割を不可欠とするため、この点を質問したが、教授にはジェンダーの視点が全くなかった。後にＯＳＭＲＷでシャムシア次官に、同大臣室がこのプログラムへのジェンダー視点導入を提案できなかったのかについてたずねたが、３節の(3)「女性の役割担当国務大臣室の限界とめざすべき方向」の項で後述する弱点が露呈した事例である。

なおＩＤＴプログラムの概要は、国家開発企画庁（ＢＡＰＰＥＮＡＳ）によるBAPPENAS 1994から知ることができる。

（2）　この間のインドネシア経済の推移については、たとえば、Booth 1988, 1992, Collier 1978, Hart 1986, Hansen 1981, Palmer 1978, Robinson 1986, Rucker 1985 を参照。

（3）注2の文献を参照。一九九四年当時、新聞・雑誌をはじめとする発禁処分は日常茶飯事の観があり、また労働組合も政府公認の組合が「合法的」に活動できるだけであった。

（4）米の自給達成は一九八五年。人口データは BPS 1993c : 23、乳児死亡率データは BPS 1993b : 58。女性の性と生殖《リプロダクティヴ》に関する健康《ヘルス》／権利《ライツ》への配慮を欠いた、トップダウンの強力な家族計画政策については、たとえば、古沢 1992 を参照。なお一九九二年の乳児死亡率に関しては表8-1を参照されたい。

（5）カルティーニ（Raden Ajeng Kartini）は一八七九年にジュパラの進歩的貴族の家に生まれ、ヨーロッパ人小学校に学び、当時のヨーロッパの著作などから、オランダ語によって第一次フェミニズムに出会う。ジャワ貴族の若い女性の習慣に従って、一二歳から婚約成立まで、外界と接触を断って家にこもる。知的好奇心に満ちたカルティーニは、この経験から、民族主義運動と女性の自立に目を開き、一九〇二年に私塾を開いたが、産褥熱のため志半ばにして、二五歳の若さでこの世を去った（ヌロト 1982）。

　時代はずっと下って一九八二年に、ジュリア・スリヤクスマ（Julia Suryakusuma）は「封建制から資本制へ、農業社会から工業社会へ、伝統社会から近代社会への転換期にあるインドネシアの女性は、岐路に立っている」といっている。その影響は「貧困下にある社会の限界的階級とジェット族の上流階級」で違う。そして「この事実こそが、今日のインドネシア女性の問題を論ずることを難しくしている」。さらに、本質的な問題は、「社会的階層の違いではなく、社会の全構造の中での己の存在についての自覚」であることを強調する。ここで強調されている「自覚」は、知的概念型としてのものではなく、「これまで男によって教え込まれてきた、女は父あるいは夫としての男の下にあり、住居を限られ、家事、経済状況、価値、規範も社会的地位も、その男との関係において決定されているという「精神的自覚である」（Suryakusuma 1982 : 4）。

（6）一九九一年調査のフィールド・ノートによる。なお、一九八二－八三年にかけての第一次調査の部分的報告は Muramatsu 1984, 1985a, 1985b にある。

（7）在籍率が一〇〇%を上回るのは、小学校への入学が七歳を過ぎてからの児童がいること、さらに、六年間で卒業できない児童がいることによる。筆者の調査村での聞き取りでは、そのような児童が一九九一年に一〇%いた。

（8）注2の文献はじめ多くの文献があるが、ここでは、アジア諸国でほぼ同時に導入された高収量品種栽培の初期の影響を通文化的に調査した文献として、International Rice Research Institute（IRRI）1975 を挙げておきたい。インドネシアについては、同：149-199．さらにこの技術革新の女性に与えた影響に関しては、たとえば、IRRI 1985 がある。

（9） 筆者の一九九一年の中部ジャワでの調査によると、特別の技能を持たない一般日雇い女性農業労働者の日給は七五〇ルピアであった。これに対して最も零細な女性商人の一日当たりの目標純所得は五〇〇ルピアだった。しかし前者には一シーズン四五日の仕事しかなく、二年に五回の米作シーズンがあっても、平均一年一〇〇日以下しか労働日がない。彼女らによると、商業にはこのような労働日の制約がなく、また仕事の辛さも比較にならないほど商業の方が楽だという（Muramatsu 1993：199）。

（10） 筆者の一九九一年の調査によると、一九八二－八三年の調査時には見られなかった、既婚女性が公式部門での工場へ村から毎日通勤するという、新しい現象が起こっていた。さらに、村での新しい展開として、以前にはなかった住み込みの家事手伝い人を雇用する世帯が一世帯（二八四世帯中）とはいえでてきていた（Muramatsu 1993）。

（11） これはインドネシア特有の問題設定というよりは、途上国で一般に理解されている政策指向だといえる。「国際女性年」とそれに続く「国連女性の一〇年」の「平等・開発・平和」の三つの主題のうち、日本では、国内政策に関する限り、一九八〇年代半ばまで、第一の「平等」だけが切り離されていた。しかし当然のことながら途上国においては、「平等」と「開発」は不可分のものとして、あるいは、開発への平等な参加とその成果の分配の観点から、この二つは密接不可分として、政策形成がなされている。

（12） 田口 1996で触れられている、多様な主婦組織の一つがこれである。PKKの推進運動体はNGOとされているが、政府施策の実施母体であって、NGOとすることには疑問がある。しかし、公務員の妻の組織であるダルマ・ワニタもまたNGOと認められているのも事実である。村でのPKKの大きな行事には郡長のみならず郡の軍隊や警察のトップも参加し、外部観察者の目からは、村という行政の末端の小単位にまで強権政権の監視の目が光っているように映った（田口 1996）。

（13） この印象は、具体的には、WIDプロジェクトとして実施されたプロジェクトの検討から得られたものである（Oey-Gardiner 1991：67-70の付表を参照）。

（14） この統計集の第一章の序で、なぜこの統計集が必要なのかが、次のように説明されている。「カルティーニの夢は徐々に実現に向かっているが、インドネシアの女性の状況については、依然として注意深い観察が必要である。現在、女性の家庭内での役割に加えて、家庭外での役割がますます重要になってきている。そこで、女性の状況についてのより正確な知識は、国家の発展における女性の役割を最適化するうえで必須の要因である」（BPS 1993b：2）。

（15） シャムシア次官はキャリア公務員ではなく、科学者として長年インドネシア科学院に籍をおき、また、何年か国連の科学技術部門での勤務も経験した。その折、世界女性会議関係の仕事をしたこと、その学識と熱意と優れた実行力から、現職に就任した人である。自身女性として、母・妻としてしか女性の存在を認知しないイデオロギーが大問題だと公言する。これは繰り返し働きかけなければならない問題であり、母・妻役割を即刻政府文書から省くことにエネルギーを割くよりも、実を取ることを選んだという。それでも苦労話に事欠かず、たとえば自ら全二七州を回って、州の中間管理職者へのジェンダー分析の研修プログラムを実施したという。将来を展望しながら、とくに、男性中間管理職者へのジェンダー感応度強化《センシタイゼーション》の重要性に着目している。この「実を取りながら、男性中間管理職者へのジェンダーに対する敏感さを養う」という戦術は、政府部門の要職にある女性たちが連係しながら実践しているとの印象を受けた。

　同じく面談の機会を得たBPS（中央統計局）の福祉統計局長スダルティ（Sudarti）局長は、外部の研究費を得て（たとえばUNICEF）、各部局の中堅統計局員（そのほとんどは男性）にインドネシア政府が公式に収集しながら、政府統計としては男女別に集計・公表しない数値を男女別に加工し、小冊子にすることを勧めている。たまたま公表数値はないが質問票には、男女別の質問項目があるのを見つけた筆者の質問に応えて、何冊かの小冊子がスダルティ局長の引出しから出された。

　これらの冊子作成の狙いは、男性中間管理者層のジェンダー視点への敏感さの強化である。これを官僚組織の中で行うには、いくつかの要件がある。統計局の部局の長は、公的に課された仕事をこなしている限り、そしてその費用を公的に認められる財源以外から調達する限り、その部署にとって有益な新しい仕事をすることができる。さらにその成果が高い評価を得た場合には、次年度からそのプロジェクトが公式の仕事になる可能性が高いという。第一の要件が生かされるためには、もちろん、このような新しい試みを積極的に行おうとするリーダーシップが必要である。

(16)　一九九四年九月二一日のシャムシア次官との懇談の席での同氏の発言である。筆者としても中部ジャワでの経験から、家族福祉運動、あるいは家族計画で女性が果たしている役割を考えるとき、これは納得できる発言である。

(17)　この節の叙述は、インドネシア訪問時の次の諸氏との懇談の折に得られた情報に基づいている。ただし、後に、懇談の機会を持ったインドネシア大学のサドゥリ教授からの情報のほとんどは、日本人読者のために執筆された、キドゥリ 1994：69-72とほぼ一致している。懇談した研究者は、サドゥリ教授に加え、ボゴール農科大学社会教育研究所アイダ（Aida）所長、ジョグジャカルタ市ガジャマダ大学人口問題研究所のケン（Ken）研究員とパルティニ（Partini）研究員、同大学女性学センターのマリー（Mary）副所長（現所長）、サラティガ市サティヤワチャナキリスト教大学社会教育研究所女性学プログラムのコンタ（Konta）主任と、すべてジャワ島の西部と中部に限定されている。現在のところ、それらの地域で女性学が盛んなことも事実である。

現在「女性と開発」分野の研究を主宰し、インドネシア大学でこの分野の講義を行っている、ウイー＝ガーディナー（Oey-Gardiner）博士からも多くを教えられた。また別の機会にインドネシア大学法学部のイロミ（Hiromi）教授からも、インドネシアの女性学について貴重な教示を受けている。

(18) たとえば、本稿のもととなった調査で面談したボゴール農科大学社会教育研究所アイダ所長、サティヤワチャナキリスト教大学社会教育研究所女性学プログラム、コンタ主任、ウイー＝ガーディナー博士などはこの視点を持つ研究者といえる。面談の機会はなかったが注5に引用したスリャクスマも、当然このグループに属することは明白である。

(19) 引用は適宜、筆者の訳も使った。

(20) このプロジェクトは同研究所が組織者となり、近隣の大学の研究者を集めて、五年間にわたる総合的研究をめざしていた。訪問したサティヤワチャナキリスト教大学社会教育研究所女性学プログラムの研究者たちもこのプロジェクトへの参加者であり、中都市サラティガに居住する妊婦の毎日の栄養摂取調査を分担していた。

(21) インドネシアでは、一九九四年当時、修士課程に限らず、卒業に論文提出が課されている場合には、学則で定められた修学年限でその課程を修了することはほとんどない。

(22) 注12参照。

(23) サラティガ市のジャワ教会の有志が組織している、トルカジャヤ（Terkajaya）の活動である。本来、家事手伝いを養成するプログラムではないが、労働法の労働者保護規定も知り、なおかつ家事手伝いとして一定の知識を持つことによって、より有利な雇用を小学校中退の若い女性たちが得られるようにする訓練計画である。筆者が一九九二年の現地調査のさい会ったこの受講者たちの中には、ここで始めた洋裁技術を高めて、将来は自分で洋裁店を出せるように、まずどこかの家事手伝い人になって貯金をすると、希望に燃えて話した一九歳の子持ちの女性がいた。

(24) 地域社会の知恵・経験などを必要とする世界的規模での課題が多くなってきた一九九〇年代の終わり頃から、国連は伝統的な社会経済理事会との協議資格をもつＮＧＯs（ＥＣＯＳＯＣ ＮＧＯs）以外とも、広くＮＧＯsと政府の協力を勧めている。環境・人権・人口・開発・女性問題などはその例である。

(25) ジェンダー分析については、田中 1993 を、また、ジェンダー・プランニングについては、本書第二章を参照。

(26) 女性の「実際的ニーズ」「戦略的ニーズ」については、村松 1994 および本書第二章を参照。

（27）　会報・ニューズレターは、平易なインドネシア語で書かれ、マンガによる物語が多用されている。

本章が分析の基礎としている統計や知見は、平成六年年度科学研究費補助金（国際学術研究、課題番号〇五〇四一〇三三、研究代表者　前田瑞枝）を得て実施した研究、「アジア及び太平洋地域における女性政策と女性の社会参画に関する調査研究」の一部である。

第九章　日本の私企業部門における女性の雇用管理

――主要企業一〇社の事例――

本章は、一九九三年、ＥＳＣＡＰ（アジア太平洋経済委員会）事務局からの委嘱により実施した聞き取り調査をもとに同委員会へ提出した報告の一部である（報告原文は英文）。同委員会が、一九九五年、北京で開催された第四回国連世界女性会議のためのＥＳＣＡＰ地域報告書作成にあたり、企業レヴェルでの実態を知るためには、日本の政府レポートは十分な資料を提供していないと判断したためである。とくに、女性の企業での方針・政策決定過程への参画状況が同委員会の関心事であった。ＥＳＣＡＰの求めは一九八五年開催の第三回世界女性会議で採択された「ナイロビ将来戦略」に沿って、日本の私企業部門での状況がどこまで進展したかを確認することであった。したがって、一九八五年の数値と九三年時点で利用可能なデータの比較が本章の基本的枠組である。

本報告は二部構成になっており、第一部は既存の統計データからの概況分析であり（1節）、第二部は任意に抽出された日本の「主要企業」一〇社への聞き取り調査をもとにしたデータ分析である（2節）。「主要企業一〇社」を対象に聞き取り調査を実施することがＥＳＣＡＰの求めであった。具体的選定は筆者自身で行い、まず一〇の異なる産業の中から上位五社を選び、その中から調査協力に同意された企業各一社を対象企業とした。具体的選定過程は2節で述べる通りである。

1　概　観*

(1)　女性管理職者の現況

日本における女性労働力は、第一次石油危機直後の短期間を除いて過去四〇年にわたり増加している。一九九二年には、その数は二六七九万人、総労働力の四〇・七%に達した。女性総労働力のうち雇用者は二六一九万人であり、失業者は六〇万人である（失業率は男性の二・一%に対して二・二%を記録している）。一九八五年に比べて男性の労働力は三〇三万人（八・四%）増加したのに対し、女性労働力は三一二万人（一三・二%）増加した。

女性労働力率は五〇・七%であり、一九七五年に戦後最低を記録したとき以来、上昇を続けている（一九八五年は四八・七%）。この女性労働力率の増加趨勢とは対照的に、この間、男性の労働力率は七八・一%から七七・九%に減少した。したがって総労働力に占める女性の比率は、この七年間に二%上昇した。一九九二年年齢階層別労働力率はM字形を形成しており、二〇－二四歳層（七五・六%）と四五－四九歳層（七二・〇%）が二つのピークを、三〇－三四歳層（五二・七%）が谷を形成している。一九八五年の年齢階層別労働力率はそれぞれ、七一・九%、六八・一%、五〇・六%であった。すべての年齢階層グループで労働力率は上昇しており、M字形カーブ全体を上方に移動させている。

一九九二年の従業上地位別就業者数は雇用者一九七四万人（七五・四%）、家族従業者三七五万人（一四・三%）自営業主二六三万人（一〇・〇%）であった。これに対応する一九八五年の数値はそれぞれ、六七・二%、二〇・〇%、一二・五%であった。この七年間に女性就業者全体に占める雇用者の割合は、八・二%ポイント上昇した。一九九二年の男性就業者の従業上の地位別構成は、それぞれ八二・四%、二・一%、一五・二%であった。総家族従業員のうち女性の占める比率は八〇%を超えている。しかし、家族従業員の割合は大幅に減少し、自営業主の割合は若干減少を示しているのに対し、女性雇用者の割合は、確実に上昇を続けている。女性雇用者の増加率は男性雇用者率の増加率を上回り続けている。一九六〇年には雇用者の女性比率は四〇・八%に過ぎず、家族従業員比率は四三・四%であった。

女性雇用者のうち九八・一%は私企業部門で雇用されており、農林漁業を除くと、その割合は九七・四%となる。一九八五年の該当比率は八九・一%であり、農林水産業を除いた場合の比率は若干小さいが、ほとんど相違はない。男性の私企業部門での数値は女性の比率を若干上回るが、その違いは小さい。

私企業部門における女性雇用者の増加傾向は前述のとおりであるが、同部門における方針・政策決定に関わる職階にある女性（管理職者）は極めて限られていた。女性管理職者の総数を確認するデータはないが、たとえば、『賃金構造基本統計調査』によれば、従業員一〇〇人以上の私企業における係長・課長職に占める女性比率は、一九八一年で二・三%、一九九二年でも三・六%にとどまっていた。後述の日本の主要一〇企業調査では、中間管理職として部長職と課長職を取り上げたので、この二職位に占める女性比率を『賃金構造基本統計調査』から算出すると、一九八二年の〇・八%から一九九二年の一・二%へと微増している。部長職より低位の課長職で見ると、この比率はそれぞれ一・五%から二・三%へと増加した。主要一〇企業調査からは除外されているが、さらに低位の係長職を見ると、女性比率は一九八一年の三・六%から一九九二年の六・二%へと二倍弱の増加を示している。また低職階ほど女性比率が高くなっている。

表9-1に示された数値は、一九九〇年に東京都が行った調査からの数値である（東京都 1990）。同表のAは部長職およびそれ以上の職階と定義されているが、中小企業の場合にはトップマネージメントの一部が含まれていると思われる。中小企業の職位・職階制は大企業とはかなり異なるからである。『中小企業の女性たち――女性経営参画者と管理職者の事例研究』によれば、女性が経営に参画するチャンスが、中小企業においてより大きいことが示されている（国際女性学会… 1987）。表9-1におけるB・Cの職位の女性比率は前述の『賃金構造基本統計調査』の数値と

表9-1　管理職者に占める女性管理職者の割合

	事業所数	職階				
		A	B	C	D	E
産　業						
総数	1,150	2.9%	1.7%	2.6%	7.9%	31.9%
I	86	1.4	0.8	0.8	1.9	27.7
II	250	3.1	1.2	1.6	3.9	30.0
III	281	3.8	2.5	3.2	9.5	31.6
IV	112	0.3	0.3	1.2	13.3	42.7
V	93	1.6	0.7	1.2	1.3	20.9
VI	246	4.5	4.0	8.0	15.4	31.4
従業員規模						
＜50	256	7.5	5.4	8.0	15.6	33.5
50－100	294	5.0	3.7	5.6	11.5	32.7
100－300	326	3.2	2.4	4.9	11.2	28.0
300－500	90	2.6	1.2	4.3	9.0	28.2
500－1000	86	0.8	1.3	3.3	16.1	46.8
＞1000	87	0.3	0.5	0.7	5.0	28.6

（注）　総数：3000のサンプル事務所のうち回答をよせた事業所数（1150）。産業、従業員規模欄とも事業所数合計が総数と合わないのは、それぞれに回答のない事業所があったためである。
A：部長職より上位の職階、B：部長、C：課長、D：係長、E：係長より低位の職階。
I：建設業、II：製造業、III：卸・小売・飲食店、IV：金融・保険・不動産業、V：運輸・通信業、VI：サーヴィス業。
従業員規模は従業員数。
（出所）　東京都：1990.

ほぼ一致する。いずれにしても、日本の私企業部門において、女性が方針・政策決定に関わる中・上位職階に就くチャンスはきわめて限られている。

同表のデータは女性を相対的に多く雇用している産業で管理職者の女性比率が高いことを示しており、暫定的に以下のように結論づけることができる。すなわち、女性の管理職者への登用は女性がより多く就業する産業において実現する可能性が高い。一九九二年には、サーヴィス業において六一八万人の就業者がおり、係長職に占める女性比率は三一・八％であり、卸・小売・飲食業では五三八万人で二七・三％が、製造業では四九四万人で二五・〇％が女性であった。

(2) 管理職階への高い障害

企業においては、管理職者への登用

は基本的に、年功序列にもとづいて行われている。

通常、新卒（大卒二二歳就業）は勤続一二－一五年、三五から四〇歳で課長職へ登用される。一九九二年の女性雇用者を年齢階層別に見ると、最大の年齢階層グループは二二－二四歳層で一六・六％を構成しており（一九八五年では一六・九％）、第二は四〇－四四歳層の一四・六％（一九八五年では一三・五％）、二五－二九歳層は一一・六％である（一九八五年では一〇・八％）。したがって、一九九二年では二九歳以下のグループが全雇用者のほぼ三分の一を占めており、このグループは課長職に登用される要件を満たしていないことになる（男性のこの年齢階層別グループの割合は四分の一以下である）。一九九二年の三〇－三四歳層グループは女性雇用者の最も少ないグループである。三五歳およびそれ以上の年齢階層グループは一九九二年の比率では、五九・六％と最大であるが（一九八五年は四七・六％）、最も少なく見積もってもこの年齢階層グループの半数はパートタイム雇用者であり、パートタイム雇用者が管理職者に登用されることはまれである。なお、一九九二年の女性雇用者総数に占めるパートタイム雇用者の割合は約三〇％である。女性雇用者の平均年齢は一九八五年の三五・四歳から三六・〇歳に上昇し、平均勤続年数も六・八年から七・四年に上昇しているが（男性は一一・九年から一二・五年へ上昇）、女性雇用者のほぼ七〇％は課長職以上の管理職者への登用の可能性を閉じられていることになる（『賃金構造基本統計調査』）。

女性の管理職者への登用を困難にする第二の要因は、男性と違って女性を基幹労働力と認めないことである。この慣行は、一九八六年の男女雇用機会均等法の施行後は一定程度緩和されてはいるが、同法は法的強制力を持つよりも努力義務的側面が強く、実質的な雇用機会均等法とするためには早期の改正が待たれているところである。

同法の施行によって、女性雇用者には男性雇用者と同様に基幹労働力として処遇される「総合職」と補助労働力としての「一般職」という二つの選択肢が示されることとなった。とくに処遇において男女間格差が大きいとされる金融・保険業と総合商社でこの傾向が強い。一定年数の勤務の後、一般職から総合職への転換も可能とされてはいるが、一般職であった期間の職務内容・トレーニングは総合職とは異なり、最初の選択が後のキャリア形成に不利に作用することは明らかである。男性には一般職・総合職の区別は一般になく、雇用機会均等法を契機として、少数（数パーセント）の女性には男性と同一の処遇を受ける「総合職」が準備されたことは事実であるが、二つのキャリアコースを設けることによって、新たな形での女性差別（間接差別の一形態）が生まれたのも事実である（秋葉 1993）。

右に指摘した障壁の結果として、女性の就きうる職業が依然として伝統的な女性の職種とされてきた「事務職＝一般職」（事務従事者）と「技能工、製造・建設作業者」の二職種に多くなっている。一九九二年には、事務従事者が三四・九％を占め、技能工、製造・建設作業者は徐々に減少はしているものの一九・五％と第二位を占めている。「専門的・技術的職業従事者」が一三・七％、「販売従事者」が一二・七％で第三位、「保安・サーヴィス職業従事者」が一一・二％と続いている。他方、女性雇用者のうち「管理的職業従事者」の比率はわずかに一・〇％であり、男性の七・四％と比較して極めて少ないのが現実である（一九八五年の数値はそれぞれ〇・九％と七・〇％である）。「管理的職業従事者」全体に占める女性の比率は、一九八五年の六・八％から一九九二年には七・九％へとわずかに上昇しているに過ぎない（「管理的職業従事者」は職階としての管理職者と同一ではない）。一九八五年から一九九二年までの七年間に女性比率を上昇させた職業グループは「事務従事者」（二・一％ポイント）、と「販売従事者」（〇・九％ポイント）であり、比率を下げたグループは技術革新から大きな影響を受けた「運輸・通信従事者」と「技能工、製造・建設作業者」である。

ほとんどの企業は、雇用機会均等法施行後は、例外はあるが、男女共にすべての職種に就きうると報告している。さらに、これら企業は、現在では女性の職種間異動や転勤の機会も女性に以前より多く開いており、管理職者への登用の道が広がったと報告している（労働省婦人局 1993b）。一九八九年の女性雇用財団の調査によると、その時点で管理職者の地位にあった女性はその地位に就くまでに四回の異動を経験したと報告している（女性雇用財団 1989）。

なぜほとんど女性管理職者がいないのかを問われたとき、企業が最も頻繁にあげる理由は、「管理職者として十分な知識、経験、判断力を持つ女性がほとんどいない」（四一・八％）である。これに続く理由は、「女性の勤続年数は管理職者に登用されるほど長くない」（三五・二％）である。第三の回答は「将来管理職者に登用されるかもしれない女性はいる。しかしまだ勤続年数が不足している」（三五・二％）（労働省婦人局 1993b）。総合職の導入は将来日本の私企業部門において女性の管理職者の増加を予測させるが、次の一〇年間に増加すると思われる管理職階は課長である。

他方、私企業部門で働く女性雇用者が管理職者になれない理由としてあげるものには、以下のものがある。

「女性には『家族責任』がある」（七〇・二％）。

「女性と男性に与えられる職務内容は異なっており、女性に与えられる職務内容は管理職者に登用されるものではない」（四八・九％）。

「社会は職場における女性を男性の同等のパートナーとは見做さない」（二二・四％）。

（電機連合総合研究所企画室 1991）

連合の別の調査によると、「女性の能力を十分に活用している」という企業の主張に対する女性雇用者の評価は、「公式にはそのように言われているが、実際には何も変わっていない」（従業員三〇〇〇－五〇〇〇までの企業の七二・三％）、「中間管理職者への女性の登用は遅れている」（六七・五％）である（日本労働組合総連合会 1990）。

雇用管理におけるどのような改善が必要かと問われたとき、女性雇用者たちは以下のように答えている。（ⅰ）「適切な指導・助言が必要である」（四五・一％）、（ⅱ）「雑用をさせない——たとえばタバコを買いに行かせない」（四二・九％）、（ⅲ）「管理職者や非管理職の一般男性雇用者の意識改革が必要である」（四二・三％）。「女性を管理職者に登用する職場の環境を整える必要がある」という要求は一九・五％に過ぎない（21世紀職業財団 1993）。日本においては「男は外で生産的労働を、女は内で家事を」という固定的性別役割分業規範が依然として強い。

(3) 研修機会・賃金格差・定年

男女の処遇に関する企業の公式見解は男女平等であるが、企業が提供する管理職者研修に関しては、企業の三五・四%は、「このプログラムは男性だけに適用される」と答えている。八四・八%の企業は「該当する女性がいないので、男性だけが研修を受けた」と回答している（労働省婦人局 1993b）。このような研修機会の欠如に対し、一九八五年は五四・九%、九二年は五二・五%の女性たちは不満を表明している（電子・電気機器労連 1991）。

日本の賃金・俸給は、一般的に、年齢、学歴、能力、職位、職種、勤続年数、企業規模などによって決定される。女性は、結婚、あるいは第一子の誕生時に退職すると想定されるため、男性より低額の賃金・俸給の職種に就けられることが多く、管理職者へのチャンスが乏しい。また多くの女性が、賃金が高く規模の大きい企業よりも低賃金の中小企業で雇用されている。女性雇用者の平均学歴は男性雇用者よりも低く（一九八五年には女性雇用者の四・二%、一九九二年には六・二%が大学卒業者であった）、これが女性の低賃金の一つの原因となっている（『賃金構造基本統計調査』）。

『毎月勤労統計調査』によると一九九二年には、常勤女性雇用者の「きまって支給される現金給与額」の平均月額は、従業員五人以上の企業で男性の五〇・七%、三〇人以上の企業で五一・五%であった。この「現金給与額」には、「所定内給与、特別手当」が含まれている。特別給与を除外すると、男女別賃金格差は一九八五年の五九・六%から、一九九二年には六一・五%へと縮小する。雇用者の年齢が上がるにつれて、前述の男女間の賃金格差は拡大する。既述の要因に加えて、ほとんどの男性雇用者は扶養家族手当、住宅手当等を受けている。諸手当は通常、世帯主に支給され、世帯主のほとんどは男性だからである。これらの手当は通常、賃金・俸給の約五%に相当し、男女間の賃金格差拡大に寄与している。

雇用機会均等法は、男女に異なる定年を定めることを禁じている。雇用機会均等法導入以前は、男女間の定年退職年齢に三年から五年の年齢差を設けている企業が多かった。同一年齢定年制は雇用機会均等法の最も有効な側面といわれているが、一九九二年には女性雇用者の二三・三％は結婚、あるいは第一子誕生時に退職している。とくに、従業員五〇〇〇人以上の規模の企業においては、わずかに二・一％の女性雇用者が職にとどまったに過ぎない。若年退職者は企業の「暗黙の結婚退職制」の圧力からだけでなく、男性配偶者および自身の妻役割規範から退職するのである（労働省婦人局 1993b）。

2　日本の私企業部門における方針・政策決定にかかわる女性たち
——主要企業一〇社の場合——

(1)　サンプル企業

調査対象となったサンプル企業は、以下に示す日本の一〇産業（業種）のそれぞれ上位五社の中から筆者の協力要請に応じた一社ずつで構成されている。サンプル総数は一〇である。選定は当該企業が男女雇用機会均等政策を採っているか否かにかかわりなく行われたが、選定が完全にランダムであったわけではない。通常、多くの企業は人事管理政策を公表しておらず、女性雇用管理情報を公表することに必ずしも積極的ではない。サンプル企業は、トップマネージメントとの個人的交渉の結果、調査協力要請を受け入れた企業である。協力要請受諾の要件は、企業名を公表しないこと、公表できない統計資料があることを認めることであった。

選定された一〇産業は、銀行（企業A）、新聞発行（B）、自動車製造（C）、電子・電気機器製造（D）、保険（E）、電信電話（F）、卸小売＝スーパーマーケット（G）、情報サーヴィス（H）、総合商社（I）、化学＝化粧品製造（J）である。一〇社合計で雇用者総数は四四万一九三八人、日本の私企業部門雇用者総数の九・一％である。男女別雇用者データを公表しなかったA社を除き、サンプル企業での女性雇用者は日本の私企業部門における女性雇用者総数の〇・三九％に過ぎず（男性は一一・九％）、日本の女性雇用者たちは、より多く中小企業で雇用されていることを示している。

⑵　情報収集の手順

企業選定に当たってはまず、トップマネージメントに接触し、その同意のもとに雇用管理部門の幹部に面接調査の受け入れを要請した。同意を得た上で、一定の形式で用意した質問項目とデータ記入票を送付、面接調査の日程調整を行った。多くの場合、人事管理部門の責任者と同部門の課長職一名が同席した。面接調査においては、雇用機会均等法施行後の女性雇用管理の改善点を重点的に質問した。

本調査全体を通じて、該当主要一〇企業においては、企業としてジェンダー問題に必ずしも敏感であるとはいえないという印象を強くした。この事実は、以下の男女別データ表が多くの欠落部分を持っていることにも示されている。女性雇用者比率が高く、職場での女性のニーズに対応しようとする企業が企業内でのジェンダー平等政策を推進しようとしているとは限らない。企業Aはとくに男女別データ公表に対する拒否感が強く、総雇用者に占める女性比率が提示されただけである。この拒否感は、近い将来、女性を方針・政策決定の地位に就けようとする意思のないことの表明と了解するほど強かった。しかし、企業Aは例外的であり、多くの企業は、女性登用の否定というよりは、女性を基幹労働力と認識するに至っていない状況にあると分析した。女性の登用の有無にかかわらず企業の対応は極めて真摯であった。

本調査で得られた雇用者に関する情報は、基本的に正規雇用者に関するものであり、女性雇用者の三〇％以上を構成するパートタイム雇用者に関する情報はごくわずかしか得ることができなかった。しかし、面接調査の過程で、企業Aでは四〇〇〇人を超える派遣女性労働者が雇用されていることを確認した。これは正規雇用者の二五％に相当する。同社の一般職五八七四人はすべて女性であり、女性派遣労働者はその七〇％に相当することから、同社の非正規

比率（1993年，1985年）（その１）

C（自動車）				D（電子・電気機器）				E（保険）			
人数	男女それぞれに占める割合（%）		女性比率（%）	人数	男女それぞれに占める割合（%）		女性比率（%）	人数	男女それぞれに占める割合（%）		女性比率（%）
	男	女			男	女			男	女	
49	0.09	0	0	36	0.05	0.00	0	29	0.98	0	0
49	0.09	0	0	27	0.04	0.00	0	26	1.14	0	0
2,875	5.50	0.12	0.18	10,379	0.16	0.14	0.13	1,164	39.46	0.05	0.09
2,225	4.16	0.02	0.04	6,310	10.23	0.11	0.11	885	36.64	0.06	0.11
				34,441	49.00	18.45	5.01	23	0.07	1.08	91.30
				24,401	37.72	12.81	4.74	37	0.44	1.59	72.97
19,200	29.97	92.38	19.27	18,128	19.35	55.72	28.73				
18,200	26.56	83.32	21.98	19,630	25.74	41.75	19.20				
								1,785	59.35	1.86	
								1,387	59.79	1.12	
								1,884	0.14	97.01	
								1,650	0	97.23	
33,600	64.39	7.49	0.89	23,511	31.60	10.27	10.27				
37,800	69.19	16.66	2.12	26,586	36.49	15.43	15.43				
56,250			7.38	76,080			12.29	4,896			40.11
58,274				70,644				3,985			

表9－2　企業別職階／職種による男女

		年	A（銀行）				B（新聞）			
			人数	男女それぞれに占める割合（%）		女性比率（%）	人数	男女それぞれに占める割合（%）		女性比率（%）
				男	女			男	女	
職階	トップマネージメント（常務以上の取締役）	1993	37(3)			0	10	0.27	0	0
		1985	35(3)			0	14	0.32	0	0
	上記以外の上級職員	1993					51	1.39	0	0
		1985					32	0.74	0	0
	部長・課長	1993	6,088				471	12.82	0.34	0.21
		1985	4,984				380	8.73	0	0
職種	専門的／技術的職業従事者	1993					322 (40)	8.46 (0.46)	4.11 (7.88)	3.73 (57.50)
		1985					267 (36)	5.97 (0.37)	3.18 (9.09)	2.62 (55.56)
	事務／販売従事者	1993								
		1985								
	事務従事者	1993								
		1985								
	（総合職）	1993	3,650				108	2.56	4.79	12.96
		1985	3,867				96	2.21	0	0
	（一般職）	1993	5,874				92 (24)	1.53 (0.30)	12.33 (4.45)	39.13 (45.83)
		1985	5,158				89 (109)	0.97 (1.49)	21.36 (20.00)	52.81 (40.37)
	販売従事者	1993								
		1985								
	技能工／生産工程作業者	1993					850 (6)	23.11 (0.06)	1.03 (0)	0.35 (0)
		1985					1,730 (21)	39.36 (0.44)	2.27 (0.91)	0.29 (9.52)
	その他	1993					1,914 (69)	47.97 (1.00)	53.42 (11.64)	8.15 (49.28)
		1985					1,718 (80)	38.24 (0.90)	24.55 (18.63)	3.14 (51.25)
	合　計	1993	15,652			38.34	3,947			7.42
		1985	14,047				4,572			

（注）（　）の数字は、職階では非常勤者を、職種では非正規常勤者を指す。
（出所）聞き取り調査時の提供資料による。

比率（1993年，1985年）（その２）

H（情報サービス）				I（総合商社）				J（化学＝化粧品）			
人数	男女それぞれに占める割合（%）		女性比率（%）	人数	男女それぞれに占める割合（%）		女性比率（%）	人数	男女それぞれに占める割合（%）		女性比率（%）
	男	女			男	女			男	女	
24	0.75	0.12	8.33	40	0.72	0	0	32	1.19	0.12	6.25
9	0.84	0.20	11.11	0				26	1.51	0	0
679	20.97	4.05	9.87	3,591	64.40	0	0	857	32.60	2.13	4.20
260	26.28	1.81	3.46	2,933	52.16	0	0	430	23.65	1.55	5.12
700	11.99	21.14	50.00	19	0.34	0	0	604	18.12	8.77	24.50
197	10.79	18.88	47.72	24	0.43	0	0	310	13.22	6.14	26.45
1,343	15.48	53.80	66.34								
622	28.38	70.48	56.43					1,911	52.29	75.58	52.8
								(233)	(6.43)	(9.14)	(52.36)
				1,884	33.45	0.97	1.01	631	20.47	6.87	18.38
				2,544	45.24	0	0				
				1,939	0.03	98.41	99.12	656	3.97	32.94	84.76
				(7)	(0.04)	(0.41)	(71.43)	(122)	(2.15)	(4.03)	(55.74)
				2,233	1.01	99.86	97.45				
1,829	50.81	20.89	18.92					586	13.43	14.69	42.32
365	33.72	8.63	11.78					97	1.62	5.17	71.13
								680	7.71	28.79	71.47
								(36)	(0.32)	(1.66)	(77.78)
								–	–	–	–
								(53)	(1.28)	(2.32)	(58.49)
				49							
				68							
4,551			35.86	7,471			26.07	3,428			39.15
1,453				7,802				3,060			

表9－2　企業別職階／職種による男女

		年	F（電信電話）				G（小売）			
			人数	男女それぞれに占める割合（%）		女性比率（%）	人数	男女それぞれに占める割合（%）		女性比率（%）
				男	女			男	女	
職階	トップマネージメント（常務以上の取締役）	1993	40	0.02	0	0	11	0.13	0.03	9.09
		1985	26	0.01	0	0	＊			
	上記以外の上級職員	1993								
		1985								
	部長・課長	1993	24,500	12.90	0.88	1.63	749 （182）	9.81 （2.36）	0.27 （0.11）	1.34 （2.20）
		1985	31,000	16.35	0.99	1.45	＊			
職種	専門的／技術的職業従事者	1993								
		1985					＊			
	事務／販売従事者	1993	207,700	87.08	99.12	21.67				
		1985	282,600	87.39	99.37	25.03				
	事務従事者	1993					1,630	18.02	7.22	16.69
		1985					＊			
	（総合職）	1993								
		1985								
	（一般職）	1993								
		1985								
	販売従事者	1993					8,729	69.67	92.38	39.86
		1985					＊			
	技能工／生産工程作業者	1993								
		1985								
	その他	1993								
		1985								
	合　計	1993	232,200			19.55	11,290			33.35
		1985	313,626							

（注）（　）の数字は、職階では非常勤者を、職種では非正規常勤者を指す。
＊は回答せず、またはデータを示さなかった。
（出所）聞き取り調査時の提供資料による。

雇用者を含めた女性比率を大幅に引き上げることになる（表9-2）。

通常、派遣労働者は、派遣元企業の人事管理下に置かれるため本調査の分析対象ではないが、女性雇用労働者の分析には派遣労働者・パートタイマーを含む、より広範な女性雇用者層を対象とすべきである。調査対象企業では、女性労働者の、とくに男女雇用機会均等に関する雇用管理は基本的に正規雇用者に限定している。近い将来、これらの非正規女性雇用労働者の登用に大きな変化が起こるとは予想しがたかった。

調査対象企業のうち、パートタイマーに管理職者への登用を認めている企業Gに関しては後述する（表9-2参照）。

(3) 対象企業における方針・政策決定にかかわる女性たち

表9-2の「トップマネージメント」の数値が示すように、対象一〇社のうち三社（G＝スーパーマーケット　一名、H＝情報サーヴィス　二名、J＝化粧品製造　二名）に常務以上の女性取締役が配置されていた。主要一〇社におけるトップマネージメントの女性比率は一・六一％である。日本の主要企業のトップマネージメント一〇〇名のうち、女性はわずか二名にすぎない。女性中間管理職階（部長・課長）のいない企業は二社だけだが、その女性比率はトップマネージメントの女性比率よりも低く、一％強にすぎない。これらのデータにもかかわらず、全体としてみれば、一九八五年に比べて九二年には、方針・政策決定に参画できる職位に占める女性の比率は高くなっている。調査対象企業は八〇年代初頭から女性の管理職者への登用を実践し始めていると回答しており、この登用傾向が「ナイロビ将来戦略＝男女雇用機会均等法」の精神に沿ったものであるかどうかは確認できなかった。

一般的に、雇用者総数に占める女性比率が高い産業や企業ほど女性管理職者比率も高い（女性比率：G＝三三・三五％、H＝三五・八六％、J＝三九・一五％）。この経験法則の例外は銀行、保険、総合商社であり、これら三業種は、雇用機会均等法以後「総合職」を設けて、女性の雇用者を二分して管理することとなった代表的業種である。これら業種は、補助的業務を行う労働者として、少なくとも総雇用者の三〇－四〇％を女性「一般職」で雇用しており、

表9－3　企業別募集・昇進における女性比率（1993年）

（％）

		A（銀行）	B（新聞）	C（自動車）	D（電子・電気機器）	E（保険）	F（電信電話）	G（小売）	H（情報サーヴィス）	I（総合商社）	J（化学＝化粧品）
トップマネージメント（常務以上の取締役）	募集										
	昇進	0		0	0		0			0	0
上記以外の上級職員	募集										
	昇進		0								
部長・課長	募集									0	0.00
	昇進		1.96		0.14		1.52	8.33	11.36		3.03
専門的／技術的職業従事者	募集		25.00	募集は合計で34.05（非正規雇用者を含む）	13.29					0	24.64（57.14）
	昇進		0		13.96						2.94
事務／販売従事者	募集				49.46		20.00	86.73	43.33		
	昇進						＊				
事務従事者	募集										
	昇進										
（総合職）	募集	2.63	37.50			＊				1.32	18.71
	昇進		0							1.24	3.70
（一般職）	募集	100	（100）							100	100（100）
	昇進										
販売従事者	募集										62.50（60.00）
	昇進										
技能工／生産工程作業者	募集			0.91	7.11						
	昇進										
その他	募集		17.74（60.00）								57.14（71.43）
	昇進										
合計	募集	69.17	19.33	13.99	20.89		19.98	86.63	43.33	57.14	33.09
	昇進		1.43		11.46			8.33	11.36	0.34	3.00

（注）（　）は非正規常勤者を指す。　＊は回答せず、またはデータを示さなかった。
（出所）聞き取り調査時の提供資料による。

数（1993年，1985年）

C（自動車）			D（電子・電気機器）			E（保険）		
人数	昇進した者	縁故のある者	人数	昇進した者	縁故のある者	人数	昇進した者	縁故のある者
4			13	13	0	5	5	0
6			9	9	0	5	4	0
0			0			0		
0			0			0		
20			8	8	0	5	5	0
13			8	8	0	6	6	0
0			0			0		
0			0			0		
24			21			10		
19			17			11		

H（情報サーヴィス）			I（総合商社）			J（化学＝化粧品）		
人数	昇進した者	縁故のある者	人数	昇進した者	縁故のある者	人数	昇進した者	縁故のある者
1	1	1	*			5		
1	1	0	*			7		
0			0			0		
0			0			0		
4	3	0	*			6		
4	4	0	*			4		
1	1	0	0			0		
0			0			0		
6			40			11		
5			40			11		

表9－4　企業別取締役

			A（銀行）			B（新聞）		
代表権	性別	年	人数	昇進した者	縁故のある者	人数	昇進した者	縁故のある者
あり	男	1993	19	19	0	3	3	1
		1985	16	16	0	3	3	2
	女	1993	0			0		
		1985	0			0		
なし	男	1993	21	18	0	6	6	0
		1985	19	19	0	6	6	0
	女	1993	0			0		
		1985	0			0		
合　計		1993	40			9		
		1985	35			9		

			F（電信電話）			G（小売）		
代表権	性別	年	人数	昇進した者	縁故のある者	人数	昇進した者	縁故のある者
あり	男	1993	5	4		4	3	0
		1985	2	2		4	4	1
	女	1993	0			1		
		1985	0			0		
なし	男	1993	9	8		6	5	0
		1985	6	6		2	2	0
	女	1993	0			0		
		1985	0			0		
合　計		1993	14			11		
		1985	8			6		

（注）＊は回答せず、またはデータを示さなかった。
（出所）聞き取り調査時の提供資料による。

総合職の女性は、一般職の一－二％にすぎない。募集・昇進に関する表9－3がこれを裏付けている。

他の七業種においては、対象企業は、人事管理において性による差別はないと主張している。賃金・俸給、配置、異動に見られる相違は男女が配置される職種の違いからきており、男女差別が原因ではないとする。しかし、トップマネージジメントに女性を持つ企業G、H、Jを除いて、これら七業種＝企業は、極めて限定的な数の女性しか総合職に配置していない。総合職、一般職を区別していない採用の場合でも、データは女性が男性と同等の機会を持つことを裏付けていない（表9－3、9－4）。女性に総合職と一般職の区別を設けていない業種（＝企業）はC（自動車製造）、D（電子・電気機器製造）、F（電信電話）である。Fの中間管理職者への女性の登用は現在は少なくなっているが、その登用比率は、女性雇用者比率を超えている。これは、当該企業は過去に多数の女性雇用者を電話交換手として雇用していた歴史によって説明されよう。女性がより多く就業する産業＝企業で女性がより多く登用される機会を持つという経験法則に合致する事例といえる。

二〇〇〇年までに取締役に女性を登用する可能性を質問したとき、すでに女性取締役のいる企業H（情報サーヴィス）とJ（科学＝化粧品）は、引き続き女性取締役を配する可能性が高いと答えている。興味深いことに、代表権持つ女性取締役を配している企業G（小売）は、現在の女性取締役は例外的存在であり、当該取締役が退職したあと、女性をトップマネージジメントに登用する可能性は極めて小さいと、悲観的だった。この取締役は「キャリア」官僚を退職後、当該企業に常務取締役として迎えられ、その後に専務取締役に昇格しているところから、表9－4では「内部からの昇進」に分類されているが、一般の非管理職者からの登用とは異なる事例である。

他の企業では、二〇〇〇年までに内部から取締役の職位に女性が登用される可能性はほとんど示さなれかった。現在、女性の中間管理職者のいない企業A（銀行）とI（総合商社）は、二〇〇〇年までに中間管理職者（課長職）に女性登用の可能性についても肯定的に解答していない。もしあるとすれば、ライン管理職者ではなく、部下を持たない専門職者としての課長相当職者としての登用の可能性であろう。日本においては部下を持たない専門職の女性がこ管理の地位の待遇を受けることは珍しくない。二〇年、あるいはそれ以上専門職として勤務した場合、職位の変更なくして昇給もないため、この措置が多用されるのである。したがって、方針・政策決定過程にかかわる本来の意味の職者への女性の登用は、日本の主要企業においてはまだ十分に実現していない。

(4) 女性管理職者比率の最も高い企業

企業H（情報サーヴィス）のトップマネージメントに占める女性比率は、調査対象企業のうちの第二位であるが、中間管理職者比率は最も高い。当該企業はサンプルの中で最も新しい企業であり、情報サーヴィス自体も新しい産業である。同社は、男女社員の雇用管理に関しては、いかなる意味の相違・差別政策もとっていないという。表9-5に示されているように、一九九二年に同社の退職者のうち、ほぼ九六％が二〇-三〇歳代に属し、少なくとも五〇％を超える退職者が二〇歳代であったという。

同社は長時間の厳しい勤務、昇進および給与が実績主義であることでよく知られている。新しい産業分野の新しいタイプ（日本型雇用慣行をとらない）の企業である。二人の女性トップマネージメントの一人は勤務四年目にして部長職に昇進している。同氏は同社で唯一超過勤務を拒否し続けた社員とのことである。現在は同社のナンバー・スリーの地位を得ている。Hはまさに新しいタイプの日本企業である。能力と意欲さえあれば男女の別にかかわらず、その業績が評価される。男女を同一の条件で雇用することが同社の政策であり、育児に関しても、法が定める企業の義務を超える特別の制度は整えていない。

(5) 女性社員の継続勤務を奨励する企業

表9-6が示すように、すべての調査対象企業で、子供が一歳に達するまで男女共に育児休暇をとることができる。しかし、現実には男性社員が育児休暇を取ることは珍しく、女性社員が取るかどうかも事情によって異なっている。

定年退職年齢と離職者数（1992年）

D（電子・電気機器）				E（保険）				F（電信電話）
60				60				60
60				55				*
20-30歳代	40-50歳代	60歳代	合計	20-30歳代	40-50歳代	60歳代	合計	
1	970	836	1303	0	31	20	51	
0	17	32	49	0	1	4	5	
0	0	0	0	0	3	0	3	
0	0	0	0	0	0	0	0	
763	71	0	834	24	5	1	30	
696	8	0	704	173	2	0	175	
251	585	0	836	0	0	0	0	*
16	6	0	22	0	0	0	0	
0	0	0	0	0	0	0	0	
0	0	0	0	0	0	0	0	
19	25	0	44	0	1	0	1	
1	33	0	34	0	1	0	1	
1034	1651	332	3017	24	40	21	85	
713	64	32	809	173	4	4	181	

I（総合商社）				J（化学＝化粧品）			
60				60			
55				60			
20-30歳代	40-50歳代	60歳代	合計	20-30歳代	40-50歳代	60歳代	合計
0	80	41	121	0	8	51	59
0	1	3	4	0	4	2	6
4	5	4	13	0	0	0	0
1	0	0	1	0	0	0	0
6	5	0	11	6	2	0	8
183	1	0	184	64	6	0	70
0	0	0	0	0	29	0	29
0	0	0	0	0	0	0	0
0	1	0	1	0	0	0	0
0	0	0	0	0	0	0	0
0	12	0	12	0	5	0	5
3	0	0	3	0	1	0	1
10	103	45	158	6	44	51	101
187	2	3	192	64	11	2	77

表9－5　企業別労働契約による

		A（銀行）	B（新聞）				C（自動車）
定年退職年齢（歳）	1993年	60	60				60
	1985年	60	57				60
1992年離職者			20-30歳代	40-50歳代	60歳代	合計	
退　職	男	*	0	38	5	43	*
	女		0	0	0	0	
契約終了	男		6	1	34	41	
	女		0	1	1	2	
辞　職	男		19	7	0	26	
	女		16	1	0	17	
転　職	男		13	48	0	61	
	女		1	1	0	2	
解　雇	男		0	0	0	0	
	女		0	0	0	0	
死　亡	男		0	4	0	4	
	女		0	0	0	0	
合　計	男		38	98	39	175	
	女		17	3	1	21	

		G（小売）				H（情報サーヴィス）			
定年退職年齢（歳）	1993年	60				60			
	1985年	60				55			
1992年離職者		20-30歳代	40-50歳代	60歳代	合計	20-30歳代	40-50歳代	60歳代	合計
退　職	男	0	0	29	29	0	4	2	6
	女	0	0	3	3	0	0	0	0
契約終了	男	0	0	2	2	1	0	4	5
	女	0	0	0	0	0	0	2	2
辞　職	男	161	69	17	247	181	2	3	186
	女	487	16	2	505	298	0	1	299
転　職	男	266	377	0	643	0	0	0	0
	女	110	17	0	127	0	0	0	0
解　雇	男	0	0	0	0	0	0	0	0
	女	0	0	0	0	0	0	0	0
死　亡	男	2	8	0	10	0	0	0	0
	女	0	1	0	1	0	0	0	0
合　計	男	429	454	48	931	182	6	9	197
	女	597	34	5	636	298	0	3	301

（注）　*は回答せず、またはデータを示さなかった。
（出所）　聞き取り調査時の提供資料による。

育児・介護等の制度比較

E（保険）	F（電信電話）	G（小売）	H（情報サーヴィス）	I（総合商社）	J（化学＝化粧品）
8週 8週 —	6週 8週 有給	6週 12週 無給	6週 8週 無給	6週 8週 有給	6週 8週 有給
子供が1歳になるまで 無給	子供が3歳になるまで —	子供が1歳になるまで —	子供が1歳になるまで 無給	子供が1歳になるまで —	子供が3歳になるまで —
1年まで 無給	1病人あたり1週 —	1年まで —	1年まで 無給	3カ月まで —	1年まで —
子供が1歳になるまで 1日1時間まで	子供が1歳になるまで 1日1.5時間まで	×	×	子供が1歳になるまで 1日1.5時間まで	×
× ×	子供が3歳になるまで ×	× ×	× ×	× ×	子供が学齢期になるまで 1日2時間まで
× × × ×	○ ○ ○ ○	○ × ○ ×	× × × ×	× × × ×	× × × ×
× × × ×	× × × ×	× × × ×	× × × ×	× × × ×	× × × ×

表9－6　企業別出産・

			A（銀行）	B（新聞）	C（自動車）	D（電子･電気機器）
産前・産後休暇	期間 産前	女	6週	6週	合計112日	8週
	期間 産後		8週	8週		8週
	給付		有給	有給	有給	無給
育児休暇	期間	男・女	子供が1歳になるまで	子供が1歳になるまで	子供が1歳になるまで	子供が1歳になるまで
	給付		無給	無給	—	無給
介護休暇	期間	男・女	1年まで	6カ月まで	1年まで	1年まで
	給付		無給	無給	—	無給
授乳時間		女	子供が1歳になるまで 1日1時間	子供が1歳になるまで 1日1時間まで	子供が1歳になるまで 1日1時間まで	子供が1歳になるまで 1日1時間まで
育児時間		男	×	×	×	×
		女	×	×	×	×
託児施設利用権		既婚男性	×	×	×	×
		未婚男性	×	×	×	×
		既婚女性	×	×	×	×
		未婚女性	×	×	×	×
託児補助金		既婚男性	×	○	×	×
		未婚男性	×	○	×	×
		既婚女性	×	○	×	×
		未婚女性	×	○	×	×

（注）○あり、×なし、—回答せず。
（出所）聞き取り調査時の提供資料による。

企業F（電信電話）はかつて交換業務に多くの女性を雇用しており、女性社員の必要を満たすべく三〇年以上も前から育児休暇制度を設けていた。一九九二年には六〇二人（うち男性は三人）が、一九九三年には六〇〇人（うち男性は一人）が育児休暇を取得していた。同社では、子供が三歳に達するまで育児休暇を延長することが可能である。さらに、子供が一歳になるまで、通常の一時間を超えて一日あたり一時間半の授乳時間をとることもできる。これらの慣行が、他の調査対象企業よりも高い比率で女性管理職者がいることにつながっていると思われる（表9-2）。

企業J（化粧品製造）もトップマネージメントおよび中間管理職者の女性比率が高く、また総雇用者に占める女性比率も高い。同社でも企業Fと同様に子供が三歳になるまで育児休暇の取得が可能である。同社では幼児を持つ雇用者にはもう一つの制度を準備している。それは、授乳時間を廃止して子供が小学校に入学する前日まで一日あたり二時間の育児時間の取得を可能とする制度である。

企業G（スーパーマーケット）は、育児のために離職する女性社員に対して、再就業の希望がある場合には再就業ライセンスの取得を認めている。ライセンス取得者は、四五歳に達するまで一二年間を限度として、退職直前の仕事に復帰することができる。ライセンス保持者は一年に一度、「復帰のための研修」を義務づけられており、また、同社のニューズレターを受け取る。調査時点で三九二名のライセンス保持者がおり、それまでに二七名の女性が前職に復帰している。

企業Gのもう一つの固有の人事管理がパートタイム労働者政策である。同社は約一万二〇〇〇名のパートタイム労働者を雇用しており、そのうちの九五％が女性である（パートタイム労働者の正規雇用者に対する比率は店舗レヴェルで一三〇％を超えている）。同社のパートタイム労働者への依存は極めて高く、パートタイマーの処遇には前述の制度も含めて工夫がなされている。日本における通常のパートタイム労働者の不安定な処遇に比べて、Gでは一年以上の勤務の後に希望があれば、パートタイム労働者の雇用形態の枠内ではあるが、「正規雇用待遇」に移行が可能となる。その場合、昇進の最高職階は係長職である。

表10-7　企業別主要研修講座数と参加者数（1992年）

	A（銀行）				B（新聞）			
	講座数	参加人数			講座数	参加人数		
		男	女	合計		男	女	合計
新入社員研修	＊	＊	＊		1	95	20	115
技能向上研修	＊	＊	＊		2	93	93	93
管理者研修	＊	＊	＊		2	57	57	62

	C（自動車）				D（電子・電気機器）			
	講座数	参加人数			講座数	参加人数		
		男	女	合計		男	女	合計
新入社員研修	5	＊	＊	＊	22	＊	＊	2,681
技能向上研修	24	＊	＊	＊	22	＊	＊	524
管理者研修	30	＊	＊	＊	867	＊	＊	20,847

	E（保険）				F（電信電話）			
	講座数	参加人数			講座数	参加人数		
		男	女	合計		男	女	合計
新入社員研修	7	640	535	1,175	1	800	200	1,000
技能向上研修	4	265	0	265	105	1,112	0	112
管理者研修	11	1,605	133	1,738	2,129	59,287	＊	

	G（小売）				H（情報サーヴィス）			
	講座数	参加人数			講座数	参加人数		
		男	女	合計		男	女	合計
新入社員研修	2	300	1,200	1,500	2	548	518	1,066
技能向上研修	4	136	5	141	2	56	10	66
管理者研修	6	1,216	572	1,788	2	652	282	934

	I（総合商社）				J（化学＝化粧品）			
	講座数	参加人数			講座数	参加人数		
		男	女	合計		男	女	合計
新入社員研修	3	548	518	1,066	2	＊	＊	＊
技能向上研修	6☆	0	474	474	4	＊	＊	＊
管理者研修	＊	＊	＊		6	＊	＊	＊

（注）＊は回答せず、またはデータを示さなかった。☆は一般職のデータのみ。
（出所）聞き取り調査時の提供資料による。

表9－8　企業別男女賃金格差（男=100）

	A（銀行）	B（新聞）	C（自動車）	D（電子･電気機器）	E（保険）	F（電信電話）	G（小売）	H（情報サービス）	I（総合商社）	J（化学＝化粧品）
高卒1年目			100	100		100	100	90.47		100
大卒1年目		100	100	100	100	100	100	98.65	95.76	100
35歳		100		86.94	60.00		100	88.44	53.32	84.33
45歳（課長）		100			46.67				46.29	100
55歳（課長代理）					44.44				43.90	100
年齢区分示さず	39.10									

（出所）聞き取り調査時の提供資料による。

(6) 研修と賃金格差

調査対象企業のすべてにおいて三種類の研修プログラムが設けられている（表9－7）。第一は新入社員への研修であり、第二は役職者に昇進した社員のための研修、第三は「技能向上」型の研修である。最初の二つは該当者には必須であり、第三は随意であるが、上司の推薦を必要とする。随意研修に関して女性社員が持つ問題は、上司の推薦を得て技能向上研修に参加できる地位にほとんど女性がいないこと、たとえいたとしても、部下を持たない管理職者の場合は、上司の推薦が得にくいことなど、実行面での問題である。

同様の議論が賃金格差にも当てはまる（表9－8）。調査対象企業のうち、男女で職種が異なるため、「職種別賃金体系がある」と答えた企業は三社ある。同一労働同一賃金といっても、職種・処遇に男女格差があることから、現実の問題として賃金格差が発生する。企業は賃金表の公表を控えており、賃金格差の実態を捉えることは困難である。表9－8は諸手当を含む場合もあり、また基本給だけの場合もあり、同一の基準で作成された数値ではないが、若干の賃金格差に関する情報を提供する。

たとえ入社時の賃金に男女間格差がなかったとしても、前述のように、一般的に女性社員には職階の上限が早く訪れるため、年齢の上昇につれて男女間賃金格差は拡大する。男女が異なる職種に配置される場合には、入社時にすでに賃金格差があるが、この事実はほとんど表9-8には示されていない。

企業Eの数値は労働組合の協力で得たものであり、Iのそれは企業の人事部から提供された。Hに原則として男女間格差がないことは記述したが、他の企業の賃金表は、おおむね、総合職としての女性の賃金を男性社員（通常、総合・一般の区分はない）のそれと比較しているようである。企業EとIの「四五歳課長代理」「五五歳課長」職は女性社員のみに該当すると理解すべきだろう。不完全な数値ではあるが、日本の平均値で見た女性の賃金が男性の五〇－六〇％であることを考慮すると、企業E、Iの数値は、女性を補助職に就ける場合の「大企業」の一般的な数値とみなすのが妥当であろう。いずれにしても、賃金数値は企業が最も公表を嫌う数値である。

雇用機会均等法の施行以来、男女格差に関して改善が見られた福利厚生についても同様のことがいえる。たとえば、表9-6の育児休暇や介護休暇に関しても、多くの企業が男女に取得可能としている。しかし、男女別の取得者数数値は一社を除いて提供されておらず、拒否というよりも「男性社員は取得しないもの」と考えられているのが一般的であった。データ表には示されていないが、「ホームヘルパーの派遣」という制度を持つ企業があった。これは、妻（配偶者）が病気で男性社員が出社できない状態をなくすために、男性社員だけに適用される制度である。女性社員の配偶者が病気になっても会社は与り知らないのである。

一九八六年施行の雇用機会均等法は基本的に企業の努力義務を規定しており、法的拘束力はきわめて弱い。実質的な男女雇用機会均等を実現するためには、社会規範はもとより、法律も含めて制度や慣行が男女平等を実現するのにふさわしく改正される必要がある。[**]

＊本節の労働に関する数値は、断りのない限り、それぞれの年度の該当する『労働力調査』『賃金構造基本統計調査』『毎月勤労

統計調査』をもとに編集・出版されている『平成六年版　働く女性の実情』による。

＊＊北京行動綱領の実施の一環として施行された一九九九年の改正均等法では、募集、採用から退職まで男女差別は禁止されている。しかし、異なる雇用管理区分（職種、資格、就業・雇用形態など）であれば差別の有無の検討対象にならず、「間接差別」問題を残している。新しい点は、改正均等法が職場でのセクシュアル・ハラスメントを防止する環境整備を企業に義務づけたことである。

あとがき

初出一覧が示しているように、本書の諸章は、一九九一年から二〇〇四年にかけて、構想・発表した論考である。第一章から第三章までは、「ジェンダーと開発」論の誕生からこれまでの展開を追いながら、「ジェンダー」、「エンパワーメント」、「ジェンダーの主流化」を鍵《キー》概念として、人間開発を実現するための基本的視座を設定している。

第四章から第六章までは、筆者が研究を進めようとしている「経済学のジェンダー化」に関する論考である。これまで貨幣経済化されておらず、経済学の分析対象とならなかった世帯内でのケア生産を中心とする再生産部門と、伝統的に経済分析の中心である生産（商品生産）部門の統合の試みと、ジェンダー予算分析という手法を用いるマクロ経済学のジェンダー化、あるいはマクロ経済政策のジェンダーに与える非対称的な影響の実証分析のための基礎作業を提示した。

第七章から第九章までは、経済の「転換期」が持つジェンダー含意を、女性の経済活動や経済的地位への影響という側面から分析した実証分析の結果である。中国の場合は、社会主義計画経済から市場経済への転換期を、インドネシアの場合は、農業中心経済から工業中心経済への転換期（「近代化」）を、日本の場合は、男女共同参画社会への転換期を扱っている。

九〇年代前半の論考では、「ジェンダー」より「女性」が焦点になっていることなど、筆者の分析視角が時代とともに変化したり、この領域での概念規定も変化していることがわかる。分析手法も一貫して相互に整合的なわけではなく、いずれにしても、すべて試論である。とくに、最近のグローバリゼーションが与えるジェンダーへの影響が直接の分析対象になっていないのは大きな欠点であり、今後の課題である。

日本では、この分野は、一九九〇年以降の、「政府開発援助にどのように女性支援配慮を統合するか」との問いかけから始まった。この出発時の事情から、現在でも、「ジェンダーと開発」論の主要な担い手は、途上国への開発援助（支援）政策策定者や実務者である。「ジェンダーと開発」論はできあがった体系ではなく、形成・発展途上の新しい分野であり、開発の経済的基盤の拡充・強化とジェンダー関係、あるいは、マクロ・レヴェルの理論的検討から、経済発展とジェンダー関係の相互作用を分析するという、経済学からの包括的なアプローチは、まだ歩を進めたばかりである。新たな可能性への導入点の模索と、問題提起の意味をこめて、多くの欠点を抱えたまま一書にした次第である。広くきびしいご批評をいただければ幸いである。

筆者がこの研究を続けられたのは、多くの方々のご教示やご支援があったからである。

日本の開発経済学のなかで、ジェンダー視点導入の機運が高まらなかったことから、筆者の「ジェンダーと開発」研究は、じつはかなりの期間、「孤独」な営みであった。そうした状況の中で力づけられたのが、参加させていただいた社会開発関連の国際シンポジウム、セミナー、講演会などの場であった。とくに、アジア経済危機後の社会開発に関する国際セミナーは、東アジア、東南アジアの社会開発研究者との出会いを可能にし、実に刺激的で有意義な議論の場となった。

「ジェンダーと開発」論は極めて学際色の強い分野であり、隣接諸領域の方々との出会いから啓発されたことも多かった。共同研究をした国際ジェンダー（旧国際女性）学会、とりわけ「ジェンダーと開発分科会」のメンバー、『開発とジェンダー』を執筆した国際協力機構（旧国際協力事業団）ＷＩＤ懇談会やジェンダー支援委員会の仲間、そして、まだ発足して間もないが、フェミニスト経済学日本フォーラムのメンバーたちからは、鋭い批判から有益な示唆まで多くを学ぶことができた。

隣接分野と開発経済学の研究者である海外の良き友人たちの存在も忘れることはできない。

筆者の最近までの勤務先であった東京女子大学の社会学科や女性学研究所の先輩や同僚たちからは、忌憚のない議論を通して暖かい励ましをいただいた。ゼミナール（開発経済学演習）に参加してくれた学生たちとの討論は、新鮮なたくさんのヒントと研究継続のエネルギーを与えてくれた。

お一人ずつのお名前をここにあげることは控えさせていただくが、すべての方々に心からのお礼を申し上げたい。

本書の出版にあたり、準備段階では島津美和子さん、原稿整理・校正・索引作りでは滑川数佳美さんにひとかたならぬお世話になった。お二人の根気づよい親身なご助力に厚くお礼申し上げる。

最後に、本書の刊行をお引き受け下さった未來社と、本の完成を辛抱づよく見守り、貴重な助言を与えて下さった元・未來社編集部の本間トシさんにも深く感謝したい。本間さんには、『中小企業の女性たち』から二〇年近い時を経て再びお世話になった。

二〇〇五年三月

村松　安子

初出一覧

第一章　開発・ジェンダー・エンパワーメント
　　『国立婦人教育会館研究紀要』創刊号、一九九七年

第二章　女性と開発――理論と政策的課題――
　　西川潤編『社会開発』有斐閣、一九九七年

第三章　経済危機のジェンダー分析と日本のＯＤＡ（原題「経済危機・ジェンダー・日本のＯＤＡ」）
　　国際シンポジウム「経済危機後のアジアの社会発展」（二〇〇三年三月一四日―一五日）における英文報告論文を翻訳、一部加筆

第四章　農村転換期における女性――ＷＩＤの視点から――
　　東京女子大学社会学科紀要『経済と社会』第一九号、一九九一年

第五章　マクロ経済政策とジェンダー――非対称性への挑戦――
　　田中由美子・大沢真理・伊藤るり編著『開発とジェンダー　エンパワーメントの国際協力』国際協力出版会、二〇〇二年

第六章　マクロ経済学のジェンダー化を目指すジェンダー予算――概念、経験と課題――（原題「ジェンダー予算の歩みと課題――経済政策のジェンダー化の導入点として政府予算を分析する――」）
　　東京女子大学社会学会紀要『経済と社会』三二号、二〇〇四年（平成一三－一五年度文部科学省科学研究費補助金、基盤研究Ｃ(1)、研究課題番号一三八三七〇三〇による研究成果の一部）を一部修正加筆

第七章　転換期中国の女性――女性学の成立と期待される女性の経済的役割――（原題「中国の転換期における女性――女性学の成立と期待される女性の経済的役割――」）
　　原ひろ子・前田瑞枝・大沢真理編『アジア・太平洋地域の女性政策と女性学』新曜社、一九九六年（平成五－六年度文部省科学研究費補助金、国際学術、研究課題番号〇五〇四一〇三三による研究成果の一部）

第八章　インドネシアの女性——社会・経済発展の担い手としての女性と女性政策——（原題「社会・経済発展の担い手としての女性——インドネシアに見られる最近の動向——」）
原ひろ子・前田瑞枝・大沢真理編『アジア・太平洋地域の女性政策と女性学』新曜社、一九九六年（平成五－六年度文部省科学研究費補助金、国際学術、研究課題番号〇五〇四一〇三三による研究成果の一部）

第九章　日本の私企業部門における女性の雇用管理——主要企業一〇社の事例——
第四回世界女性会議のＥＳＣＡＰレポートのための準備資料、一九九三年。英文報告の一部を訳出

付　録　ジェンダー予算の分析ツール
村松安子編著『「予算のジェンダー分析（gender budget）」をめぐる基礎的研究』ジェンダー・バジェット研究会、二〇〇四年（平成一三－一五年度文部科学省科学研究費補助金、基盤研究Ｃ(1)、研究課題番号一三八三七〇三〇研究成果報告書）

表示の価格に消費税が加わります。

バーガー、ホワイト著／富永智津子訳　二八〇〇円

アフリカ史再考

〔女性・ジェンダーの視点から〕王母、霊媒師、女子割礼、女性夫、男性娘、開発…、古代から現代までのアフリカ史を女性・ジェンダーに視点をあてた研究の検証を通して再構築。

プレスリー著／富永智津子訳　二八〇〇円

アフリカの女性史

〔ケニア独立闘争とキクユ社会〕英植民地期ケニアの女性労働・教育・割礼論争等の実態を明らかにし、マウマウと呼ばれた独立闘争におけるキクユ女性の役割を初めて考察する。

婦人労働研究会／大羽・井上編　一八〇〇円

女性が働くとき

〔保護と平等と〕雇用における男女平等の問題を世界的流れから捉えた「保護と平等をめぐる各国の動き」をはじめ、働く婦人の家庭責任、社会保障と男女平等問題などについて考察。

鈴木裕子著　一九〇〇円

女たちの戦後労働運動史

戦後、女の働く権利の獲得には「身検闘争」や「人権闘争」など血の滲むような闘いの歴史があった。労働運動を支えた草の根の女たちの証言を聞き取り、現在の女性労働問題を問う。

大越愛子著　二六〇〇円

闘争するフェミニズムへ

日本のフェミニズムの主要な課題として著者は性差別を生み出した日本の近代化の問題を取上げ、日本独自の差別システムがどう構造化されたかを解明する。フェミニズム批評実践。

行動する会記録集編集委員会編　二八〇〇円

行動する女たちが拓いた道

〔メキシコからニューヨークへ〕「国際婦人年をきっかけとして行動を起こす女たちの会」の運動は何を創りだしたか。ウーマンリブに共感し性差別社会の変革を目指した女たちの記録。

村松安子（むらまつ　やすこ）

1937年　静岡県に生まれる

東京女子大学文学部社会科学科卒業，アメリカ合衆国ブリンマー大学大学院経済学研究科博士課程修了

2005年３月まで　東京女子大学文理学部教授

専　攻　開発経済学，ジェンダーと開発論

共編著　『エンパワーメントの女性学』（有斐閣，1995），*Women's Studies Women's Lives* (Committee on Women's Studies in Asia, New Delhi, 1995)，『中小企業の女性たち』（未來社，1987）

訳　書　『経済成長と社会的公正　開発戦略の新展開』（エーデルマン／モリス著，東洋経済新報社，1978）

論　文　「ジェンダー予算の歩みと課題――経済政策のジェンダー化の導入点として政府予算を分析する――」（『経済と社会』No. 32，2004），「評価手法としてのジェンダー予算」（『日本評価研究』Vol. 4，No. 1，2004）ほか

「ジェンダーと開発」論の形成と展開
――経済学のジェンダー化への試み――

2005年５月27日　初版第１刷発行

定価（本体3,800円＋税）

著　者　村　松　安　子

発行者　西　谷　能　英

発行所　株式会社　未　來　社

112-0002　東京都文京区小石川３－７－２
電話（03）3814－5521（代表）
URL : http://www.miraisha.co.jp/
Email:info@miraisha.co.jp

本文・装本印刷＝㈱スキルプリネット／製本＝五十嵐製本
ISBN4-624-32171-5 C0033

索　　引

か行

さ行

た行

な行

は行

AIT　→アジア工科大学院
AIT／ILO 研究　→アジア工科大学院・国際労働機関研究
AWI　→アジア女性研究所
BHN　→人間としての基本的ニーズ
CPM　→能力貧困測定
DAC　→OECD/DAC
DAWN（Development Alternatives with Women for a New Era）→新しい時代の女性と開発
ESCAP　→国連アジア太平洋地域経済社会委員会
FAO　→国連食糧農業機関
GAD　→ジェンダーと開発
GEM　→ジェンダー・エンパワーメント測定
GEM-IWG（The International Group on Gender, Macroeconomics and International Economics）→マクロ経済学・国際経済学のジェンダー化に関する国際研究会
GDI　→ジェンダー開発指数
HDI　→人間開発指数
IAFFE（International Association for Feminist Economics）→フェミニスト経済学国際学会
IDT（Inpres Desa Tertinggal）→大統領指令後発開発村
IFAD (International Fund for Agricultural Development）→国連農業開発基金
ILO　→国際労働機関
IMF　→国際通貨基金
INSTRAW　→国連女性調査訓練研修所
IRRI　→国際稲作研究所
JICA　→国際協力事業団
NGO（Non-Government Organization）フォーラム　→NGO フォーラム
ODA（Official Development Assistance）→政府開発援助
OECD／DAC　→経済協力開発機構／開発援助委員会
POSYANDU　→統合サーヴィス・ポスト
SAPs (Structual Adjustment Programs) →構造調整政策
UNDP　→国連開発計画
UNICEF　→ユニセフ
UNIFEM　→国連女性開発基金
USAID　→アメリカ合衆国国際開発庁
WBG　→女性予算グループ（イギリス）
WHO　→世界保健機関
WID　→女性と開発
WTO　→世界貿易機関

引用・参考文献

秋葉ふさこ　1993.『彼女が総合職を辞めた理由』WAVE 出版

バンデュラ，A.（原野広太郎監訳）1979.『社会的学習理論：人間理解と教育の基礎』金子書房

中華全国婦女連合会（アジア女性交流・研究フォーラム訳）1993.『中国の女性』アジア女性交流・研究フォーラム

電機連合総合研究所企画室　1991.「女性組合員意識調査結果」『調査時報』No. 248

エーデルマン，I. ／モリス，C. T.（村松安子訳）1978.『経済成長と社会的公正　開発戦略の新展開』東洋経済新報社

絵所秀紀　1997.『開発の政治経済学』日本評論社

藤田和子　1987.『開発途上アジア経済入門』大月書店

船橋邦子　2002.「ラオスにおけるジェンダー関連 ODA に対する有識者評価」www.mofa.go.jp/mofaj/gaiko/oda/report/raos2.html（2003年4月25日アクセス）

古川俊一・北大路信郷　2002.『公共部門評価の理論と実際』日本加除出版

古沢希代子　1992.「家族計画プログラムと女性の人権」『経済と社会』（東京女子大学社会学会紀要）第22号

外務省編　1993.『我が国の政府開発援助』国際協力推進協会

――――　2000.『ODA 白書　資料編Ⅱ：我が国の開発援助実施状況　1999』国際協力推進協会

浜野敏子　2003.「インドネシアにおけるジェンダー統計分野への協力の評価」『日本評価研究』3(2)

原ひろ子・前田瑞枝・大沢真理編　1996.『アジア・太平洋地域の女性政策と女性学』新曜社

原ひろ子・大沢真理・丸山真人・山本泰編　1994.『ジェンダー』（ライブラリー相関社会科学２）新世社

原田輝雄　1991.「インドネシア――最優先課題の雇用の創出」『日本労働協会雑誌』1991年2・3月号

黄育馥　1996.「現代中国における女性の社会的地位」原ひろ子・前田瑞枝・大沢真理編　1996
㈶市川房枝記念会　2004.『女性展望』No. 9
伊藤るり　1995.「〈グローバル・フェミニズム〉と途上国女性の運動」坂本義和編『世界政治の構造変動 四　市民運動』岩波書店
伊藤セツ　1990.「第三世界の開発と女性 その2　分析視覚（2)」『女性文化研究所紀要』(昭和女子大学）第5号
ジェンダー統計研究グループ　2002.『ジェンダー統計関係論文等（日本）集成——No. 1：第4回世界女性会議前後まで——』法政大学ジェンダー統計研究グループ
女性雇用財団　1989.『女性管理職者調査』
女性と健康ネットワーク　1994a.『ニューズレター』No. 1
———　1994b.『ニューズレター』No. 11, No. 12, No. 13
甲斐田万智子　1995.「最貧国女性の声をアドボカシー活動につなげるSEWA」『国際教育研究紀要』2号
開発とジェンダー研究会　1993.『開発プロジェクトにおけるジェンダー分析：分析手法の検討とタイにおけるケース・スタディ』国際開発高等教育機構
久場嬉子　1993.「グローバルな資本蓄積と女性労働」竹中恵美子編『グローバル時代の労働と生活』ミネルヴァ書房
———編　2002.『経済学とジェンダー』(竹中恵美子・久場嬉子監修「叢書 現代の経済・社会とジェンダー」第1巻）明石書店
経済企画庁経済研究所　1997.『あなたの家事の値段はおいくらですか』経済企画庁経済研究所
小浜正子　1993.「現代中国都市における性別役割分業」柳田節子先生古稀記念論集編1993
国連INSTRAW編（高橋展子訳） 1987.『世界経済における女性』東京書籍
国連開発計画　1995.『ジェンダーと人間開発』人間開発報告書1995 日本語版 国際協力出版会
———　1996.『経済成長と人間開発』人間開発報告書1996 日本語版 国際協力出版会
国立女性教育会館編　2003.『男女共同参画統計データブック2003——日本の女性と男

性』国立女性教育会館
国際女性学会・中小企業の女性を研究する分科会編（原ひろ子・村松安子・南千恵編集代表） 1987. 『中小企業の女性たち──経営参画者と管理職者の事例研究──』未來社
国際協力開発機構　第二次分野別ジェンダー・WID 研究会　2003. 『ODA のジェンダー主流化を目指して』独立行政法人 国際協力機構
国際協力事業団　1991. 『分野別（開発と女性）援助研究会報告書』国際協力事業団
国際協力事業団、アジア第一部　2000. 「アジア諸国に対する人材育成協力」国際協力事業団
国際協力事業団、企画部、環境・女性課　1992. 『ODA 中期政策策定に関するグランドペーパー 重点課題・分野（5）ジェンダー／WID』国際協力事業団
国際協力事業団・国際協力総合研修所　1994. 『社会・ジェンダー分析手法 マニュアル』国際協力事業団
国際連合　1995a. 『第 4 回世界女性会議決議Ⅰ 北京宣言』（総理府訳）
──── 1995b. 『第 4 回世界女性会議行動綱領』（総理府訳）
──── 1995c. 『世界の女性1995』日本統計協会
──── 1996. 『北京宣言及び行動綱領』（総理府訳）
前田瑞枝　1996. 「中国・韓国における女性政策」原ひろ子・前田瑞枝・大沢真理編 1996
水野広祐　1993a. 「規制緩和政策下のインドネシアにおける労働問題と労働政策：1980年代後半のフォーマルセクターを中心に」『アジア経済』33(5)
──── 1993b. 「インドネシアにおける農村出身女子労働者保護問題：急成長輸出産業と中東への労働力輸出」『アジア経済』33(6)
森健・水野順子編　1985. 『開発政策と女性労働』アジア経済研究所
森田桐郎　1988. 「国際分業体系における女性」『国際経済』第 39 号
モーザ、C.（久保田賢一・久保田真弓訳） 1996. 『ジェンダー・開発・NGO』新評論
村松安子　1980. 「国際環境の変化と世界経済」伊藤善市編『変動の時代』朝倉書店
──── 1982. 「新しい開発戦略を求めて」『経済と社会』（東京女子大学社会学会紀要）第10号

——— 1992.「中部ジャワ農村の変貌」『比較文化』（東京女子大学比較文化研究所）39-1
——— 1994.「『開発と女性』領域における女性の役割観の変遷」原ひろ子・大沢真理・丸山真人・山本泰編 1994
——— 1999.「経済危機をジェンダーから考える：ジェンダー・バイアスを問う」『アジア女性研究』8
——— 2002.「ジェンダーに敏感な予算」、『アジア女性研究』11
村松安子（研究代表者） 2004. 『「予算のジェンダー分析（gender budget)」をめぐる基礎的研究』ジェンダー・バジェット研究会
村松安子・村松泰子編 1995.『エンパワーメントの女性学』有斐閣
村松安子・織田由紀子 1980.「女子労働の変貌過程(1)——『就業構造基本調査報告』を中心として」『経済と社会』（東京女子大学社会学会紀要）第8号
——— 1991.「技術《コンピュータ》が変える女性の働き方」岩男寿美子・武長脩行編『情報社会を生きる』NHK 出版
内閣府男女共同参画会議・苦情処理・監視専門調査会 2004.『男女共同参画の視点に立った政府開発援助（ODA）の推進について（案)』（ミメオ）
内閣府男女共同参画局・影響調査事例研究ワーキングチーム 2003.『影響調査事例研究ワーキングチーム中間報告書——男女共同参画の視点に立った施策の策定・実施のための調査手法の試み（案)』（日本評価学会第4回全国大会での雑賀報告での配布資料）
中村緋沙子 1985.「インドネシア：〈開発〉と女性の社会参加」森健・水野順子編 1985
日本労働組合総連合会 1990.『「35歳以上の女性組合員の仕事とくらし」調査報告書』日本労働組合総連合会
21世紀職業財団 1993.『女子雇用管理とコミュニケーション・ギャップに関する研究会報告書』21 世紀職業財団
西川 潤 1997.「社会開発の理論的フレームワーク」西川潤編『社会開発』有斐閣
労働省婦人局 1993a.『平成 6 年版 働く女性の実情』21 世紀職業財団
——— 1993b.『女性雇用管理基本調査』労働省婦人局

サドゥリ、サパリナ　1994.「インドネシアの女性学の動向」『アジア女性研究』3
斉文頴　1993.「1979年以降の中国における女性研究の新たな趨勢」『アジア女性研究』2
世界銀行　1984.『世界開発報告 1984』
スロト，C.（舟知恵・松田まゆみ訳）1982.『民族意識の母カルティーニ伝』井村文化事業社
田口理恵　1996.「補論　ワニタとプルンプアン――インドネシア女性運動の展開――」原ひろ子・前田瑞枝・大沢真理編　1996
竹中恵美子　1991.『新女子労働論』有斐閣
田中由美子　1993.「ジェンダー分析の手法」開発とジェンダー研究会　1993
田中由美子・大沢真理・伊藤るり編著　2002.『開発とジェンダー――エンパワーメントの国際協力』国際協力出版会
東京都労働経済局　1990.『平成2年版　東京の女性労働者事情――企業における女性雇用管理とキャリア形成の考え方及び女性管理職に関する調査』東京都労働経済局
和田泰志・岡智子　2003.『開発における女性支援（WID）/ジェンダー政策評価』アイ・シー・ネット
柳田節子先生古稀記念論集編集委員会　1993.『中国の伝統社会と家族』汲古書院
上野千鶴子　1982.『主婦論争を読む』勁草書房
ユニセフ　1990.『世界子供白書1990年』日本ユニセフ協会

中華全国婦女連合会婦女研究所・陝西省婦女連合会研究室編　1991.『中国婦女統計資料1949―1989』中国統計出版社
北京大学中外婦女問題研究中心編　1993.『北京大学首届婦女問題国際学術研討会論文集』
蔡文眉・蔣来文　1993.「性別生育対婦女生殖健康的影響」北京大学中外婦女問題研究中心編　1993
董維真　1992.「論婦女就業難」上海婦女連合会編　1992

李麗・袁覚英・厳恵文・張剣萍　1992.「企業領導女性主体意総的増強和偏頗」上海市婦女連合会編　1992

李銀河　1993.「中国“非性化”与婦女地位」北京大学中外婦女問題研究中心編　1993

上海市婦女連合会編　1992.『上海中外婦女問題研討会論文集』（A Seminar on Women's Issues for Women from China and Overseas, Nov. 5-12, 1992, Abstracts）上海市婦女連合会

譚深　1993.「性別分化：一個視察当代婦女問題的角度」北京大学中外婦女問題研究中心編　1993

薛素珍・赴喜順・費涓洪・周開麗　1993.『中国農村家庭』上海社会科学院社会学研究所・四川社会科学院研究所

鄭州大学　1993.『女界報告』（Newsletter No. 1）

Agarwal, B. 1992. "Gender Relations & Food Security: Coping with Seasonality, Drought, and Famine in South Asia." in Beneria, L. and Feldman, S. (eds.) 1992.

Alailima, P. J. 2000. "Engendering the National Budget in Sri Lanka." Paper presented at the Inter-Agency Workshop on Improving the Effectiveness of Integrating Gender into Government Budgets. London, 26-27 April 2000.

Anker, R. 1983. "Female Labour Force Participation in Developing Countries." *International Labour Review*, 122(6).

Asian and Pacific Center for Women and Development (APCWD) 1980. *Women's Employment——Possibilities of Relevant Research*, Bangkok: APCWD.

Asian Development Bank (ABD) 1990. *Indonesia Country Operational Program Paper 1990-1993*, Program Department (East) Division II, Manila: ABD.

Aslanbeigui, N., Pressman, S. and Summerfield, G. (eds.) 1994. *Women in the Age of Economic Transformation: Gender Impact of Reforms in Post-Socialist and Develo ping Countries*, London: Routledge.

Asra, A. 1989. "Inequality Trends in Indonesia: A Reexamination." *Bulletin of Indonesian Economic Studies* 25(2).

Bakker, I. (ed.) 1994. *The Strategic Silence: Gender and Economic Policy*, London: Zed Book.

Balmori, H. H. 2003. *Gender and Budget: Overview*, Brighton: Sussex University. www.ids.ac.uk/bridge/reports/CEP-budgets-report.pdf (accessed October 8, 2003).

BAPPENAS 1994. *Kaji Tindak: Program IDT 1994-1997*, Jakarta: BAPPENAS.

Bates, R. 1983. *Essays on the Political Economy of Rural Africa*, New York: Cambridge University Press.

Becker, G. S. 1965. "A Theory of the Allocation of Time." *Economic Journal*, 75 (299).

——— 1973-74. "A Theory of Marriage." *Journal of Political Economy*, Part I 81(4) and Part II 82(2).

——— 1981. *A Treatise on the Family*, Cambridge, MA: Harvard University Press.

Beneria, L. 2000. "Toward a Greater Integration of Gender in Economics." *World Development*, 23(11).

Beneria, L. and Feldman, S. (eds.) 1992. *Unequal Burden: Economic Crises, Persistent Poverty, and Women's Work*, Boulder and London: Westview Press.

Beneria, L. and Sen, G. 1981. "Accumulation, Reproduction, and Women's Role in Economic Development: Boserup Revisited." *Signs*, 7(2).

——— 1982. "Class and Gender Inequalities and Women's Role in Economic Development: Theoretical and Practical Implication." *Feminist Studies*, 8(1).

Bernstein, I. (ed.) 1990. *The Food Question: Profit vs. People ?* New York: Monthly Review Press.

Biro Pusat Statistik (BPS) 1993a. *Indikator Social Wanita Indonesia 1993*, Jakarta: BPS.

——— 1993b. *Profil Statistik Ibu dan Anak di Indonesia 1993*, Jakarta: BPS.

——— 1993c. *Statistik Indonesia 1993*, Jakarta: BPS.

Bonnerjea, L. 1985. *Shaming the World: The Needs of Refugee Women*, London: World University Service.

Booth, A. 1988. *Agricultural Development in Indonesia*, Sydney: George Allen and

Unwin.

——— (ed.) 1992. *The Oil Boom and After: Indonesian Economic Policy and Performance in Soeharto Era*, Singapore: Oxford University Press.

Boserup, E. 1970. *Women's Role in Economic Development*, New York: St. Martins Press.

Budlender, D. (ed.) 1996. *The Women's Budget*, Cape Town: Institute for Democracy in South Africa (IDASA).

——— 1997. *The Second Women's Budget*, Cape Town: IDASA.

——— 1998. *The Third Women's Budget*, Cape Town: IDASA.

——— 1999. *The Fourth Women's Budget*, Cape Town: IDASA.

——— 2000. "The Political Economy of Women's Budgets in the South." *World Development*, 28(7).

Budlender, D., Buenaobra, M., Rood, S. and Sadorra, M. S. (eds.) 2001. *Gender Budget Trail: The Philippine Experience*, Makati City: The Asia Foundation.

Budlender, D., Elson, D., Hewitt, G. and Mukhopadhyay, T. (eds.) 2002. *Gender Budgets Make Cents: Understanding Gender Responsive Budgets*, London: Commonwealth Secretariat.

Budlender, D. and Hewitt, G. (eds.) 2002. *Gender Budgets Make More Cents: Country Studies and Good Practice*, London: Commonwealth Secretariat.

Budlender, D. and Sharp, R. with Allen, K. 1998. *How to Do a Gender-Sensitive Budget Analysis: Contemporary Research and Practice*, Canberra: Australian Agency for International Development, and London: Commonwealth Secretariat.

Buvinic, M. 1983. "Women's Issues in Third World Poverty: a Policy Analysis." in M. Buvinic, M. Lycette, and W. McGreevey, *Women and Poverty in the Third World*, Baltimore: Johns Hopkins University Press.

——— 1986. "Projects for Women in the Third World: Explaining their Misbehaviour." *World Development*, 14(5).

Buvinic, M. et al. 1976. *Women and World Development: An Annotated Bibliography*, Washington D. C.: Overseas Development Council.

Cagatay, N., Elson, D. and Grown, C. 1995. "Introduction." *World Development*, 23(11).

Castillo, G. T. 1985. "Filipino Women in Rice Farming Systems: Some Empirical Evidence." Paper presented at a workshop on Women in Rice Farming Systems, IRRI, August 1985.

Chang, P. 1998. "The Impact of the Economic Crisis on Women Workers in Korea: Social and Gender Dimensions." Paper prepared under the AIT/ILO Research Project on the Gender Impact of the Economic Crisis in Southeast and East Asia (unedited working paper). Bangkok: ILO.

Chenery, H. B., Ahluwalia, M. S., Bell, C. L. G., Duloy, J. H. and Jolly, R. 1974. *Redistribution with Growth*, London: Oxford University Press.

Collier, W. 1978. "Agricultural Revolution in Java: The Decline of Shared Poverty and Involution." Paper presented at International Seminar: Agrarian Reform, Institutional Innovation, and Rural Development, Land Tenure Center, Madison: University of Wisconsin.

Committee on Women's Studies in Asia (ed.) 1994. *Wemen's Studies Women's Lives: Theory and Practice in South and Southeast Asia*, New Delhi: Kali for Women.

——— (ed.) 1995. *Search for Equality: Resource on Women in Asia*, New Delhi: (WSA).

Commonwealth of Australia 1991. *Women's Budget Statement 1990-91*, Canberra: Australia Government Publishing Service.

Commonwealth Secretariat (ed.) 1999. *Gender Budget Initiatives——Background Papers*, London: Commonwealth Secretariat (available in a training packet).

Cornia, G., Jolly, R., and Stewart, F. 1987. *Adjustment with a Human Face: Protecting the Vulnerable and Promoting Growth*, 2vols. Oxford: Clarendon Press.

Deere, C. D. 1976. "Rural Women's Subsistence Production in the Capitalist Periphery." *Review of Radical Political Economics*, 8(1).

Department of Finance, Republic of South Africa 1998. *Budget Review 1998*, Pretoria: Government Printing Office.

Dwyer, D. and Bruce, J. (eds.) 1988. *A Home Divided: Women and Income in the Third*

World, Stanford: Stanford University Press.

Elson, D. (ed.) 1995a. *Male Bias in the Development Process*, Second Edition, Manchester and New York: Manchester University Press.

—— 1995b. "Household Responses to Stabilisation and Structural Adjustment: Male Bias at the Micro Level." in Elson, D. (ed.) 1995a.

—— 1995c. "Rethinking Strategies for Development: from Male-Biased to Human-Centred Development." in Elson, D. (ed.) 1995a.

—— 1995d. "Male Bias in the Development Process: an Overview." in Elson, D. (ed.) 1995a.

—— 1995e. "Micro, Meso, Macro: Gender and Economic Analysis in the Context of Policy Reform." in Staveren, I. V. (ed.) 1995.

—— 1999. "Gender-Neutral, Gender-Blind, or Gender-Sensitive Budgets ? Changing the Conceptual Framework to Include Women's Empowerment and the Economy of Care." in Commonwealth Secretariat (ed.) 1999.

—— 2002. "Gender Responsive Budget Initiatives: Key Dimensions and Practical Examples." in Judd, K. (ed.) 2002.

Elson, D., Evers, B. and Gideon, J. 1997. *Gender Aware Country Economic Reports: Concepts and Sources*, Working Paper No. 1, GENECON unit, Graduate School of Social Sciences. Manchester: University of Manchester.

Elson, D. and Pearson, R. 1981. "Nimble Fingers Make Cheap Workers: An Analysis of Women Employment in Third World Export Manufacturing." *Feminist Review*, 7.

ESCAP 1987. *Achievements of the United Nations Decade for Women in Asia and the Pacific*, Bangkok: ESCAP.

—— 1999. *The Economic and Social Survey of Asia and the Pacific 1999*, Bangkok: ESCAP.

Evans, A. 1989. "Women, Rural Development and Gender Issues in Rural Household Economics." Discussion Paper 254, Sussex: Institute of Development Studies.

Ferber, M. and Nelson, J. (eds.) 1993. *Beyond Economic Man, Feminist Theory and*

Economics, Chicago: University of Chicago Press.

Folbre, N. 1986. "Cleaning House: New Perspectives on Households and Economic Development." *Journal of Development Economics*, 22(1).

Geertz, C. 1963. *Agricultural Involution: The Processes of Ecological Change in Indonesia*, Berkeley: University of California Press.

Gelpi, B. C., Hartsock, N. C. M., Novak, C. C. and Strober, M. H. (eds.) 1986. *Women and Poverty*, Chicago and London: University of Chicago Press.

Griffin, K. and McKinley, T. 1994. *Implementing a Human Development Strategy*, New York: St. Martin's Press.

Grown, C., Elson, D. and Cagatay, N. (eds.) 2000a. *World Development* (Special Issues: Growth, Trade and Gender Inequality), 28(7).

——— (eds.) 2000b. "Introduction." in Grown, C. et al. (eds.) 2000a.

Gutierrez, M. (ed.) 2003. *Macro-Economics: Making Gender Matter: Concepts, Policies and Institutional Change in Developing Countries*, London and New York: Zed Books.

Guyer, J. 1988. "Dynamic Approach to Domestic Budgeting 'Cases and Methods from Africa'." in Dwyer, D. and Bruce, J. (eds.) 1988.

Hansen, G. E. (ed.) 1981. *Agricultural and Rural Development in Indonesia*, Boulder: Westview Press.

Hart, Gillian 1986. *Power, Labour and Livelihood: Processes of Change in Rural Java*, Berkeley: University of California Press.

——— 1990. "Imagined Unities: Constructions of 'the Household' in Economic Theory." Paper prepared for the Economic Anthropology Conference, University of Arizona, Tucson, 27-29 April.

Hayami, Y. 1978. *Anatomy of a Peasant Economy: A Rice Village in the Philippines*, Los Banos: IRRI.

Hewitt, G. and Raju, S. 1999. *Gender Budget Initiative: A Commonwealth Initiative to Integrate Gender into National Budgetary Processes*, London: Commonwealth Secretariat.

Hewitt, G. 2002. "Gender Responsiv Budget Initiatives: Tools and Methodology." in Judd, K, (ed.) 2002.

Heyzer, N. (ed.) 1987. *Women Farmers and Rural Change in Asia: Towards Equal Access and Participation*, Kuala Lumpur: APDC.

Himmelweit, S. 2002a. "Making Visible the Hidden Economy." *Feminist Economics*, 8(1).

——— 2002b. "Tools for Budget Impact Analysis: Taxes and Benefits." in Judd, K. (ed.) 2002.

Hoeven, R. van der and Kraaij, F. van der (eds.) 1994. *Structural Adjustment and Beyond in Sub-Saharan Africa*, The Hague: Ministry of Foreign Affairs (GDIS).

Hughes, G. A. and Islam, I. 1981. "Inequality in Indonesia: A Decomposition Analysis." *Bulletin of Indonesian Economic Studies*, 27(2).

Hurt, K. and Budlender, D. (eds.) 1998. *Money Matters: Women and the Government Budget*, Cape Town: IDASA.

Illo, J. 1998. "The Impact of the Economic Crisis on Women Workers in the Philippines: Social and Gender Dimensions." Paper prepared under the AIT/ILO Research Project on the Gender Impact of the Economic Crisis in Southeast at East Asia (working paper). Bangkok: ILO.

ILO 1972. *Employment, Incomes and Equality: a Strategy for Increasing Productive Employment in Kenya*, Geneva: ILO.

——— 1998a. "ILO Calls for New Policy Responses to the Crisis in Asia." 1998 Press Releases Wednesday 15 April (ILO/98/15).

——— 1998b. "AIT/ILO Summary of Research on the Gender Impact of the Economic Crisis in East and South-East Asia." Paper prepared under the AIT/ILO Research Project on the Gender Impact of the Economic Crisis in Southeast and East Asia (unedited).

Insan Harapan Sejahtera 1992. *A Statistical Analysis on Characteristics, Patterns and Trends in Female Non-Traditional Sector Workers: Indonesia during the Latter 1980s*, Jakarta: HIS.

——— 1993. *A Study of Women Issues in Agricultural Transformation: Final*, Jakarta: HIS.

Institute of Sociology, Chinese Academy of Social Sciences 1992. *Proceedings of Asia-Pacific Regional Conference on Future of the Family*, Beijing: China Social Science Documentation Publishing House.

International Rice Research Institute (IRRI) 1975. *Changes in Rice Farming in Selected Areas of Asia*, Los Banos: IRRI.

——— 1985. *Women in Rice Farming*, Hants, England: Gower Publishing.

Ito, S. 1990. *The Female Heads of Household in Rural Bangladesh*, Tokyo: JOCV.

Ironmonger, D. 1995. "Modelling the Household Economy" in Jan Dutta (ed.) *Economics, Econometrics and the LINK: Essays in Honour of Lawrence R. Klein*. Amsterdam: Elsevier Science Publishers.

Jahan, R. 1983. "Women and Work in Asia and the Pacific: A Policy Perspective." in Muramatsu, Y. (ed.) 1983.

JICA n.d. "JICA's Activities to Cope with the Asian Economic Crisis (1998-99) with Special Reference to the Support to the Socially Vulnerable."

Jolly, R. 1987. "Women's Needs and Adjustment Policies in Developing Countries." Address Given to Women's Development Group, OECD, Paris (mimeo).

Jones, C. 1985. "The Mobilization of Women's Labour for Cash Crop Production: A Game-Theoretic Approach." in IRRI (ed.) 1985.

Judd, K. (ed.) 2002. *Gender Budget Initiatives: Strategies, Concepts and Experiences*, Papers from a High Level International Conference "Strengthening Economic and Financial Governance through Gender Responsive Budgeting." Brussels, October 16-18, 2001. New York: UNIFEM.

Kalyanamitra n.d. *Kalyanamitra: Women's Communication and Information Center, At Glance*, Jakarta: Kalyanamitra.

Karnjanauksorn, T. and V. Charoenloet 1998. "The Impact of the Economic Crisis on Women Workers in Thailand: Social and Gender Dimensions." Paper prepared under the AIT/ILO Research Project on the Gender in Southeast and

East Asia (unedited working paper), Bangkok: ILO.

Koopman-Henn, J. 1988. "Intra-Household Dynamics and State Policies as Constraints on Food Production." in S. V. Poats et al. (eds.) *Gender Issues in Farming Systems Research and Extension*, Boulder and London: Westview Press.

——— 1994. "Getting Project Benefits to Women: Recent United Nations Initiatives in Africa." Paper presented to '94 Tokyo Symposium on Women, Empowerment of Women: Constructing Global Humaned Society, National Women's Education Center, Saitama, August 4-7.

Lanzona, L., Jr. 1988. "The Value and the Allocation of Time in Favorable and Unfavorable Areas." in University of the Philippines at Los Banos, IRRI and Philippine Institute for Development Studies (eds.) *Filipino Women in Rice Farming Systems*, Los Banos: IRRI.

Lele, U. 1984. "Tanzania: Phoenix or Icarus ?" in A. Harberger (ed.) *World Economic Growth*, San Francisco: Institute for Contemporary Studies.

——— 1986. "Women and Structural Transformation." *Economic Development and Cultural Change*, 34(2).

Lele, U. and Meller, J. 1981. "Technological Change, Distributive Bias and Labor Transfer in a Two-Sector Economy." *Oxford Economic Papers*, 33.

Li, Xiaojiang 1994. "My Path to Womanhood" in Committee on Women's Studies in Asia (ed.) 1994.

Lim, L. Y. 1990. "Women's Work in Export Factories: The Politics of a Cause." in Tinker, I. (ed.) 1900.

Lindenberg, M. 1993. *The Human Development Race: Improving the Quality of Life in Developing Countries*, San Francisco: ICS Press.

Lipton, M. 1977. *Why Poor People Stay Poor: A Study of Urban Bias in World Development*, Cambridge, MA: Harvard University Press.

Lizares-Si, A., Pavillar-Castro M. J., Corral, A. and Flor, C. M. R. 2001. "On the Trai l of Bacolod's Gender Budget (1999 and 2000)." in Budlender, D., Buebra, M., Rood, S. and Sadorra, M. S. (eds.) 2001.

Mackintosh, M. 1990. "Abstract Markets and Real Needs." in Bernstein, H. (ed.) 1990.

Meller, J. and Johnston, B. 1984. "The World Food Equation: Interrelations among Development, Employment, and Food Consumption." *Journal of Economic Literature*, 22.

Ministry of Foreign Affairs, Japan n. d. "Japan's Initiative on WID."

Moghadam, V. (ed.) 1993. *Democratic Reform and the Position of Women in Transitional Economies*, Oxford: Clarendon Press.

Molyneux, M. 1985. "Mobilization without Emancipation? Women's Interests, States and Revolution in Nicaragua." *Feminist Studies*, 11(2).

Moser, C. 1992. "Housing." in L. Ostergaard (ed.) *Gender and Development: A Practical Guide*, London and New York: Routledge.

——— 1993. *Gender Planning and Development: Theory, Practice and Training*, London and New York: Routledge.

Muramatsu, Y. (ed.) 1983. *Proceedings of '83 Tokyo Symposium on Women: Women and Work——Working Women and their Impact on Society*, IGSW and APDC: Tokyo and Kuala Lumpur.

——— 1984. "Status of Japanese Women and Some Research Areas Suggested." Paper presented at a Regional Conference on "Identification of Priority Research Issues on Women in Asia and the Pacific," Kuala Lumpur, Feb. 27–March 2.

——— 1985a. "Diversification of Socio-Economic Strata of the Rural Population in Central Java: A Case Study of Nganjat."『経済と社会』(東京女子大学社会学会紀要)第13号.

——— 1985b. "Income Generating Capacities in Rural Java."『紀要』(東京女子大学比較文化研究所) vol. 46.

——— 1990. "Absurdity and Promises——Post WWII Japanese Women's Experiences in the Labor Market." in E. Aerts and H. von der Wee (eds.) *Proceedings Tenth International Economic History Congress*, Leuven: Leuven Uni-

versity Press.

——— 1993. "Survival Strategies of Rural Households in Central Java: A Case Study of Village N(1)."『紀要』(東京女子大学比較文化研究所) vol. 53.

——— 1994. "An Exploratory Journey." in CWSA (ed.) *Women's Studies Women's Lives: Thory and Practice in South and Southeast Asia*, New Delhi: Kali for Women.

——— 2000a. "Engendering Macro-Economic Policy Reforms in an Era of Economic Crisis."『経済と社会』(東京女子大学社会学会紀要) 第28号.

——— 2000b. "Economic Crisis, Gender and Japanese ODA." Paper presented at International Symposium on Social Development after Economic Crisis in Asian Countries. Waseda University, Tokyo, March 14-15.

Muramatsu, Y. and Oda, Y. 1988. "Impacts of Computer-Led Innovation on Japanese Female Workers." in Y. Kawakami (ed.) *Proceedings of '88 Tokyo Symposium on Women: Women and Communication in an Age of Science and Technology*, Tokyo: IGSW.

Naylor, Rosamond 1992. "Labour-Saving Technologies in The Javanese Rice Economy, Recent Development and a Look into the 1993." *Bulletin of Indonesian Economic Studies* 28(3).

Norton, A. and Stephens, T. 1995. *Participation in Poverty Assessments*, Environment Department Paper, Washington, D. C.: World Bank.

Odame, H. H. 2000. "Engendering the Logical Framework." Paper presented at the Conference "Gender and Agriculture in Africa: Effective Strategies for Moving Forward" in Nairobi, Kenya, May 3-5, 2000.

OECD 2000. *Gender and Economic Reform in Development Co-operation*, OECD/DAC/WID (2000) 1.

Oey, M. 1985. "Perubahan Pola Kerja Kaum Wanita di Indonesia Selama Dasawara 1970, Sebab dan Akaibatnya." *Prisma* 14(10).

Oey-Gardiner, M. 1991. *Women in Development: Indonesia*, Program Department (East) Division II, Manila: ABD.

Oey-Gardiner, M. and Dharmaputra, N. 1998. "The Impact of the Economic Crisis on Women Workers in Indonesia: Social and Gender Dimensions." Paper prepared under the AIT/ILO Research Project on the Gender Impact of the Economic Crisis in Southeast and East Asia (working paper). Bangkok: ILO.

Office of the State Minister of the Role of Women (OSMRW) 1993. *A Brief Situation Analysis of Women*, Jakarta: OSMRW.

——— 1994. *Women in Development Policy and Programme*, Jakarta: OSMRW.

Ohkawa, K. 1956. "Economic Growth and Agriculture." *Annals of Hitotsubashi Academy*, 7(1).

Overholt, C., Anderson, M., Cloud, K., and Austin, J. 1984. *Gender Roles in Development*, West Hartford, Connecticut: Kumarian Press.

Palmer, I. 1978. *The Indonesian Economy since 1965: A Case Study of Political Economy*, London: Frank Cass.

——— 1995. "Social and Gender Issues in Macro-Economic Policy Advice." Policy paper (draft) prepared for GTZ. in Staveren, I. V. (ed.) 1995.

Papanek, G. F. (ed.) 1980. *The Indonesian Economy*, New York: Praeger Publishing.

Papanek, H. and Schwede, L. 1988. "Women are Good with Money." in Dwyer, D. and Bruce, J. (eds.) 1988.

Paris, T. R. 1988. "Women in Rice Farming Systems: A Preliminary Report of an Action Research Program in Sta. Barbara, Pangasinan." in University of the Philippines at Los Banos, IRRI and Philippine Institute for Development Studies (eds.) *Filipino Women in Rice Farming Systems*, Los Banos: IRRI.

Peterson, J. and Lewis, M. (eds.) 1999. The Elgar Companion to Feminist Economics, Cheltem, UK: Edward Elgar.

Quisumbing, A. 1988. "Women and Agrarian Transformation in the Philippines: Food Crops, Cash Crops, and Technical Change." in Y. Kawakami (ed.) *Proceedings of '88 Tokyo Symposium on Women: Women and Communication in an Age of Science and Technology*, Tokyo: IGSW.

Quisumbing, A. and Adriano, L. S., 1988. "Agricultural Heterogeneity and its Impli-

cations on Agrarian Reform in the Philippines." Paper submitted to the Agricultural Policy Research Program, University of the Philippines at Los Banos.

Quisumbing, L. and Lazarus, B. (eds.) 1985. *Aspiration*, Asian Women Institute: Lucknow.

———(eds.) 1986. *Women and Work in Asia: A Call for Action*, Asian Women Institute: Lucknow.

Reeves, H. and Sever, C. 2003. *Gender and Budgets: Supporting Resources Collection*, Brighton: Sussex University.
www.ids.ac.uk/bridge/reports/CEP-budgets-SRC.pdf (accessed October 8, 2003)

Robinson, R. 1986. *Indonesia: The Rise of Capitalism*, Sydney, Wellington and London: Allen & Unwin.

Rose, K. 1992. *Where Women are Leaders: the SEWA Movement in India*, London: Zed Books.

Rucker, R. L. 1985. *A Preliminary View of Indonesia's Employment Problem and Some Options for Solving it*, Jakarta: U.S. Agency for International Development.

Sajogyo, P. 1985. *Perenan Wanita di Badang Pertanian*, Bogor: Institut Pertanian Bogor.

San Francisco Commission on the Status on Women 2001. "Gender Study Report-Department of the Environment."
http://www.sfgov.org/site/cosw_page.asp?id=10863 (accessed on March 4, 2003)

Sebsted, J. 1982. *Struggle and Development among Self-Employed Women, A Report for SEWA*, Washington, DC: USAID.

Sen, A. 1990. "Gender and Cooperative Conflicts." in Tinker, I. (ed.) 1990.

Sen, G. 2000. "Gender Mainstreaming in Finance Ministries." *World Development*, 28(7).

Sen, G. and C. Grown 1988. *Development, Crises, and Alternative Visions: Third World Women's Perspectives*, London: Earthsean Publications. (First published by

Monthly Review Press in 1987).

Sharp, R. 2003. *Budgeting for Equity: Gender Budget Initiatives within a Framework of Performance Oriented Budgeting*, New York: UNIFEM.

Sharp, R. and Broomhill, R. 1990. "Women and Government Budgets." *Australian Journal of Social Issues*, 25(1).

——— 2002. "Budgeting for Equality: The Australian Experience." *Feminist Economics*, 8(1).

Singh, A. and Kells-Vitanen, A. 1987. *Invisible Hands: Proceedings of the Asian Regional Conference on Women and the Household*, New Delhi: Sage.

Singh, I., Squire, L., and Strauss, J. 1986. *Agricultural Household Models*, Baltimore: Johns Hopkins University Press.

Siwi, S. et al. (eds.) 1989. *Indonesian Women in Rice Farming System: Proceedings of the First International Workshop on Women in Rice Farming System in Indonesia*, April 6, 1989, Agency for Agricultural Research and Development, Central Research Institute for Food Crops and International Rice Research Institute, Los Banos: IRRI.

Staveren, I. V. 1995. *READER: Gender and Macro Economic Development*, Utrecht: Oikos and the University of Manchester.

Stewart, F. 1995. *Adjustment and Poverty: Options and Choices*, London and New York: Routledge.

Streeten, P., Burki, S., Haq, M., Hicks, N. and Stewart, F. 1981. *First Things First: Meeting Basic Human Needs in Developing Countries*, New York and Oxford: Oxford University Press for the World Bank.

Sugiatri, S. 1994. "Women/Gender and Development in Indonesia." Paper presented at the Curriculum Development Workshop, GenDev, Asian Institute of Technology, Bangkok.

Suryakusuma, J. 1982. "Women in Myth, Reality and Emancipation." *Prisma*, 24 (March).

Swirski, S. 1999. "How the 2000 Budget Affects Women in Israel."

http://www.adva.org/women2000.html (accessed on March 5, 2003)

Talib, R. 1998. "The Impact of the Economic Crisis on Women Workers in Malaysia: Social and Gender Dimensions." Paper prepared under the AIT/ILO Research Project on the Gender Impact of the Economic Crisis in Southeast and East Asia (working paper). Bangkok: ILO.

Taylor, J. 1979. *From Modernization to Modes of Production,* London: Macmillan Press.

Tinker, I. 1976. "The Adverse Impact of Development on Women." in I. Tinker and M. Bramson (eds.) *Women and Development,* New York: Praeaer.

——— (ed.) 1990a. *Persistent Inequalities: Women and World Development,* New York and Oxford: Oxford University Press.

——— 1990b. "The Making of a Field: Advocates, Practitioners, and Scholars." in Tinker, I. (ed.) 1990a.

Tomoda, S. 1985. "Measuring Female Labour Activities in Asian Developing Countries: A Time-Allocation Approach." *International Labour Review,* 124(6).

United Nations 1986. *Report of the World Conference to Review and Appraise the Achievements of the United Nations Decade for Women: Equality, Development and Peace,* New York: United Nations.

——— 1991. *World's Women,* New York: United Nations.

——— 1994a. *Draft Declaration* (Preparatory Committee for the World Summit for Social Development), Inter-Session Informal Consultations, October 24-28.

——— 1994b. *Women in Asia and the Pacific 1985-1993,* New York: United Nations.

——— 1995. *Fourth World Conference on Women* (draft), A/con F. 177 L. 1.

UNDP 1994. *Human Development Report 1994,* New York and Oxford: Oxford University Press.

——— 2004. *Gender & Budgets: Cutting Edge Pack,* Brighten: BRIDGE, Institute of Development, University of Sussex (available in CD-ROM).

UNIFEM 2000. *Progress of the World's Women 2000,* New York: UNIFEM.

UNIFEM Western Asia 2000. "Gender Budgeting and Auditing: Putting Lebanese Women in the Picture." One day workshop for UN Gender Focal Points,

Beirut, Lebanon.

USAID 1987. *Women in Development: AID's Experience, 1973-1985,* Vol. 1. Synthesis Paper, Washington DC: USAID.

Wentholt, Wilma 1991. "Female Farmers from Invisible Workers to Active Participants." Discussion Paper, Women and Development Section, Royal Netherlands Embassy, Jakarta: RNE.

White, B. 1985. "Women and the Modernization of Rice Agriculture: Some General Issues and a Javanese Case Study." in IRRI (ed.) 1985.

White, B. and Hastuti, E. 1980. *Different and Unequal: Male and Female Influence in Household and Community Affairs in Two West Java Villages,* Working Paper No. 6, Rural Dynamics Study, Agro-Economic Survey, Bogor.

Whitehead, A. 1979. "Some Preliminary Notes on the Subordination of Women." *Institute of Development Studies Bulletin,* 10(3).

Wigna, W. 1982. *Women's Subordination and Emancipation: The Case of Indonesia,* M.A. paper submitted to the Institute for Social Studies, the Hague: ISS.

Wolf, D. L. 1990. "Linking Women's Labor with the Global Economy: Factory Workers and their Families in Rural Java." in K. Ward (ed.) *Women Workers and Global Restructuring,* Ithaca: Cornell University Press.

World Bank 1994. *World Development Report 1994,* New York: Oxford University Press.

Young, K. 1990. "Household Resource Management: the Final Distribution of Benefits." (mimeo).

付　録

ジェンダー予算の分析ツール

この付録の初出は、村松安子編著『「予算のジェンダー分析（gender budget)」をめぐる基礎的研究』（平成13-15年度科学研究費補助金研究成果報告書、課題番号13837030，基盤研究（C）(1)）の第4章である。後掲の参考文献のうち最も出版の早い英連邦事務局の *Gender Budget Initiative*（1999）からツールを、他の文献から定義、実施手順、具体例などを補足しながら選び出し、編集訳出したものである。研究代表者・村松安子と研究協力者・市井礼奈が共同で翻訳を担当した。

目　次

1．ジェンダー視点に立った政策の事前審査 (Gender-Aware Policy Appraisal)

1.1　目的

予算充当の基礎となる政策が男女にどのような影響を与えるかを予測するために、その政策を事前評価する。打ち出された政策は、ジェンダー間の格差の程度や型をどのように変化させるのだろうか。ジェンダー間の格差は縮小するのか、それとも拡大するのか、あるいは変わらないのか。

1.2　調査手法

この分析手法は、計画される公共支出やそれが充当される活動が、予算化から最終の成果として便益（影響）が発生するまでの過程の中で、中間段階での帰着（産出）も含めて、どのような因果関係の連鎖をもつかを特定する。具体的には以下の方法で計算可能である。

(i)　想定される便益（影響）を列挙する。

　たとえば、計画される教育への公共支出の増額は、①女生徒の就学率の上昇（就学に関わるジェンダー格差を改善する）、②女生徒の最終学歴の向上（最終学歴のジェンダー格差を改善する）を実現すると期待される。

(ii)　予算化から便益（影響）が生まれるまでの一連の過程をフローチャートにする。

(iii)　質問項目のチェックリストを作成する。

(iv)　ログ・フレーム分析（log-frame analysis）を行う[1)]。

(v)　パフォーマンス（業績）予算（performance budgeting）を行う[2)]。

1）log-frame analysis もしくは logical framework とはプロジェクトの目的、手段、成果を論理的に関係づける分析手法で、アメリカ国防省によって開発された。1960年代後半からは USAID（United States Agency for International Development）が開発プロジェクトの計画、監視、評価の手法として、この手法に修正を加えたうえで採用し、以後、ドイツ、イギリス、EU 諸国、カナダ、オーストラリアでもこの手法を応用している（Odame 2000：1)。

2）パフォーマンス予算については、Sharp 2003 を参照。

1.3　特徴

この分析手法では、前述のように、公共サーヴィスの予算編成過程からサーヴィスの実施、その効果が現われるまでの一連の因果連鎖を簡便な形で特定するため、その特質と規模を、各段階では適切に分析できない。

1.4　実施主体

ジェンダーに敏感な政策評価に適した機関なら、政府部内でも市民社会のいかなる機関でも、この手法を使うことができる。しかし、政策評価の段階では、前述のように因果関係の連鎖の特質と規模を確定できないため、関係者間での開かれた協議が重要である。さらに、立場の違った関係者が個別に支出政策を評価する必要があり、客観性を保持するためにも、以下の 2 通りの方法を推奨したい。

(i)　各省庁はその予算計上に先立って、あらかじめ合意された共通の方法によってジェンダーに敏感な政策評価を実施する。これらの評価結果は、予算書（budget statement）の付録資料として一括提示する。

(ii)　NGO や調査機関がこれらの支出政策を独立に評価する環境が整備されること。

1.5　実施の手順

(1)　当該国（もしくは地域）でこの分析手法がどのように使われているか検討する。

(2)　分析手法がジェンダーに敏感になるように努めなければならない。そのためには、通常は無視される予算の因果関係の連鎖を明確にできるように、ジェンダーによる分類が可能となるよう概念枠組を転換する必要がある。この際、無償の再生産労働（家事労働）の重要性を認識することも大切である。

(3)　必要なデータと既存のデータを確認し、その差を埋めるための戦略を編み出す。

(4)　政策評価を実施する。

(5)　分析結果を公表し、その含意についての公共空間での論議を高める努力

をする。

(6) 所轄官庁内で分析結果を検討し、どのような支出変更が妥当であるかを検討する。

1.6　事例

初等教育に対する公共支出の増加は、女児の就学率の向上につながらないかもしれない（同時に、女児と男児間の就学率のジェンダー格差も改善できないかもしれない)。これは、

(i) 貧困世帯の増加により、労働市場における母親の就業時間が長くなり、女児が家事労働を行うようになったり、

(ii) 社会的・慣習的な原因から、女児教育に対する優先順位が低い場合などに起こる。

したがって、予算が確定し支出が執行された後でも中間評価《モニタリング》と事後評価が必要であり、その結果を次期予算編成での政策に活かすことが求められる。

南アフリカの土地改革

南アフリカでは国土省（The Department of Land Affairs）が国内の土地改革を担当している。土地改革を実施するうえで、貧困地域が農村に偏り、そこに多くの女性と子供が含まれていることに加え、既存の立法制度が抱える諸問題（たとえば、女性は土地の保有や耕作権や、融資を受ける機会＝諸資源へのアクセスを、慣習法によって剥奪されている）などをふまえ実施する必要があった。女性のニーズや関心事が満たされなければ、土地改革プログラムは、土地の配分や生産的利用に起因する既存のジェンダー格差を悪化させることなどが政府の予算概要（Government's Budget Review）の中で指摘されていた。これを受けて、国土省は、ジェンダーの諸問題をモニタリングし、評価制度の中にそれを加えると同時に、職員に対するジェンダー研修を実施するようになった（Hewitt 2002：32)。さらに、同概要は、土地改革プログラムが女性の資源獲得を確実にすることを保障するジェンダーに敏感な基準を満たさなければならないことも示している。その意味で、立法制度改革は第一歩にすぎず、さまざまな慣行を変えるためには現実的な資源配分を行うべきことを指摘している

（Balmori 2003：22-23）。

2．ジェンダー別便益の査定
（Gender-Disaggregated Beneficiary Assessments）
（公共サーヴィスの提供と予算配分の優先順位をジェンダー別に査定する）

2.1　目的

予算に関する世論調査などを男女別に実施し、その結果を分析する。具体的には、現行の公共サーヴィス供給のあり方がどの程度、国民または市民のニーズを満たしているか、予算配分の型と市民が望む予算配分の優先順位が合致しているかなどを調査・分析する。この手法は予算による公共サーヴィスの供給について市民の声を聞く手段である。

2.2　調査手法

ジェンダー別に便益を査定する場合、定量調査と定性調査の利用が考えられる。

⑴　定量調査の代表的な調査方法としては、世論調査があげられる。世論調査では、個人が対象となるので一人一人の考えは把握できるが、意見交換をしないため、全体の意見集約はできない。また、ときには一時的に矛盾する情報収集に終わることもある。

⑵　定性調査の代表的な調査方法には、参加型簡易（迅速）調査（PRA：Participatory Rapid Appraisal）があげられる。この調査には、対象グループによる討論会、参与観察、質問項目が大まかに設定された自由に意見表明のできる面接調査、優先順位のランキング調査、資源地図《リソース・マップ》のような主題による地図作り（thematic mapping）、制度の構造図（institutional diagramming）などが含まれる。調査方法の選択は、経験の豊富な専門家の裁量と同時に、調査のための予算などに依存する。予算の範囲は5万ドル未満から15万ドルを超える場合もある。問題発見のために国家規模の調査を行う場合には、少なくとも6カ月から9カ月の調査期間が必要である。

表　各調査手法とその事例

調査手法		事例	調査実施者
定量的調査	世論調査	イギリス、アメリカ	財務省、女性省、NGOs
定性的調査	参加型調査	南アフリカ、スリランカ	NGOs、国際援助機関（世銀など）

簡易（迅速）調査には１カ月未満の現地調査《フィールドワーク》が必要だが、参加型貧困調査（PPAs：Participatory Poverty Assessments）が実施された22カ国中の５カ国でこの方法が利用された。

参加型簡易（迅速）調査は定量調査と違って、個人ではなく地域社会を対象として、重要な新しい考え方を定性的に把握することができる（Norton and Stephens 1995：3）。また、ここで集められる情報は統計的代表性を持たないが、意見交換の過程で議論されている問題への関心が深まり、地域社会での学習（social learning）[3)] 過程を促進するなどの特徴を持つ。

2.3　特徴

これまで予算の便益を査定する場合、そのデータは地域、階級、支持政党別などで分類集計されてきたが、ジェンダー別の集計を可能にするようには工夫されていなかった。

近年、公共支出管理（Public Expenditure Management）において、社会的統合、人間を中心とする開発、貧困削減などに関連する予算が開発の重点領域となりつつある。このような予算は、参加型予算作成過程を経るのが望ましいとされ、世界銀行でも資源管理の民主化の促進との関連でこの努力を行っている。しかしながら、予算作成は高度な技術を必要とするため、とくにジェンダー視点に立った公共政策の参加型予算過程は、まだ十分開発されていない（Hewitt 2002：23）。

3）social learning theory とは心理学における行動学習論のひとつで、代表的な研究者としてアルバート・バンデュラ（Albert Bandura）が挙げられる。この理論において、人間の行動は学習することで記憶されていくと考えられている（バンデュラ 1979）。

2.4　実施主体

誰がこの分析手法を利用するのか。

(a)　世論調査を使って政府支出全体を問題にする場合は、財務省や女性省が調査の実施主体となり、特定の支出やサーヴィスを問題とする場合は、関連省庁が実施する。世論調査の内容は公的・私的な専門調査機関が開発する。参加型簡易（迅速）調査（Participatory Rapid Appraisal）は草の根のNGOs/CBOsによる利用が有効である。

(b)　女性省や議会の委員会が、ジェンダー視点から国家予算を精査する場合、たとえば受益グループを招いて公共支出の優先順位を論じ合う「予算公聴会」の開催も可能である。

2.5　実施の手順

調査の実施に当たっては下記の事項に注意を要する。

(1)　当該国でこの手法がどのような分野で使われてきたかを確認する。

(2)　この手法の意味を明確にしたうえで、

(i)　ジェンダー別に意見や考えを聞いて分析し、

(ii)　女性が自分の考えを述べやすい環境を作り、

(iii)　男女間で予算配分の優先順位とニーズが異なることを確認できるように、この手法を利用する。

(3)　男女別に便益の査定ができるように情報《データ》を分析する。

(4)　関連省庁で調査結果を検討して、支出の型と支出配分額に変更を加える必要があるかどうかを確定する。

(5)　分析結果は広く公開し、この結果が持つ含意への国民の議論を喚起する。

2.6　事例

1990年代の財政赤字危機に陥ったアメリカで、国家予算の赤字削減論議の中で、平和と自由のための国際女性連盟（Women's International League for Peace and Freedom）が行った世論調査がある（1996年）。それは、軍事関連支出と潜在的な公共社会サーヴィス関係支出への予算配分に関する調査で、女性は軍事関連分野に従事したり仕事を請け負う機会が少なく、この分野への支

出から受ける便益が小さいことを指摘している（UNIFEM 2000：117）。

ザンビアでは、参加型調査の結果がさまざまな形で政策形成に利用されている。たとえば、保健省において、参加型調査の報告書作成者の一人が貧困者の利用者負担免除を討議する委員会に参加している。また、教育省では、学費払込みの時期に関する参加型調査を利用して、新たな法案を準備している（Norton and Stephens 1995：4）。

さらに、スリランカ[4)]では、教育省（Ministry of Education）、保健省（Ministry of Health）、社会サーヴィス省（Ministry of Social Services）、産業省（Ministry of Industries）、農業省（Ministry of Agriculture）の1996年度予算がジェンダーに与える影響が調査された。1998年7月1日から省庁ごとに管理職級の担当者から成る5つの調査・作業部会が発足した。同時に省庁間連絡会議（Inter Ministerial Committee）も設置され、各省庁の閣僚、女性省（Ministry of Women's Affairs）および統計局の担当官がメンバーとなり、調査の進捗状況の評価を行った。また、コンサルタントは作業部会に助言を行うと同時に、各部会の進捗状況を運営委員会に報告した。さらに援助国の担当者と有識者を加えた2日間にわたる調査報告会も行われた（Alailima 2000）。

3．ジェンダー別公共支出の便益帰着分析 (Gender-Disaggregated Public Expenditure Benefit Incidence Analysis)

3.1　目的

男性と女性もしくは男児と女児がどの程度公共サーヴィスから便益を得ているかを分析する。

3.2　分析手法

帰着分析とは定量的分析手法の一つであり、公共サーヴィスから得られる便

4）スリランカは英連邦事務局がジェンダー予算の試験的調査を実施した5カ国のうちの1カ国で、その他の4カ国は、南アフリカ、バルバドス、セントクリストファー・ネーヴィス、フィジーである（UNIFEM 2000：115）。

益がジェンダー別にどのような特定の歴史的な型をとって配分されてきたかを知る手がかりとなる。この手法はとくに、サーヴィスの基本供給量を確定し、中間評価体制《モニタリング》を確立する上でも有意義である。

3.3　特徴

帰着分析には、費用・便益の両面の情報《データ》が必要である。

(1)　費用データ

(i)　特定の公共サーヴィスを供給する際の単位当たり費用（たとえば、初等教育の一人当たり年間費用）。

(ii)　この特定の公共サーヴィスを利用する男性と女性、もしくは男児と女児単位数（人数）。

(2)　便益データ

便益の帰着額は、上記(i)の単位当たり費用に当該サーヴィスを利用する男女それぞれの単位数（人数）を乗じて算出する。この額は以下の2つの要因によって決定される。

(i)　当該サーヴィスを供給するのに必要な公共支出の配分額。

(ii)　サーヴィスを利用する家計の行動（初等教育ならば男児・女児それぞれにどの程度、教育を受けさせようとするか）。

3.4　実施主体

(1)　誰がこの分析手法を利用するか。

財務省とサーヴィスを供給する省庁の利用が考えられる。

(2)　誰が分析手法を工夫して開発するか。

分析手法の開発には支出額とサーヴィス利用に関するデータが必須であり、通常、国の統計局と財務省の参加が最も適切かつ重要である。同時に、サーヴィスを供給する省庁の参加も大切である。帰着分析の計算自体は、行政府の中で行っても独立の調査機関へ委嘱しても違いはない。

3.5　実施の手順

(1)　まず、当該国でこの手法がどのような分野で利用されてきたか、またジェ

ンダー別の帰着分析が実施されてきたかを確認する。

(2)　ジェンダー別の帰着分析のためには、出所の違う、しかし相互に整合的なデータセットが必要である。特定の公共サーヴィスに限定した支出額の算出は、公共サーヴィスの実施主体（地方、国）とデータの出所元の違いなど複雑な問題が絡み合っている。財務省が公表する支出額と公共サーヴィスを供給している所管省庁（担当部局）が公表する支出額は一致しないかもしれない。またしばしば、公共サーヴィスの利用状況に関する統計も、所管官庁が公開したデータと家計調査データの間には食い違いがある。さらに、これらの数値の相異に加えて、いずれのデータもジェンダー別に調査・集計していない場合が多い。

(3)　関連する情報《データ》が入手できない場合は、新たに情報を収集するよりも既存の情報の中から適切な情報を生み出す方策を探し出す。

(4)　そしてジェンダー別に便益帰着分析を行う。

(5)　関連省庁で分析結果を検討し、市民のニーズとの相違がある場合には必要な支出型の変更を確定する。

(6)　最後に、調査結果を広く公表し、変更の持つ含意についての公共空間での論議を高める努力が必要である。

3.6　事例

初等教育を事例に、ジェンダー別の帰着を分析してみよう。まず、女児への帰着は、次のように算定できる。

$$\text{初等教育への支出額} \times \frac{\text{女児の就学者数}}{\text{児童の全就学者数}}$$

同様にして、男児への帰着も算出してみる。

$$\text{初等教育への支出額} \times \frac{\text{男児の就学者数}}{\text{児童の全就学者数}}$$

このようにして、ジェンダー別の帰着分析を実施する。

帰着分析も最近までジェンダー別に計算されることは稀だったが、今日では、ジェンダー別分析が実施されるようになってきた。たとえば、1992年のガーナにおいては、女生徒の就学率が男生徒に比べてきわめて低いため、女生徒は中

等教育支出のわずか4割を得ているに過ぎず、一人当たりの支出額を計算してみると、女生徒の3561セディ（cedis）に対し、男生徒へは5072セディ支出されていた（UNIFEM 2000：113）。

スリランカの食糧配給・配給券制度（Food Ration and Stamps Programmes）

食糧配給・配給券制度とは、年収3600ルピー未満の世帯の1歳以上の国民を対象として、政府から米、小麦、砂糖が配給されるものとして発足したが、1970年代後半からは食糧配給券制度に変更された。1980年代前半は平均5.2%の経済成長を成し遂げたものの、基礎的な食糧品価格の上昇によって、配給券制度の実質価値の低下を招き、所得移転としての効果が低下した。この制度をジェンダーの視点から分析した研究では、栄養不良の女児の割合の増加と、低所得者層の母親から生まれた乳児の体重減少というデータが得られ、貧困世帯の女性と女児が政府の食糧補助費削減の影響を被ったと結論づけている（Budlender and Sharp 1998：46-47，UNIFEM 2000：117）。

4．予算の時間利用へのジェンダー別影響分析（Gender-Disaggregated Analysis of the Impact of the Budget on Time-Use）

4.1　目的

予算と家計の時間利用との関係、すなわち無償労働が担う社会的な再生産活動がマクロ経済へどのように貢献しているのか、その程度と含意を明らかにするのがこの手法の目的である。すなわち、家族や地域社会の人々の世話《ケア》、また病人の介護、燃料や水の収集、調理、掃除、子供の教育などのために投入される家計の生活時間を把握する。

4.2　分析手法

家計調査を通じて世帯の構成員がどのように時間を利用しているかの情報を集める。

ジェンダー、年齢別に集計された生活時間のデータによって、予算と家計の

生活時間利用との関係が明らかにできる。たとえば、

⑴　地域社会を維持するために一人の人間が投入した無償の再生産労働の時間の比率で定義される「再生産税」を計算する。ついで再生産税が変化した場合、その他の税金の変化との関連を分析する。

⑵　社会部門《セクター》の投入－産出連関表を作成する。ここでは、社会部門の公共支出に加え、無償の介護労働の投入・産出も含める。保健、教育、公衆衛生、公共交通サーヴィスに関わる時間と貨幣支出の両方の家計支出を計算し、時間配分の変化が予算とどのような関係にあるかを分析する。

無償労働を貨幣価値で換算することによって、衛星《サテライト》勘定（satellite account）としての家計粗生産（gross household products）を算出することができる。こうして、政策立案者は家計粗生産と国民総生産（GNP）がそれぞれ変化した時の関連性を明らかにできる。

4.3　実施・利用主体

⑴　誰がこの手法を利用するか。

社会部門関連省庁は、その政策変更が社会サーヴィスの生産に投入される家計の配分時間がどのように影響を受けるかを分析するのに利用できる。また、財務省も予算の衛星勘定と従来の国民所得勘定に与える影響の分析に使える。さらに、独立の調査機関も予算の無償労働への含意の分析に時間利用と公共支出のデータを利用できる。

⑵　誰が手法を開発するのか。

政府の統計局のみが定期的かつ網羅的な生活時間（時間利用）調査を実施し衛星勘定推計を行う能力と権限を持っており、鍵を握る開発主体である。一方、NGOs は日記のような大量観察の手法を用いて、限定的な時間利用調査を実施できる。

4.4　実施の手順

⑴　対象国の時間利用調査がどの程度、入手可能であるかを確定する。必要ならば、時間利用調査を定期的に開始する。関係者に政策分析を行う上で時間利用調査データがいかに大切であるかの意識改革を行う。

⑵　関係閣僚に対して、その省庁の支出政策が家計の時間利用に与える含意を分析・公表するよう提言する。

⑶　政策変更が必要か否かを市民が検討するうえで、時間利用と家計における生産活動のデータは必須である。

4.5　事例

すでに日本も含めて、いくつかの政府が時間利用データを基に衛星勘定を推計している。1978年からカナダは無償労働の貨幣価値を計算しており、1986年からは時間利用調査を実施している。『統計カナダ』は1992年の無償労働をGDP の30-46%と推計している。また、1912年から家計の無償労働の推計を行っているノルウエーでは、1990年の無償労働の貨幣価値を GDP の40%弱と推計している（Commonwealth Secretariat 1999)。日本では 1996 年でわずかに対 GDP 23%と推計している（経済企画庁経済研究所 1997)。

オランダでは、専門家会議が無償労働を男女間でどのように分担しなおすかを検討し、課税・公共支出政策にとどまらず、雇用法の変更を提案している(Commonwealth Secretariat 1999)。

世界銀行はモロッコを事例として、社会セクター分析に社会的投入－産出分析と家計の社会勘定を利用している。この分析は、オーストラリア、カナダ、ノルウェーの研究者が用いた分析手法を適用することによって、家計の無償労働による社会サーヴィスの生産を（市場向け生産に）統合するうえで役立つと思われる。

5．ジェンダー視点に立った中期経済政策枠組(Gender-Aware Medium-Term Economic Policy Framework)

5.1　目的

男性と女性が経済活動で果たす異なる役割を中期経済政策枠組の中に統合し、新たな指針を構築する。

5.2　分析手法

中期経済政策枠組は多様な経済モデルから構成されている。たとえば、

(i)　財政プログラムモデル

(ii)　固定係数、ツー・ギャップ（two-gap）モデル、成長勘定モデル

(iii)　マクロ計量経済モデル

(iv)　一般均衡モデル

などがあげられる。

現在、これらの分析手法はすべて、ジェンダーの視点を欠いているが、多様な方法でこれらの中にジェンダー視点を導入することは可能である。たとえば、

(1)　ジェンダー概念の適用が適切な場合には、モデルの中の変数を個別にジェンダーで分割集計したり、ジェンダーの視点を統合するために、新しい変数と数式を組み入れる。

(2)　通常の国民所得勘定によるマクロ経済体系とジェンダー分業を反映する無償労働の家計所得勘定を統合した新たなモデルを考案する。

(3)　ジェンダー視点を統合するために、社会的・制度的な仕組に関して既存モデルの諸仮定を見なおす。

経済改革ではさまざまな制度・組織を変えることに重点があるが、現実の改革案ではジェンダーが無視されることが多い。また、経済だけでなく、ジェンダー化されている制度や組織を分析するためにさまざまな方法を適用することができる。たとえば、

(1)　マクロ経済の政策決定を行う場でのジェンダー構成（ジェンダーバランス）を確認する。

(2)　マクロ経済政策が討議される機関（会議・委員会など）やフォーラムでのジェンダー構成を確認する。

(3)　経済の重要な組織での組織文化をジェンダー視点から点検する。たとえば、時間利用の型、パフォーマンス（業績）指標の選定、行動誘発体系《インセンティヴ》の構造、職業イメージの描き方（profiling）、雇用おけるジェンダー構成などである。

(4)　マクロ経済の調整過程におけるジェンダーの役割を確認する。たとえば、もし貨幣需要が貨幣供給を超過した場合、誰が市場で取引される財の消費

を切り詰めるのか。調整過程で、女性の無償労働はどのような役割を果たすのか。

5.3　実施の手順

⑴　ジェンダー視点をマクロ経済モデルに統合するために、対象国で現在用いられているマクロ経済モデルに関するシンポジウムを組織する。

⑵　ジェンダー視点を中期経済政策枠組《フレームワーク》に取り込むために、経済とジェンダー分析の専門家から構成される専門部会を発足させる。

⑶　マクロ経済の政策決定過程において女性がより大きな役割を果たせる方法を検討するワークショップを開催する。

⑷　援助戦略報告書（Country Assistance Strategy Documents）におけるジェンダーの扱いを改善するために、世界銀行との協議を働きかける。

5.4　事例

現在の中期経済予測にはマクロ経済モデルが利用されており、国際機関、財務省、開発銀行、独立の研究機関などがこの方法で予測を行っている。エルソンらによる経済をジェンダー化された制度と見て分析する戦略などの試みがあるものの（Cagatay, Elson and Grown 1995, Elson, Evance and Gideon 1997, Ironmonger 1995）、本格的なマクロ経済分析へのジェンダー視点の統合は進んでおらず、今後より一層の努力が求められている。

この流れの動きとして、1996年、南アフリカ政府は女性予算プロジェクト（The Women Badget Project）のメンバーを招き、新中期支出枠組（MTEF：Medium Term Expenditure Framework）に関するワークショップを開催した。ワークショップに参加した女性予算プロジェクトのメンバーは、MTEFは必ずしもジェンダーに敏感な枠組とはいえないが、ワークショップの開催は財務省のジェンダー問題への関心を表わしていると発言し、一定の評価を示した。このワークショップの成果の一環であろうか、1999年に財務省が実施した国家支出調査では、より多くのジェンダー分析が盛り込まれた（UNIFEM 2000：118）。

イギリスでは1997年の労働党政権発足後から、政府は女性予算グループ

WBG に助言を求めている。この女性予算グループは1989年に発足し、政策指針に基づいてジェンダーと予算に関する問題を提起したり、すべての予算とその編成作業（Working）に関する情報を作成し、報道機関を通して（Press Release）公表している。たとえば、その報道資料の中で、税制と社会保障制度の変更によって所得移転の受益者が女性から男性へ移ることに警鐘を鳴らし、女性が現金所得を得ることが女性自身だけでなく子供にも便益を生むという研究結果を示し、この政策変更の問題点を鋭く指摘している（UNIFEM 2000：119）。

6．ジェンダー視点に立った予算書（予算から見たジェンダー状況一覧）（Gender-Aware Budget Statement）

6.1　目的

ジェンダー間の不平等を問題にする立場から、総支出額（the Expenditure Estimates）と省庁別支出を取り上げて、予算から期待されるジェンダー状況に対する全般的な含意を明確にする。

6.2　分析手法

計画された支出を、ジェンダー分析に適した形で分類することが鍵となる。公共支出は通常、以下の３つの基準で分類される。

(1)　省庁・機能別

(2)　経常支出・資本支出別

(3)　項目（経費）別（by ‘line-item’）（人件費、機器備品費、燃料費など）

これらの分類方法では、予算が男性と女性の異なるグループのニーズをどの程度優先させているか、あるいは、男性と女性の異なるグループが政府支出からどのような便益を得ているかを判断することは困難である。

そこで、さまざまな方法でジェンダー分析に適した支出の分割を行い、それを図表化することが考えられる。たとえば、

ジェンダー平等を目指す支出

過去の遺産として残存しているジェンダー不平等を是正するために、支

出が女性向け支出であると明確に認識できる支出の比率を調べる。たとえば、女性と女児を対象とした教育・保健プログラム、雇用機会の平等化への取り組み、女性経営者支援プログラムなどがあげられる。

女性を優先した公共サーヴィス

女性（特に貧困女性）の負担の軽減や保健、教育、所得、余暇等にみられるジェンダー格差改善を最優先する公共サーヴィス支出の割合を算出する。ただし、ここで扱う公共サーヴィスとは、前述のジェンダーの平等を目指す公共サーヴィスとは異なり、女性や女児限定のサーヴィスとは限らない。具体的には、初等教育、初期医療、上下水道の整備、農村電化などである。

政府内でのジェンダー・マネージメント制度

男女共同参画局や女性省（あるいは女性の地位委員会）、男女平等委員会、省庁のジェンダー・フォーカルポイント（担当官）等に割り当てられた支出の比率を算出する。

女性を優先させた所得移転

女性の所得格差や経済的な依存を減ずることを最優先させていると認められる支出（たとえば、育児手当や女性の年金）の比率を調べる。

公共部門における雇用のジェンダー構成

省庁別に男性と女性の官僚（公務員）の比率を等級別に算出し、等級ごとに男性官僚の平均所得に対する女性官僚の平均所得の比率を求める。

経営者支援におけるジェンダー構成

農業・製造業・サーヴィス業に従事している経営者へのビジネス支援（たとえば、訓練、融資、補助金など）支出額の男女比率を推計する。

公共入札におけるジェンダー構成

民間企業が受注した公共入札の男性経営者と女性経営者の受注金額比率を算出する。

ジェンダー不平等の削減率

各省庁への予算配分のうち、ジェンダー不平等の削減を促すために使われた予算の比率を検討する。さらに、ジェンダー不平等の期待される改善の程度を示す定量的な指標と、この削減が達成されるまでの過程を文書化

することが必要となる。

以上の分析では、セクター（もしくは中間《メゾ》段階）での便益（影響）に焦点がある。そこで国家予算全体を問題にしてその影響を十分に把握するためには、ジェンダーに敏感なマクロ経済の見通し、またはそのモデル、具体的にはジェンダー視点に立った雇用、経済成長、インフレーションの分析モデルが必要となる。

6.3　実施主体

ジェンダー視点に立った予算書は全省庁の協力のもとに、財務省のみが作成可能である。ジェンダーに敏感な予算書が公式に作成されていない場合には、たとえば、独立の調査機関あるいは NGOs が、予算書に示されている情報をもとにジェンダー分析に適切なデータ分割を部分的に行うことはできる。これらの機関は、その推計を手がかりに、政策がどの程度、男女平等への成果を達成しているかを監視し、また時間の経過にともなって支出や成果がジェンダー分析に適した形で変化しているかを追跡する役割も担うことができる。

6.4　実施の手順

(1)　現在、どのようにして予算が編成・公表されているかを明確にする。

(2)　ジェンダー別集計を可能にするために必要とされる情報が、現在どの程度入手可能であるかを確認する。女性を優先した公共サーヴィスや所得移転を明らかにする場合には、ジェンダー別便益の査定、ジェンダー別公共支出の帰着分析、ジェンダー視点に立ったセクター別公共支出の事前審査も利用できる。最後のツールはジェンダーの不平等削減度を計算するための準備段階としても重要である。

(3)　ジェンダー分析に適切な支出分割を次年度の予算編成で実現するためには、あらかじめ省庁間の合意形成が必要であり、そのための情報収集と適切な計算ができる手順を整えておく。

(4)　ジェンダーに敏感な予算書を一般に公開し、その含意について公共空間での論議を高める努力をする。

(5)　予算の成果が予算化段階での予想と一致したかどうかを監視するための

手順と、もし不一致があれば、それを縮小するための手続きを整備する。

6.5 事例

これまでに世界でジェンダー視点に立った予算書を前述のリストに沿って作成した政府はない。しかし部分的にしろ、これに関連した経験として、1984年のオーストラリア連邦政府の「女性予算書」(Women's Budget Statement)、1995年の世界社会開発サミット時の20/20イニシアティヴ[5]、南アフリカのNGOによる女性予算（Money Matters）がある（UNIFEM 2000：118)。スリランカでも小規模ではあるが、簡単な図表を用いたジェンダーに敏感な年次予算が財務・経済計画省によって作成された（Commonwealth Secretariat 1999)。

オーストラリアでは、1995年の女性予算書の中で、経営者支援に関する分析を行っている。当時、女性の中小・零細企業経営者は全体の3分の1で、男性と女性が共同経営者である事例が28％だった。最近の研究によると、輸出業務を行う女性経営者が直面する問題として、融資利用と財務管理情報の利用可能性の欠如が浮き彫りとなった。このような状況のもとで、雇用と成長に関する白書の中で政府は、中小・零細企業に対する支援を産業政策として位置づけるようになっている（Budlender and Sharp 1998：65)。

フィリピンのバコロド市（Bacolod City）のNGO調査では、ジェンダーと開発（GAD：Gender and Development）に関連した支出比率は、法律で定められた総予算の5％（Republic Act 7192）ではなく、維持管理費（MOOE：Maintenance and Other Operating Expenses）の5％であり、総予算の1％にも満たないことが明らかになった。しかも、ジェンダーと開発に関する計画は策定されておらず、各部局はジェンダーと開発に関連したプロジェクトのために必ずしも予算を割り当てていない。この事実は、ジェンダーと開発に関連した支出項目とその支出額についての市財政局への質問調査からも裏付けられている。調査の結果、財政局がジェンダーと開発に関連すると認識した予算の中には、徴税費用、退役軍人の社会保障費、公的雇用サーヴィス基金への拠出、

5）このイニシアティヴでは、途上国政府は総予算の20％を基礎的な社会サーヴィスに割り当てること、また政府開発援助供与国も総援助の20％をそれに配分することを提唱している（Commonwealth Secretariat 1999)。

スポーツ振興費などジェンダーと開発に関連した支出と認められない支出項目も含まれていた（Lizares-Si et. al. 2001：132-134）。この事例は、ジェンダーと開発に充当される予算比率が法律で制定されていても、実際の予算政策にはジェンダー視点とそのニーズが統合されていないことを示す格好の事例である。

イスラエルでは、1995年から平等と社会正義に関する政策研究機関（Adva Centre：Information on Equality and Social Justice in Israel）が国家予算の社会サーヴィス支出の影響を分析している。次年度の予算案が提示されてから2週間以内に社会サーヴィス関連予算についての報告書（looking at the Budget）を発行し、またこの報告書とは別に予算の重点領域を絞ってジェンダー予算分析を実施している。2000年の報告書では、⑴ 国家予算規模の縮小に伴う政府部門の雇用の減少、⑵ 失業手当の受給者年齢の引き上げと受給期間の短縮、⑶ 育児手当予算から失業手当予算への補塡、⑷ 文部省（Ministry of Education）予算、⑸ 建設・住宅省（Ministry of Construction and Housing）予算、⑹ 労働・社会問題省（Ministry of Labour and Social Affairs）予算などの女性に与える影響が関連データと共に示されている。報告書の見出しには項目別に、予算の変更に対する評価が簡単な言葉、たとえば、逆効果（adverse effect）、悪化（erosion）で表現されており、一目で予算の影響を把握できるように工夫されている（Swirski 1999）。

サンフランシスコ市の環境局は女性の地位局と共同で2000年、初めて予算のジェンダー分析を行った。ここでは以下の4項目、⑴ 業務に関する概要、⑵ 予算、⑶ 公共サーヴィス、⑷ 職員の採用、に関するデータの収集、ジェンダー分析、評価が行われた。予算のジェンダー分析では、まず環境局予算案の決定に関して実質的な権限を持つ幹部職員の役職別、性別、民族別の一覧表とプログラムごとの業績指標[6)]が作成された。表1に環境局の業績指標の一部を抜粋してある。この表に関して重要なことは、すべての投入財源の影響が、少なくともジェンダー別、民族別に明らかになるようなメカニズムを含んだジェンダー分析が必要であり、その分析が翌年の業績指標作成に役立てられることが肝要

6）業績指標は、予算編成における一つの過程として、各プロジェトのリーダーが設定する業績の最終目標である（San Francisco Commission on the Status of Women 2001：5）。

表1　業績指標

業績指標	98-99年度目標	98-99年度業績	99-00年度目標
市民および青少年の登用	ボランティアプログラムの拡大	実行可能性《フィージビリティ》調査と新規プログラムの立案	①2名のパートタイム職員もしくはインターンの採用・確保 ②児童を対象とした地球温暖化現象に関するエッセイ・絵画コンクールの実施

(出所)　San Francisco Commission on the Status of Women 2003：6.

表2　公共サーヴィス

2000年度予算　歳入1,716,300ドル

プログラム名	支払額(ドル)	財源	財源制約	総予算に占める比率(%)
事務、政策、福祉、特別プロジェクト	594,000	一般予算	予算内のプロジェクトに限定	35
殺虫剤管理	125,300	特別予算	本プログラムに限定	7
空気浄化	590,000	州交付金 一般予算	本プログラムに限定	34
資源効率化	407,000	一般予算 他の部局予算 資本基金	資源を効率的に活用する建設プログラムとエネルギー保護プログラムに限定	24

(出所)　San Francisco Commission on the Status of Women 2001：6-7.

とのコメントである。

次に、公共サーヴィスの項目では、プログラム別に支出額、財源（Source)、財源の制約と総予算に占める割合が表2のように示されている。

環境局が実施するプログラムの大部分は新規に策定されたプログラムであるため、短期・長期計画、プログラムの実施計画、サーヴィスの評価などの制度を立ち上げた段階であった。この分析結果に対して次のような意見が付け加えられた。(1) すべてのサーヴィスに関して評価指標を設けること。この際、適切な指標を開発するための十分な時間を職員に与えること。(2) ジェンダーの

関心事を評価指標の開発過程へ統合させること（San Francisco Commission on the Status of Women 2003：7）。

このように、項目別にジェンダー分析が行われ、評価・コメントが付け加えられたのち、それぞれの評価に対して、新たに（ジェンダーを考慮した政策の）実施に向けた戦略、実施計画、予算が示された。たとえば、ジェンダー分析を業績指標の策定過程に統合させるというコメントに対しては、いくつかの業績指標に限定してジェンダー分析の実施（たとえば、ウェブサイトの自動応答メカニズムを利用した意見調査）などを2003年度までに行うとしている。この戦略に対する予算項目には、職員の時間を割り当てることが明記されている（San Francisco Commission on the Status of Women 2003：15）。

おわりに

現在までのところ日本においては、男女共同参画社会の形成という中・長期の国家の基本政策を、歳入の集めかた（徴税）と歳出のありかた（諸政策実現のための支出配分）を通して、すなわち「予算」のジェンダー分析を通して実現するという考え方は一般的になっていない。この考え方の実践の必要性は1995年開催の第４回世界女性会議や2000年の国連特別総会で採択された「北京行動綱領」「成果文書」にも明記されている。

この考え方が一般的になっていないとはいえ、たとえば、男女共同参画会議のもとにある影響専門調査会議、社会保障制度審議会の小委員会をはじめとする税制・社会保障制度を、男女共同参画の視点から見直そうとする動きは急である。税や社会保障の基本単位として家計（世帯）を採るか個人を採るかの議論である。しかし、財政構造改革に関する有識者アンケート調査対象者の選定に関しては、以下のように、ジェンダー課題が意識されているとはいえない。

総理府（当時）は1998年３月に全国の有識者2500人を対象として、財政構造改革に対するアンケート調査を実施した[7)]。この調査は、社団法人新情報セン

7）財政構造改革に関する有識者アンケート調査。
http://www8.cao.go.jp/survey/yushikisha.htm（2003年２月21日アクセス）

ターが総理府（当時）からの委託を受け、⑴ 財政健全化目標に対する考え、⑵ 歳出に対する考え方、⑶ 地方財政再建、の３項目に対する有識者の意見や考えを明らかにすることを目的に実施された。有識者の内訳は、学識経験者、マスコミ関係者、自由業者、上場企業等経営者・役員、中小企業経営者、各種団体役員、地方公共団体の首長等という記載だけで、それぞれのジェンダー構成を把握することができない。これは、国家予算配分とその構成に関して、ジェンダーによってニーズが異なるという視点が欠如していることを示すひとつの事例である。

実際問題として、ジェンダーによる異なるニーズが満たされていないことは、次の世論調査の調査結果から読み取ることができる。2002年に実施された男女共同参画社会に関する世論調査では、「男女共同参画社会に関する国民の意識を把握し、今後の施策の参考とする」ことを目的に、全国の20歳以上の男女5000人に対し面接聴取による調査が行われた[8)]。調査内容は、⑴ 男女の地位に関する意識について、⑵ 職業生活について、⑶ 家庭生活について、の意識を問うものである。

「男女があらゆる分野で平等になるために最も重要なこと」との設問項目に対する選択肢をみると、女性のニーズが十分に満たされていない現状が把握されていないことが明らかである。選択肢ごとの回答者比率は以下のようになっている。

⑴　法律や制度の上での見直しを行い、女性差別につながるものを改めること。(12.7%)

⑵　女性を取り巻くさまざまな偏見、固定的な社会通念、慣習・しきたりを改めること。(24.3%)

⑶　女性自身が経済力をつけたり、知識・技術を習得するなど、積極的に力の向上を図ること。(26.9%)

⑷　女性の就業・社会参画を支援する施設やサーヴィスの充実を図ること。(13.9%)

⑸　政府や企業などの重要な役職に一定の割合で女性を登用する制度を採用・

8）男女共同参画社会に関する世論調査。
http://www8.cao.go.jp/survey/h14/h14-danjo/2-1.html（2003年２月21日アクセス）

充実すること。(11.5%)

比率から見ると、「女性自身が経済力をつけたり、知識・技術を習得するなど、積極的に力の向上を図ること」と答えた人の割合が最も高くなっている。またこの結果を10年前の1993年に実施された調査結果と比べると、「女性の就業・社会参画を支援する施設やサーヴィスの充実を図ること」と答えた人の割合が、9.3%から13.9%に上昇している。この回答を都市規模別、年齢別、男女別にみると、大都市に居住する人が、年齢では30歳代が、男女別では20歳代および30歳代の女性が多くこの回答を選択している（男女共同社会に関する世論調査 2002：5）。女性、とくに都市部に住む若い世代の女性たちの間で、公共サーヴィスに対する高いニーズがあることがわかる。今日、子育て支援が強調されているが、経済・社会活動への参画力を高める支援が重要であることが指摘できる。

主要関連ウェブサイト

ジェンダー予算関連のウェブサイトを紹介したい。ここでは、ジェンダー予算に関連する機関および組織のホームページを抜粋し、ジェンダー予算の調査・分析に有意義な内容であると考えられるサイトを掲載した。なお、アドレスは2004年３月現在のものである。

● ADB 太平洋州ジェンダー／ユースバジェットプログラム

http://www.unisa.edu.au/pacificproject

オーストラリアの州政府による女性予算書の作成に関わり、以後一貫してジェンダー予算研究を行っているロンダ・シャープ（Rhonda Sharp）教授が実施中の ADB のプロジェクトについてのサイトである。マーシャル諸島におけるジェンダー予算およびサモア島の若者《ユース》予算に関するコンサルタント活動の経過、参考文献などが公開されている。

●Gender Responsive Budget Initiatives（GRBI）

http://www.gender-budgets.org/

ジェンダー予算・イニシアティヴは、UNIFEM、英連邦事務局およびカナダ国際開発研究センターが共同で、国家予算や地方予算をジェンダーの視点から分析し、この分析をジェンダーに敏感な予算の実施をめざす政府や市民団体を支援するために設立した組織である。このウェブサイトでは、ジェンダー予算に関する文献がカテゴリー別に分類され、自由にダウンロードできる。また、メーリングリストへの登録をすることもできる。

●International Budget Project

http://www.internationalbudget.org/index.htm

予算・政策に関する国際予算プロジェクトセンターは、予算政策と予算決定過程の分析を行う組織や研究者への支援組織である。このウェブサイトでは、ジェンダー予算の月刊ニューズレター（英語／スペイン語）の見出し、ジェンダー予算のテーマ別研究概要とその内容、最新の文献紹介、ジェンダー予算の分析に取り組んでいる世界の研究機関・組織の連絡先と主な活動内容など、盛りだくさんの情報が公開されている。

●Institute for Democracy in South Africa（IDASA）

http://www.idasa.org.za/

IDASA は、南アフリカ共和国の民主主義を持続させることを目的として創設された NGO で、南アフリカの予算制度の改善のためにさまざまな予算情報を提供し、また女性および子供予算分析プロジェクトを実施している。予算に関する情報は、“Budget, Poverty, and Social Expending” のセクションに含まれている。ここでは、予算政策および関連法案に関する政府の最新動向、女性予算のワークショップでの議事録、IDASA のプロジェクト紹介および刊行物の案内などの情報を得ることができる。

●**The Commonwealth Homepage on Gender and Development.**

http://www.thecommonwealth.org/gender/

英連邦事務局のジェンダー予算イニシアティヴ（GBI：The Commonwealth Gender Budget Initiative）は1996年から始まり、南アフリカを皮切りに、スリランカ、バルバドス、セントクリストファー・ネーヴィス、フィジーがこのイニシアティブに参加している（UNIFEM 2000：115）。英連邦事務局のウェブサイトでは、ジェンダー政策のホームページの一部にジェンダー予算に関する情報が公開されており、出版物や報告書が PDF 形式で自由にダウンロードできる。

ジェンダー予算を実施する際のチェックリスト

1．支出項目別、省庁別に歳入および歳出を分析しようとするとき、それぞれの領域において、どのようなジェンダー課題があるか。
2．どの分析用具を用いるか。
3．どのような指標を作る、もしくは使用するか。
4．データの所在はどこか。既存のデータを用いるのか、新たにデータを収集する必要があるか。
5．どの時点の分析を行うのか。将来、現在、もしくは過去の歳入や歳出を分析するのか。
6．分析を行う際の役割分担をどうするか。
7．どのような形式でジェンダー予算の分析結果を公表するか。
8．どのようにしてジェンダー視点に立った予算配分の分析を予算作成過程の中に取り込むか。
9．どのようにしてジェンダー予算分析の結果が評価されるのか。

（出所）UNIFEM Western Asia 2000：11.